財産債務調書
作成ガイドブック
制度の仕組みと記載のポイント

近藤 雅人・額田 朋子・田部 純一・前川 武政・國田 修平

清文社

はしがき

　平成27年度税制改正により、財産債務調書制度が創設されました。実務の現場では、この制度につき、これまで所得税においてその提出が義務付けられていた財産債務明細書が改正されたものとの理解があります。しかしながら筆者らは、この制度は財産債務明細書が改正されたものではなく、以下の理由により、まったく新しい制度が創設されたものと考えます。

① 財産債務調書制度は、所得税法ではなく、国外送金等調書法に規定されたこと

② 国外財産調書制度と同じく、富裕層のコンプライアンスの向上に向けた取組みと位置付けられていること

③ 罰則規定とはいえないまでも、財産債務調書の提出がない場合等には、その財産債務に関する所得税等の申告漏れにつき、過少申告加算税等の加重措置が適用されること

④ 財産債務調書について、質問検査権つまり税務調査が国外送金等調書法に規定されたこと

　したがって本書は、まったく新しい制度が創設されたものとして、本制度創設の経緯からその趣旨、記載要領、税務調査への対応、過少申告加算税等の加重措置に至るまでを、網羅的に解説することとしました。なかでも、財産債務調書への記載要領については、一般の納税者にも分かりやすいように、財産債務の区分ごとにそれぞれ記載要領を示すとともに、記載例を多く取り入れることを意識しました。

　財産債務調書の記載にあたり、実務家及び納税者の方々の参考となれば幸いです。

　平成28年1月

筆者を代表して

近藤　雅人

目　次

第1章｜財産債務調書制度の概要と実務のポイント

❶ 財産債務調書制度創設の経緯と趣旨················· 2
　1 創設の経緯（財産債務明細書の問題点）··············· 2
　2 創設の趣旨·· 4

❷ 提出義務者及び提出期限等······························ 7
　1 提出義務者·· 8
　2 提出期限及び提出先···································· 14
　3 財産債務調書の記載事項······························ 14

❸ 税務調査の実施～国税職員の質問検査権············ 20
　1 概要·· 20
　2 国税通則法に規定する調査との異同················· 23
　3 多税目の申告内容に非違が疑われた場合の措置····· 26

❹ 加算税の特例措置······································· 27
　1 過少申告加算税と無申告加算税の概要··············· 27
　2 過少申告加算税等の特例······························ 29

❺ 財産債務調書制度への税理士の対応··················· 35
　1 財産債務調書制度に対する税理士の役割············· 35
　2 具体的な税理士の対応·································· 36
　3 その他留意すべき事項·································· 39

第2章 | 財産債務調書の作成上の留意点──財産編

❶ 土 地 42
1 対象となるもの 42
2 準備するもの 44
3 各項目の記載方法とそのポイント 45
4 Q&A 実務のポイント 49
5 記載例 55

❷ 建 物 61
1 対象となるもの 61
2 準備するもの 62
3 各項目の記載方法とそのポイント 63
4 Q&A 実務のポイント 67
5 記載例 71

❸ 山 林 77
1 対象となるもの 77
2 準備するもの 77
3 各項目の記載方法とそのポイント 78
4 Q&A 実務のポイント 80
5 記載例 81

❹ 現 金 84
1 対象となるもの 84
2 準備するもの 84
3 各項目の記載方法とそのポイント 84
4 Q&A 実務のポイント 86
5 記載例 87

❺ 預貯金 89
1 対象となるもの 89
2 準備するもの 89
3 各項目の記載方法とそのポイント 90
4 Q&A 実務のポイント 92

| | | 5 | 記載例 | 92 |

❻ 有価証券

⑴ 上場株式 …… 94

	1	対象となるもの	94
	2	準備するもの	94
	3	各項目の記載方法とそのポイント	96
	4	Q&A 実務のポイント	98
	5	記載例	102

⑵ 非上場株式 …… 105

	1	対象となるもの	105
	2	準備するもの	105
	3	各項目の記載方法とそのポイント	106
	4	Q&A 実務のポイント	110
	5	記載例	116

⑶ 株式以外の有価証券 …… 118

	1	対象となるもの	118
	2	準備するもの	118
	3	各項目の記載方法とそのポイント	118
	4	Q&A 実務のポイント	122
	5	記載例	124

❼ 匿名組合契約の出資の持分 …… 126

	1	対象となるもの	126
	2	準備するもの	126
	3	各項目の記載方法とそのポイント	127
	4	Q&A 実務のポイント	131
	5	記載例	132

❽ 未決済信用取引等に係る権利 …… 134

	1	対象となるもの	134
	2	準備するもの	134
	3	各項目の記載方法とそのポイント	135
	4	Q&A 実務のポイント	136

| | 5 | 記載例 | 138 |

❾ 未決済デリバティブ取引に係る権利 … 140

1	対象となるもの	140
2	準備するもの	140
3	各項目の記載方法とそのポイント	141
4	Q&A 実務のポイント	143
5	記載例	144

❿ 貸付金 … 146

1	対象となるもの	146
2	準備するもの	146
3	各項目の記載方法とそのポイント	147
4	Q&A 実務のポイント	148
5	記載例	148

⓫ 未収入金 … 150

1	対象となるもの	150
2	準備するもの	151
3	各項目の記載方法とそのポイント	151
4	Q&A 実務のポイント	153
5	記載例	153

⓬ 書画骨とう美術工芸品 … 155

1	対象となるもの	155
2	準備するもの	155
3	各項目の記載方法とそのポイント	156
4	Q&A 実務のポイント	159
5	記載例	165

⓭ 貴金属類 … 168

1	対象となるもの	168
2	準備するもの	169
3	各項目の記載方法とそのポイント	170
4	Q&A 実務のポイント	174
5	記載例	176

⓮ その他の動産··179

1 対象となるもの···179

2 準備するもの··180

3 各項目の記載方法とそのポイント··············182

4 Q&A 実務のポイント·······················185

5 記載例··188

⓯ その他の財産

⑴ 保険の契約に関する権利····························191

1 対象となるもの···191

2 準備するもの··192

3 各項目の記載方法とそのポイント··············193

4 Q&A 実務のポイント·······················196

5 記載例··197

⑵ 株式に関する権利····································199

1 対象となるもの···199

2 準備するもの··199

3 各項目の記載方法とそのポイント··············199

4 Q&A 実務のポイント·······················201

5 記載例··202

⑶ 預託金等···204

1 対象となるもの···204

2 準備するもの··204

3 各項目の記載方法とそのポイント··············205

4 Q&A 実務のポイント·······················208

5 記載例··209

⑷ 組合等に対する出資································211

1 対象となるもの···211

2 準備するもの··211

3 各項目の記載方法とそのポイント··············212

4 Q&A 実務のポイント·······················213

5 記載例··214

(5) **信託に関する権利** ……………………………………………… *216*
　　1 対象となるもの ……………………………………………… *216*
　　2 準備するもの ………………………………………………… *216*
　　3 各項目の記載方法とそのポイント ………………………… *216*
　　4 Q&A 実務のポイント ……………………………………… *218*
　　5 記載例 ………………………………………………………… *219*

(6) **無体財産権** ……………………………………………………… *221*
　　1 対象となるもの ……………………………………………… *221*
　　2 準備するもの ………………………………………………… *221*
　　3 各項目の記載方法とそのポイント ………………………… *221*
　　4 Q&A 実務のポイント ……………………………………… *223*
　　5 記載例 ………………………………………………………… *224*

(7) **その他の財産 ((1)〜(6)以外)** ……………………………… *226*
　　1 対象となるもの ……………………………………………… *226*
　　2 準備するもの ………………………………………………… *226*
　　3 各項目の記載方法とそのポイント ………………………… *226*
　　4 Q&A 実務のポイント ……………………………………… *228*
　　5 記載例 ………………………………………………………… *228*

⑯ 国外財産の価額の合計額等 ………………………………… *230*
　　1 国外財産調書と財産債務調書との関係 …………………… *230*
　　2 国外財産調書の提出がある場合の財産債務調書の記載事項 …… *231*
　　3 財産の価額の合計額 ………………………………………… *233*
　　4 財産債務調書合計表への記載 ……………………………… *233*
　　5 記載例 ………………………………………………………… *234*

第3章│財産債務調書の作成上の留意点──債務編

❶ 借入金 ………………………………………………………………… *238*
　　1 対象となるもの ……………………………………………… *238*
　　2 準備するもの ………………………………………………… *239*
　　3 各項目の記載方法とそのポイント ………………………… *239*

| 4 | Q&A 実務のポイント | 243 |

4 Q&A 実務のポイント ……………………………………………… 243
5 記載例 ……………………………………………………………… 244

❷ 未払金 ……………………………………………………………… 247
1 対象となるもの …………………………………………………… 247
2 準備するもの ……………………………………………………… 248
3 各項目の記載方法とそのポイント ……………………………… 248
4 Q&A 実務のポイント …………………………………………… 251
5 記載例 ……………………………………………………………… 252

❸ その他の債務 ……………………………………………………… 254
1 対象となるもの …………………………………………………… 254
2 準備するもの ……………………………………………………… 255
3 各項目の記載方法とそのポイント ……………………………… 255
4 Q&A 実務のポイント …………………………………………… 256
5 記載例 ……………………………………………………………… 257

❹ 債務の金額の合計額 ……………………………………………… 260
1 財産債務調書の提出義務の判定との関係 ……………………… 260
2 国外財産調書の提出がある場合の財産債務調書の記載事項 …… 260
3 債務の金額の合計額 ……………………………………………… 261
4 財産債務調書合計表への記載 …………………………………… 261
5 記載例 ……………………………………………………………… 261

第4章 設例に基づく財産債務調書の記載例

■ 設例 ………………………………………………………………… 264
☐ 財産債務調書 ……………………………………………………… 272
☐ 財産債務調書合計表 ……………………………………………… 276

＜参考資料＞「財産債務調書の提出制度FAQ」
（平成27年6月　国税庁）……………………………… 277

凡 例

本書では、法令等の一部について、次の略称を使用しています。

国外送金等調書法…………内国税の適正な課税の確保を図るための国外送金等に係る調書の提出等に関する法律（平成9年法律第110号）

国外送金等調書令…………内国税の適正な課税の確保を図るための国外送金等に係る調書の提出等に関する法律施行令（平成9年政令第363号）

国外送金等調書規則…………内国税の適正な課税の確保を図るための国外送金等に係る調書の提出等に関する法律施行規則（平成9年大蔵省令第96号）

通達…………平成25年3月29日付課総8－1ほか3課共同「内国税の適正な課税の確保を図るための国外送金等に係る調書の提出等に関する法律（国外財産調書及び財産債務調書関係）の取扱いについて」（法令解釈通達）

所基通…………昭和45年7月1日付直審（所）30「所得税基本通達」

評基通…………昭和39年4月25日付直資56ほか1課共同「財産評価基本通達」

＜記載例＞
国外送金等調書法6の2①二：内国税の適正な課税の確保を図るための国外送金等に係る調書の提出等に関する法律第6条の2第1項第2号
所基通9-6-1：所得税基本通達9-6-1

※本書の内容は、平成28年1月1日現在の法令等に依っています。

第1章

財産債務調書制度の概要と実務のポイント

第1章　財産債務調書制度の概要と実務のポイント

財産債務調書制度創設の経緯と趣旨

1　創設の経緯（財産債務明細書の問題点）

　財産債務明細書の提出制度は、「高額所得者の貸借対照表の提出」とのシャウプ勧告により、昭和25年税制改正において富裕税法の創設とともに導入されました。導入当初は、一定の未提出者に対し、1万円の加算税が徴収されていた点は特筆すべきです[1]。その後、数次の改変を経て、昭和47年からは現在に至るまで、所得基準が2,000万円に据え置かれてきました。またその提出は、所得税法232条により義務付けされていました。

　財産債務明細書の趣旨については、「一般に高額所得階層の者になれば、所得の発生も多様化し、特に配当所得等資産所得のウエイトが高くなるのが通常であり、また、これらの所得階層の者においては、年間のフローとしての所得は、保有する資産と密接な関係にあるといえます。このような事情から、適正な課税を確保するための補助的な手段として、一定の高額所得者については、確定申告に際し財産債務の明細書の提出を求めることとされている。」と解説されています[2]。このような解説、あるいは所得税法に規定されたこととの整合性から考えると、同制度は主として富裕層の適正な所得税課税を意識して制度化されたものといえます。

　しかしながら財産債務明細書は、その提出が義務付けられていたものの、記載の不備、虚偽記載あるいは未提出に対して、いわゆるペナルティが規定されていなかったため、結果として、不提出者等が数多く存在し、

1　武田昌輔監修『DHC コンメンタール所得税法』（第一法規）9181頁以下を参照した。
2　武田・前掲注1・9181頁。

2

❶ 財産債務調書制度創設の経緯と趣旨

財産債務明細書の現状等

制度概要

所得金額2千万円超の者は、財産・債務の種類、価額等を記載した書類（財産債務明細書）を、税務署長に提出する必要。
（注）平成24年度改正で導入された国外財産調査（国外財産5千万円超の者が提出）と異なり、加算税の加減算措置や罰則は設けられていない。

現状と課題

● 提出状況等
- 現行の財産債務明細書では、①保有財産の記載が、「預貯金」、「有価証券」など概括的であり、②取得価額による記載も可能であるため、実際に保有している資産の規模が不明である。また、③金額等の記載に不備があるものも多い。

    ⇨ 所得税申告の適正性の検証に活用するには不十分

- 財産債務明細書の提出が必要な者（約36万人）のうち、実際に提出した者は約16万人（提出率：44％）（25年分）にとどまっている。

    ⇨ 国税当局が行政指導により提出を求めているが、実効性が上がらない状況

● 国外財産調書との比較
- 国外財産調書を提出した者（5,539人）で財産債務明細書の提出義務がある者（約3,100人）のうち、約4割（約1,200人）は、財産債務明細書を提出していない。

    ⇨ 国外財産調書の提出に係るインセンティブ措置（加算税の加減算）の効果

    （参考）提出された国外財産調書により把握された国外財産の総額は、約2.5兆円（1人当たり 4.5億円）。うち、有価証券が約6割（約1.5兆円）。

● 出国時特例の創設に際し、適正な執行を確保するためには、保有有価証券の情報把握が必要。

上記の課題に対応し、所得税や相続税の適正公平な課税を確保する観点から、財産債務明細書については以下の見直しが必要。
① 国外財産調書と同様の加算税を加減算するインセンティブ措置の導入
② 所在地や銘柄、時価等を記載させるなど、記載内容の充実

（出典）自民党税制調査会(H26.12.26) 資料

第1章　財産債務調書制度の概要と実務のポイント

制度の趣旨が十分に達成されているとはいえない状況にありました。

　財務省の資料によると、平成25年の提出状況は、提出が必要な者（約36万人）に対し、実際に提出した者は約16万人、提出率は約44％に留まっています。この提出者数には、その記載に不備があった者あるいは虚偽記載の者も含まれるはずですから、実際には相当数の不備があったと考えられます。

　また、国外財産調書との比較においても、国外財産調書を提出した人（5,539人）で、財産債務明細書の提出義務がある者（約3,100人）のうち、約4割（約1,200人）は、財産債務明細書を提出していません。国外財産調書にはペナルティともいえる措置がありますが、財産債務明細書にはそのペナルティがないことが、大きな要因と考えられます。

　さらに、財産債務明細書の内容に関しても、保有財産の記載が概括的であり、実際に保有している資産の規模が不明である、といった問題も指摘されていました。

2 創設の趣旨

　財産債務調書制度は、こうした問題に対処することと、同時に相続税の適正公平な課税を確保する目的で創設されたとされています。

　財務省は、「平成27年度税制改正の解説」[3]で下記のように述べています。

一　財産債務明細書の見直し（財産債務調書制度の創設）
1　制度創設の背景等
　所得金額が2,000万円を超える者については、「財産債務明細書」の提出が求められていたところですが、その保有財産の記載内容は「株式」「土地」など概括的であるうえ、金額等の記載がないものも多いことから、税務当局において申告内容の検証に活用するには不十分であることに加え、提出率も4割程度にとどまっていること等の課題があったところです。

3　財務省ホームページ http://www.mof.go.jp/tax_policy/tax_reform/outline/fy2015/explanation/pdf/p0887_0923.pdf

財産債務調書制度創設の経緯と趣旨

　また、国外転出をする場合の譲渡所得等の特例の創設に際し、適正公平な課税を確保するためには、保有する有価証券の情報把握が不可欠であるところ、従前の「財産債務明細書」では時価等が不明なケースも多いことから、十分なものではないと考えられる状況にあったところです。
　こうした課題に対応するため、今回の改正では、「財産債務明細書」の提出制度を見直し、従前からの提出基準（現行：所得基準のみ）に資産基準（総資産3億円以上又は有価証券等1億円以上）を追加することにより対象者を限定した上で、財産の詳しい内容を時価で記載させるなど記載内容を充実させるとともに、その適正な記載及び提出を確保するため、加算税の加減算によるインセンティブ措置を設けた「財産債務調書」として整備することとされました。

　本制度の特徴は、以下の4点に集約されます。

❶　**所得税法ではなく国外送金等調書法に規定されたこと**

　財産債務明細書は、所得税法に規定されていました。これに対し、財産債務調書は、国外送金等調書法にその規定が置かれました。これにより、財産債務調書は、国外財産調書と同様の事項を記載することとされました。

❷　**提出義務の判定に「財産額基準」が追加されたこと**

　財産債務明細書の提出義務は、2,000万円の所得額基準により判定していましたが、財産債務調書は、所得額基準に加えて、新たに3億円（有価証券等は1億円）の財産額基準が設けられました。
　また、財産債務調書には、財産債務の区分からその所在等の記載までを要しますが、中でも時価の正確な記載が求められています。

❸　**過少申告加算税等の加減算措置が講じられたこと**

　現行の財産債務明細書は、提出が義務付けられてはいたものの、一方で未提出者等に対する罰則はなく、先にみたとおり、未提出者は4割を超えていました。
　財産債務調書は、直接的な罰則ではないものの、国外財産調書と同様、過少申告加算税等の加減算措置という間接的な方法で、その提出を担保することとしました。

第1章　財産債務調書制度の概要と実務のポイント

❹　いわゆる税務調査の対象とされたこと

　財産債務明細書は、確定申告書提出の際、これに合わせて提出を義務付けられていたため、未提出あるいは記載に不備があった場合でも、所得税の税務調査の一環として指摘を受ける、あるいは電話でその提出を何度か督促される程度が実情でした。

　これに対し財産債務調書は、国外送金等調書法7条2項に質問検査権が規定されています。つまり、財産債務調書はそれだけが税務調査（法定監査）の対象となり、またその調査が適法なものである限りは、調査を受ける者には受忍義務があります。

　以上の特徴は、その意図が、富裕層の財産の保有に関する情報を、所得税と相続税とで縦横的に利用するためのもの（上記❶及び❷）と、適正な執行を担保するためのもの（上記❸及び❹）とに大別することができます。つまり財産債務調書制度創設の趣旨は、次の2点に集約されます。

・　富裕層の財産を正確に捕捉し所得税と相続税の適正公平な課税を確保すること
・　同制度を適正に執行するための措置を講じること

　ここからは、筆者の私見ですが、このうち、実務で重要な点は、正確な財産の捕捉にあることはいうまでもありません。本制度は今後運用されるため、通達あるいはFAQが完備されているとは言い難い状況にありますが、そうとはいえそれを理由に未提出あるいは記載の不備があってはなりません。たとえFAQに想定されていないケースに遭遇した場合であっても、本制度の趣旨に鑑み、正確な財産の捕捉と、財産の明確な特定に心がければよいと考えます。

【近藤　雅人】

提出義務者及び提出期限等

 提出義務者及び提出期限等

POINT

○財産債務調書の提出義務は、「所得額基準」及び「財産額基準」に基づき判定します。
○「所得額基準」は総所得金額及び山林所得金額並びに申告分離課税の所得（一部の所得を除きます。）の合計額が2,000万円を超えることをいいます。
○「財産額基準」は財産の合計額が3億円以上又は有価証券等の合計額が1億円以上であることをいいます。
○「財産額基準」の判定は、国内財産及び国外財産の合計額によります。
○財産債務調書の提出期限は、所得税の確定申告同様、その年の翌年の3月15日までであることに注意しましょう。

　提出義務の判定にあたっては、所得額及び財産額のいずれの基準も満たす必要があります。このうち、所得額基準については、総所得金額及び山林所得金額並びに申告分離課税の所得（一部の所得を除きます。）の合計額により判定します。したがって、毎年は所得額基準を満たすことがない人であっても、例えば土地を譲渡した年だけその基準を満たすことがあるため、特に注意しなければなりません。

　次に、財産額基準については、国内財産だけではなく国外財産を含むすべての財産の合計額で判定します。また、その額は、財産から負債を控除したいわゆる純財産額ではなく、財産総額であることに注意が必要です。

第1章　財産債務調書制度の概要と実務のポイント

1　提出義務者

　所得税等の確定申告書を提出しなければならない人で、「所得額基準」及び「財産額基準」のいずれも満たす人が提出義務者となります。

　実務では、以下のチャートにより判定することができます。

〈提出義務者の判定チャート〉

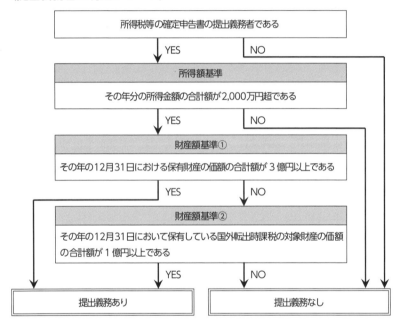

◆財産債務調書の提出制度（FAQ）より

Q1　財産債務調書の提出制度の概要について教えてください。

（答） 財産債務調書制度は、所得税及び復興特別所得税の確定申告書を提出しなければならない方が、その年の総所得金額及び山林所得金額の合計額が2千万円を超え、かつ、その年の12月31日において価額の合計額が3億円以上の財産又は価額の合計額が1億円以上である国外転出特例対象財産を有する場合に、財産の種類、数量、価額並びに債務の金額などを記載した「財産債務調書」を、翌年の3月15日までに所得税の納税地の所轄税務署長に提出していただく制度です（国外送金等調書法6の2①本文）。

提出義務者及び提出期限等

　財産債務調書を提出しなければならない方の詳細についてはＱ２を、財産債務調書の記載事項についてはＱ４～Q18をご参照ください。

Ｑ２　財産債務調書を提出しなければならない場合について、具体的に教えてください。

（答）　所得税及び復興特別所得税の確定申告書を提出する必要がある方で、次の（１）及び（２）のいずれにも該当する場合には、財産債務調書を提出しなければなりません（国外送金等調書法６の２①本文）。

(1) その年の総所得金額及び山林所得金額の合計額(注1)が２千万円を超えること
(2) その年の12月31日においてその価額の合計額が３億円以上の財産(注2)又はその価額の合計額が１億円以上である国外転出特例対象財産(注3)を有すること

　（注１）　申告分離課税の所得がある場合には、それらの特別控除後の所得金額の合計額を加算した金額です（国外送金等調書令12の２⑤）。
　　　　　ただし、次の繰越控除を受けている場合は、その適用後の金額をいいます。
　　　　・　純損失や雑損失の繰越控除
　　　　・　居住用財産の買換え等の場合の譲渡損失の繰越控除
　　　　・　特定居住用財産の譲渡損失の繰越控除
　　　　・　上場株式等に係る譲渡損失の繰越控除
　　　　・　特定中小会社が発行した株式に係る譲渡損失の繰越控除
　　　　・　先物取引の差金等決済に係る損失の繰越控除
　（注２）　国内に所在する財産のほか、国外に所在する財産を含みます。
　（注３）　国外転出特例対象財産とは、国外転出時課税制度（所得税法60の２、60の３）の対象となる次の財産をいいます（国内に所在するか国外に所在するかを問いません。）（国外送金等調書法６の２①本文、所得税法60の２①～③）。
　　　①　所得税法第２条第１項第17号に規定する有価証券又は所得税法第174条第９号に規定する匿名組合契約の出資の持分
　　　②　決済していない金融商品取引法（昭和23年法律第25号）第156条の24第１項に規定する信用取引又は所得税法施行規則第23条の４に規定する発行日取引に係る権利

9

③　決済していない金融商品取引法第2条第20項に規定するデリバティブ取引に係る権利

[参考] 所得税の確定申告をする必要がある方の例

　その年分の所得金額の合計額が所得控除の合計額を超える場合で、その超える額に対する税額が、配当控除額と年末調整の住宅借入金等特別控除額の合計額を超える方は、原則として確定申告をしなければなりません。

　ただし、給与の収入金額が2,000万円以下で、かつ、1か所から給与等の支払を受けており、その給与の全部について源泉徴収される方で給与所得及び退職所得以外の所得金額が20万円以下である方等、一定の場合には確定申告をしなくてもよいことになっています。

　このほか、所得税の申告義務の有無に関しては、国税庁ホームページ（www.nta.go.jp）の≪パンフレット・手引き「確定申告に関する手引き等」≫をご覧ください。

　なお、財産債務調書の提出期限までの間（その年の翌年の3月15日までの間）に、財産債務調書を提出しないで死亡したときは、財産債務調書の提出を要しないこととされています（国外送金等調書法6の2①ただし書）。

　また、年の中途で死亡した場合には、その死亡した年分の所得税及び復興特別所得税の確定申告書を提出する必要がある場合であっても、その死亡した年の12月31日分の財産債務調書を提出する必要はありません。

❶　所得額基準

　その年分の総所得金額及び山林所得金額並びに申告分離課税の所得の合計額が2,000万円を超えること。

＜合計額の算定対象の所得＞

必ず加算される所得	申告することを選択した場合に加算される所得
・総所得金額 ・山林所得金額 ・不動産の譲渡所得金額 ・先物取引に係る雑所得の金額	・上場株式等の配当所得金額 ・一般株式等、上場株式等の譲渡所得等の金額

●申告分離課税の所得については、特別控除後の金額

●純損失の繰越控除や雑損失の繰越控除を受けている場合は、その適

提出義務者及び提出期限等

用後の金額
● 居住用財産の買換え等の場合の譲渡損失の繰越控除、特定居住用財産の譲渡損失の繰越控除、上場株式等に係る譲渡損失の繰越控除、特定中小会社が発行した株式に係る譲渡損失の繰越控除、先物取引の差金等決済に係る損失の繰越控除を受けている場合は、その適用後の金額

留意点
・申告不要を選択した特定口座(源泉徴収選択口座)内における所得金額は加算する必要はありませんが、申告することを選択した場合には、その金額は加算対象になります。
・退職所得金額については、たとえ、確定申告をした場合であっても、加算の対象にはなりません。

❷ **財産額基準**

その年の12月31日において、その価額の合計額が3億円以上の財産又はその価額の合計額が1億円以上の国外転出特例対象財産を有すること。

(注) 国外転出特例対象財産とは、有価証券(株式、投資信託等)、匿名組合契約の出資の持分、未決済の信用取引・発行日取引・デリバティブ取引をいいます。

留意点
・所得額基準とは異なり、申告不要を選択できる特定口座(源泉徴収選択口座)や非課税口座(NISA)内の有価証券などの価額も財産額基準の合計額に含まれます。
・財産額基準の3億円又は1億円は、国内財産及び国外財産の合計額によります。

〔基準を満たす場合の例〕
ア)国内財産(2億5,000万円) + 国外財産(5,001万円)
⇒「財産債務調書」及び「国外財産調書」の提出義務者となります。
この場合、国外財産については、「財産債務調書」への個別具体的な記載は不要です。
イ)国内財産(2億6,000万円) + 国外財産(4,000万円)
⇒「国外財産調書」の提出は不要ですが、「財産債務調書」

11

第1章　財産債務調書制度の概要と実務のポイント

> の提出義務者となります。
> 　この場合は、国外財産についても「財産債務調書」への個
> 別具体的な記載が必要です。

◆財産債務調書の提出制度（FAQ）より

> **Q18**　「国外財産調書」には国外財産を記載して提出することとされ
> ていますが、「国外財産調書」を提出する場合でも、所得金額が
> ２千万円を超え、かつ、保有する財産の価額の合計額が３億円以上
> 又は国外転出特例対象財産の価額の合計額が１億円以上である場合
> は、財産債務調書を提出する必要があるのですか。
>
> **（答）**　「国外財産調書」の提出が必要な方であっても、所得金額が
> ２千万円を超え、かつ、その年の12月31日において価額の合計額が
> ３億円以上である財産又は価額の合計額が１億円以上である国外転
> 出特例対象財産を有する方は、財産債務調書の提出も必要になりま
> す（国外送金等調書法６の２①本文）。
> 　財産債務調書の提出基準の詳細については、**Q２**をご確認ください。
> 　この場合、「財産債務調書」には国外財産に係る事項（国外財産の
> 価額を除く。）の記載を要しないこととされていますので（国外送金
> 等調書法６の２②）、「財産債務調書」及び「財産債務調書合計表」
> には、「国外財産調書に記載した国外財産の価額の合計額」及び「国
> 外財産調書に記載した国外財産のうち国外転出特例対象財産の価額
> の合計額」を記載してください。（中略）
> 　なお、国外に存する債務については、「財産債務調書」に記載する
> 必要があります。

●財産額基準の判定は、資産総額で判定します。つまり、「資産の額」
　から「負債の額」を控除した、いわゆる純資産価額で判定してはい
　けません。

●含み損のあるデリバティブ取引や信用取引等に係る権利について、
　その価額がマイナスである場合、財産額基準は、資産総額からその
　マイナスの額を控除して判定するとされていることに注意してくだ
　さい。

提出義務者及び提出期限等

◆財産債務調書の提出制度(FAQ)より

Q3 12月31日において保有する財産の価額の合計額が3億円以上であるかどうか又は国外転出特例対象財産の価額の合計額が1億円以上であるかどうかを判定するに当たって、含み損があるデリバティブ取引に係る権利の価額も含める必要がありますか。

(答) その年の12月31日において保有する財産の価額の合計額が3億円以上であるかどうかを判定するに当たっては、含み損のあるデリバティブ取引や信用取引等に係る権利の価額を含めて判定します。

なお、その年の12月31日において決済していない信用取引等又はデリバティブ取引に係る権利の価額については、見積価額として、その年の12月31日において決済したとみなして算出した利益の額又は損失の額とすることができます(**Q21**をご確認ください。)。

この場合、含み損のある信用取引等又はデリバティブ取引に係る権利について、その価額(見積価額)が負(マイナス)となる場合には、財産の価額の合計額を算定する際に、他の財産の価額と通算して計算します。

これは、その年の12月31日において保有する国外転出特例対象財産の価額の合計額が1億円以上であるかどうかを判定するに当たっても同様です。

● 財産の価額については、その年の12月31日における時価又は時価に準じる見積価額により、債務の金額は同日の現況によって評価します。
● 外貨で示される財産の価額は、その年の12月31日における外国為替の売買相場により、邦貨換算を行います。

◆財産債務調書の提出制度(FAQ)より

Q39 財産債務調書に記載する財産の金額は邦貨(円)によることとされていますが、外貨で表示されている財産の金額はどのような方法で邦貨に換算すればよいのですか。

(答) 財産の価額及び債務の金額が外国通貨で表示される場合における当該財産の価額及び債務の金額の本邦通貨への換算は、その年の12月31日における外国為替の売買相場により行うものとされてい

13

第1章　財産債務調書制度の概要と実務のポイント

ます（国外送金等調書令10⑤、12の2③）。

　　具体的には、財産については、財産債務調書を提出する方の取引金融機関が公表するその年の12月31日における最終の対顧客直物電信売相場（TTS）又はこれに準ずる相場（同日に当該相場がない場合には、同日前の当該相場のうち、同日に最も近い相場）により邦貨に換算し、財産債務調書に記載することとされています（通達6の2－15）。

　　なお、財産が預貯金等で、取引金融機関が特定されている場合にも、その預貯金等を預入れている金融機関が公表する上記の相場により邦貨に換算します。

2 ｜ 提出期限及び提出先

❶ 提出期限

●その年の翌年の3月15日までに、提出する必要があります。

●年の中途で個人が死亡した場合、その死亡した年分の財産債務調書は提出する必要はありません（財産債務調書の提出制度（FAQ）**Q2**（286頁）参照）。

❷ 提出先

●所得税の納税地の所轄税務署長

3 ｜ 財産債務調書の記載事項

❶ 納税者の氏名及び住所（居所）、個人番号

※　個人番号は、平成28年提出分には記載せず、平成29年分から記載します。

❷ それぞれの財産の区分

❸ 種類

❹ 用途（一般用・事業用の別）

❺ 所在

❻ 数量

❷ 提出義務者及び提出期限等

❼ **価額**
❽ **債務の金額**

◆財産債務調書の提出制度（FAQ）より

> **Q4** 財産債務調書には、氏名、住所（又は居所等）及び個人番号 ^(注) のほか、財産の種類、数量、価額、所在並びに債務の金額等を記載することとされていますが、記載事項を具体的に教えてください。
>
> **（答）** 財産債務調書には、財産の種類、数量、価額及び所在並びに債務の金額その他必要な事項を記載することとされています。
>
> 　具体的には、国外送金等調書規則別表第三上欄に規定する財産債務の区分に応じて、「種類別」、「用途別」（一般用及び事業用の別）及び「所在別」に、その財産の「数量」及び「価額」又はその債務の「金額」を記入します（国外送金等調書法6の2①本文、国外送金等調書令12の2⑥、国外送金等調書規則15①）。
>
> 　なお、「事業用」とは、この財産債務調書を提出する方の不動産所得、事業所得又は山林所得を生ずべき事業又は業務の用に供することをいい、「一般用」とは、当該事業又は業務以外の用に供することをいいます。
>
> 　また、財産債務の区分のうち、「（六）有価証券」、「（七）匿名組合契約の出資の持分」、「（八）未決済信用取引等に係る権利」及び「（九）未決済デリバティブ取引に係る権利」に区分される財産については、「取得価額」の記入も必要です（取得価額の例については、**Q26**（編注：317頁）をご参照ください。）。
>
> > **(注)** 個人番号の記載は、平成29年1月1日以後に提出すべき財産債務調書から必要とされていますので、平成27年12月31日における財産債務について平成28年3月15日までに提出すべき財産債務調書には個人番号を記載する必要はありません（所得税法等の一部を改正する法律（平成27年法律第9号）附則101④）

[参考] 財産債務の区分及び記載事項（国外送金等調書規則別表第三）

財産債務の区分	記載事項
（一）土地	用途別及び所在別の地所数、面積及び価額
（二）建物	用途別及び所在別の戸数、床面積及び価額
（三）山林	用途別及び所在別の面積及び価額
（四）現金	用途別及び所在別の価額

15

（五）預貯金	種類別（当座預金、普通預金、定期預金等の別）、用途別及び所在別の価額
（六）有価証券	種類別（株式、公社債、投資信託、特定受益証券発行信託、貸付信託等の別及び銘柄の別）、用途別及び所在別の数量及び価額並びに取得価額
（七）匿名組合契約の出資の持分	種類別（匿名組合の別）、用途別及び所在別の数量及び価額並びに取得価額
（八）未決済信用取引等に係る権利	種類別（信用取引及び発行日取引の別並びに銘柄の別）、用途別及び所在別の数量及び価額並びに取得価額
（九）未決済デリバティブ取引に係る権利	種類別（先物取引、オプション取引、スワップ取引等の別及び銘柄の別）、用途別及び所在別の数量及び価額並びに取得価額
（十）貸付金	用途別及び所在別の価額
（十一）未収入金（受取手形を含む。）	用途別及び所在別の価額
（十二）書画骨とう及び美術工芸品	種類別（書画、骨とう及び美術工芸品の別）、用途別及び所在別の数量及び価額（1点10万円未満のものを除く。）
（十三）貴金属類	種類別（金、白金、ダイヤモンド等の別）、用途別及び所在別の数量及び価額
（十四）（四）、（十二）及び（十三）に掲げる財産以外の動産	種類別（（四）、（十二）及び（十三）に掲げる財産以外の動産について、適宜に設けた区分）、用途別及び所在別の数量及び価額（1個又は1組の価額が10万円未満のものを除く。）
（十五）その他の財産	種類別（（一）から（十四）までに掲げる財産以外の財産について、預託金、保険の契約に関する権利等の適宜に設けた区分）、用途別及び所在別の数量及び価額
（十六）借入金	用途別及び所在別の金額
（十七）未払金（支払手形を含む。）	用途別及び所在別の金額

提出義務者及び提出期限等

| (十八) その他の債務 | 種類別（前受金、預り金など適宜に設けた区分）、用途別及び所在別の数量及び金額 |

　また、国外送金等調書規則別表第三上欄に規定する財産債務の区分のうち、次に掲げる財産債務の区分に該当する財産債務の「所在」の記載に当たっては、「その他必要な事項」として、所在地のほか、債務者等の氏名又は名称を記載してください（国外送金等調書法6の2①本文、通達6の2－4、6の2－6、6の2－7）。

[参考] 財産債務の所在（氏名又は名称）の記載要領

財産債務の区分	氏名又は名称
(五) 預貯金	預貯金を預入れている金融機関の名称（支店名を含む。）
(六) 有価証券	有価証券取引に係る金融機関の名称（支店名を含む。）
(七) 匿名組合契約の出資の持分	営業者等の氏名または名称
(八) 未決済信用取引等に係る権利	信用取引等に係る金融機関の名称（支店名を含む。）
(九) 未決済デリバティブ取引に係る権利	デリバティブ取引に係る金融機関の名称（支店名を含む。）
(十) 貸付金	貸付金に係る債務者の氏名又は名称
(十一) 未収入金（受取手形を含む。）	未収入金に係る債務者の氏名又は名称
(十五) その他の財産	預託金等の預入れ先の氏名又は名称
(十六) 借入金	借入金に係る債権者の氏名又は名称
(十七) 未払金（支払手形を含む。）	未払金に係る債権者の氏名又は名称
(十八) その他の債務	預り金等の預り先の氏名又は名称

　財産の所在の判定についての詳細は、**Q12**（編注：298頁）をご確認ください。

　財産債務調書の記載例については、国税庁ホームページ（www.nta.go.jp）の≪申請・届出様式（法定調書関係）≫に掲載していますのでご覧ください。

17

第1章　財産債務調書制度の概要と実務のポイント

「財産債務調書」の記載例

	整理番号	0XXXXXXX

平成××年12月31日分 財産債務調書

財産債務を有する者	住　所〔又は事業所、事務所、居所など〕	
	氏　　　名	（電話）　　　－　　　－

	財産債務の区分	種類	用途	所　　　在	数量	（上場有価証券等の取得価額）財産の価額又は債務の金額	備考
①	土地		事業用	東京都千代田区○○1－1－1	1 250㎡	250,000,000	
	建物		事業用	東京都港区○○3－3－3	1 500㎡	110,000,000	
②	建物		一般用	東京都品川区○○5－5－5－2501	1 95㎡	89,000,000	土地を含む
				建物計		199,000,000	
③	預貯金	普通預金	事業用一般用	○○銀行△△支店		38,961,915	
④	有価証券	上場株式（B社）	一般用	△△証券△△支店	5,000株	6,500,000 6,450,000	
⑤	匿名組合出資		一般用	東京都港区○○1－1－1 株式会社 B	100口	100,000,000 140,000,000	
⑥	未決済デリバティブに係る権利	先物取引（○○）	一般用	××証券××支店	100口	30,000,000 29,000,000	
	貸付金		事業用	東京都目黒区○○2－1－1 ○○ △△		3,000,000	
	未収入金	売掛金	事業用	東京都豊島区○○2－1－1 株式会社 C		1,500,000	
⑦	未収入金	売掛金	事業用	その他10件		2,300,000	
				未収入金計		3,800,000	
⑧	貴金属類	ダイヤモンド	一般用	○○市○○町1－1－3	3個	6,000,000	
⑨	その他の財産	家庭用動産	一般用	○○市○○町1－1－3	20個	3,000,000	
⑩	その他の財産	委託証拠金	一般用	××証券××支店		10,000,000	
	借入金		事業用	○○銀行△△支店		20,000,000	
⑪	未払金	買掛金	事業用	東京都港区○○7－8－9 株式会社 D		1,500,000	
⑫	その他債務	保証金	事業用	東京都台東区○○2－3－4 株式会社 E		2,000,000	

⑬	国外財産調書に記載した国外財産の価額の合計額（うち国外転出特例対象財産の価額の合計額（34,000,000）円）			80,000,000	
	財産の価額の合計額	769,211,915	債務の金額の合計額	23,500,000	
	（摘要）				

（1）枚のうち（1）枚目

❷ 提出義務者及び提出期限等

【各財産及び債務共通】

1 それぞれの財産債務を「事業用」と「一般用」に区分し、更に、所在の別に区分します。
2 所在については、それぞれの財産債務の所在地を記入してください。
  ※ 各財産債務において記載例が示されている場合には、各財産債務の書き方に従って記入してください。
3 財産の価額については、その年の12月31日における財産の時価又は時価に準ずる価額として「見積価額」を記入してください。
4 一の財産及び債務の区分について複数の財産及び債務を有する場合には、財産及び債務の区分ごとに価額（小計）を記入してください。
5 事業用の財産債務で「未収入金」「その他の財産」「未払金」「その他の債務」に区分される債権又は債務について、その価額又は金額が100万円未満のものについては、所在別に区分することなく、その件数及び総額を記入して差し支えありません。
6 国外財産調書を提出する場合には、国外財産調書に記載した国外財産の価額の合計額及び国外転出特例対象財産の価額の合計額を財産債務調書にも記入してください。

1 土地

○ 「数量」欄の上段に地所数を、下段に面積を記入してください。

2 建物

1 「数量」欄の上段に戸数を、下段に床面積を記入してください。
2 2以上の財産区分からなる財産を一括して記入する場合には「備考」欄に一括して記入する財産の区分等を記入してください。

3 預貯金

1 上記「各財産及び債務共通」の1に加え、預貯金の種類（当座預金、普通預金、定期預金等）の別に区分します。
2 「種類」欄に預貯金の種類を記入してください。
3 「所在」欄は預貯金を預入れている金融機関の所在地、名称及び支店名を記入してください。

4 有価証券

1 上記「各財産及び債務共通」の1に加え、有価証券の種類（株式、公社債、投資信託、特定受益証券発行信託、貸付信託等）及び銘柄の別に区分します。
2 「種類」欄に有価証券の種類及び銘柄を記入してください。
  なお、株式については、「上場株式」と「非上場株式」に区分して記入してください。
3 「所在」欄は有価証券の保管場所等を委託している場合には、金融商品取引業者等の所在地、名称及び支店名を記入してください。
4 「価額」欄の上段には取得価額を記載してください。

5 匿名組合契約の出資の持分

1 上記「各財産及び債務共通」の1に加え、匿名組合の別に区分します。
2 「所在」欄は金融商品取引業者等に取引を委託している場合には、その名称及び支店名を記載してください。
3 「価額」欄の上段には取得価額を記入してください。

6 未決済信用取引等に係る権利及び未決済デリバティブ取引に係る権利

1 上記「各財産及び債務共通」の1に加え、未決済信用取引に係る権利及び未決済デリバティブ取引に係る権利の種類及び銘柄の別に区分します。
2 「種類」欄に未決済信用取引に係る権利及び未決済デリバティブ取引に係る権利の種類及び銘柄を記入してください。
3 「所在」欄は金融商品取引業者等に取引を委託している場合には、その名称及び支店名を記載してください。
4 「価額」欄の上段には取得価額を記入してください。

7 貸付金及び未収入金

○ 「所在」欄は債務者の氏名又は名称及び住所を記入してください。

8 貴金属類

1 上記「各財産及び債務共通」の1に加え、貴金属の種類（金、白金、ダイヤモンド等）の別に区分します。
2 「種類」欄に貴金属類の種類を記入してください。
3 「数量」欄に点数又は重量を記入してください。

9 その他の動産

○ 上記「貴金属類」に準じて記入してください。
※ その他の動産とは、家庭用動産（家具、什器備品や自動車などの動産（現金、書画骨とう、美術工芸品、貴金属類を除きます。））、棚卸資産、減価償却資産をいいます。
※ 貴金属類のうち、いわゆる装身具として用いられるものは、家庭用動産として取り扱って差し支えありません。

10 その他の財産

○ 上記「貴金属類」に準じて記入してください。
※ その他の財産とは、上記のどの種類にも当てはまらない財産、例えば、保険契約に関する権利、民法に規定する組合契約その他これらに類する契約に基づく出資、信託受益権などをいいます。

11 借入金及び未払金

○ 「所在」欄は債権者の氏名又は名称及び住所を記入してください。

12 その他の債務

○ 下記「書画骨とう」に準じて記入してください。
※ その他の債務とは、「借入金」「未払金」に当てはまらない債務、例えば、前受金、預り金、保証金、敷金などをいいます。

13 「財産の価額の合計額」「債務の金額の合計額」欄

○ 2枚以上の調書を作成、提出する場合でも、「合計額」は1枚目の調書に記入してください。

書画骨とう及び美術工芸品

1 上記「各財産及び債務共通」の1に加え、書画骨とうの種類（書画、骨とう、美術工芸品）の別に区分します。
2 「種類」欄に書画骨とうの種類を記入してください。
3 「数量」欄に点数を記入してください。

※ 価額等の記入に当たっては、裏面を参照してください。

【額田　朋子】

3 税務調査の実施 〜国税職員の質問検査権

POINT
- 財産債務調書の質問検査権は、国外送金等調書法に規定されています。
- 財産債務調書の提出義務者は、適法な税務調査を受ける義務があります。
- 事前通知及び調査終了に関する規定はないことに注意しましょう。

1 概要

❶ 国外送金等調書法の規定

　国外送金等調書法7条は、もともと、国外財産調書の提出義務者に対して、国外財産調書に係る質問検査権等を規定していました。財産債務調書に係る質問検査権等は、同法7条2項に規定されました。また罰則に関しても、9条3号に規定されました。

> 国外送金等調書法7条（当該職員の質問検査権等）
> 2　国税庁、国税局又は税務署の当該職員は、国外財産調書又は財産債務調書の提出に関する調査について必要があるときは、当該国外財産調書若しくは財産債務調書を提出する義務がある者（当該国外財産調書又は財産債務調書を提出する義務があると認められる者を含む。）に質問し、その者の国外財産若しくは財産及び債務に関する帳簿書類その他の物件を検査し、又は当該物件（その写しを含む。）の提示若しくは提出を求めることができる。
> 3　国税庁、国税局又は税務署の当該職員は、国外送金等調書、国外証券移管等調書、国外財産調書又は財産債務調書の提出に関する調査につい

❸ 税務調査の実施〜国税職員の質問検査権

　　て必要があるときは、当該調査において提出された物件を留め置くことができる。
　4　国税庁、国税局又は税務署の当該職員は、第1項又は第2項の規定による質問、検査又は提示若しくは提出の要求をする場合には、その身分を示す証明書を携帯し、関係人の請求があったときは、これを提示しなければならない。
　5　第1項から第3項までの規定による当該職員の権限は、犯罪捜査のために認められたものと解してはならない。
　6　前項に定めるもののほか、第3項の規定の適用に関し必要な事項は、政令で定める。
9条（罰則）
　次の各号に掲げる違反があった場合においては、その違反行為をした者は、1年以下の懲役又は50万円以下の罰金に処する。
　　三　第7条第1項又は第2項の規定による当該職員の質問に対して答弁せず、若しくは偽りの答弁をし、又はこれらの規定による検査を拒み、妨げ、若しくは忌避したとき。
　　四　第7条第1項又は第2項の規定による物件の提示又は提出の要求に対し、正当な理由がなくこれに応じず、又は偽りの記載若しくは記録をした帳簿書類その他の物件（その写しを含む。）を提示し、若しくは提出したとき。

❷　質問検査権（国外送金等調書法7②）

　国税庁、国税局又は税務署の当該職員は、財産債務調書の提出に関する調査について必要があるときは、当該財産債務調書を提出する義務がある者（当該財産債務調書を提出する義務があると認められる者を含みます。）に質問し、その者の国外財産若しくは財産及び債務に関する帳簿書類その他の物件を検査し、又は当該物件（その写しを含みます。）の提示若しくは提出を求めることができます。

　これは、国税通則法が規定する所得税法の支払調書等の提出に関する質問検査権（国税通則法74の2①一ロ）と同様に、財産債務調書が法令に従い適正に提出されているかどうかを調査するために、質問検査権を当該職員に付与するものです。

　質問検査に関する規定は、いわゆる行政調査を認めるものであって、

調査を受ける者の意に反する強制調査を認めるものではないとするのが判例の立場です 。しかしながら、質問に対して答弁せず、若しくは偽りの答弁をし、又はこれらの規定による検査を拒み、妨げ、若しくは忌避したときは、刑罰が科されることとなっており、適法な税務調査である限りは、調査を受ける者には受忍義務があるとされます 。財産債務調書に係る税務調査も同様と考えてよいでしょう。

❸ 留置き（国外送金等調書法7③）

国税庁、国税局又は税務署の当該職員は、財産債務調書の提出に関する調査について必要があるときは、当該調査において提出された物件を留め置くことができます。なお、当該職員が物件を留め置く場合には、その職員は、その物件の名称又は種類及びその数量、その物件の提出年月日並びにその物件を提出した者の氏名及び住所又は居所その他その物件の留置きに関し必要な事項を記載した書面を作成し、その物件を提出した者に対してこの書面を交付するとともに、その物件を善良な管理者の注意をもって管理し、留め置く必要がなくなったときは、遅滞なくこれを返還しなければならなりません。

留置きの規定も、国税通則法が規定する、所得税法の支払調書等の提出に関する調査の際の物件の留め置きに関する権限（国税通則法74条の7）と同様の権限を当該職員に付与するものです。

❹ 身分証明書の携帯等（国外送金等調書法7④）

国税庁、国税局又は税務署の当該職員は、上記❷の質問、検査又は提示若しくは提出の要求をする場合には、その身分を示す証明書を携帯し、関係人の請求があったときは、これを提示しなければならないこととされています。また、上記❷及び❸の当該職員の権限は、犯罪捜査のために認められたものと解してはならないこととされています。

国税通則法は74条の13に同様の規定を置きますが、この規定の解釈は、単なる訓示規定ではなく、強行規定であるとされます。つまり、身分証明書の携帯及び提示のない調査は違法であり、それに対しては、受忍義務は生じないとするのが通説・判例 の立場です。したがって、財

税務調査の実施～国税職員の質問検査権

産債務調書に係る税務調査も同様に解されるでしょう。

2 　国税通則法に規定する調査との異同

❶　事前通知

　財産債務調書に係る税務調査には、事前通知の適用はありません。なぜなら、税務調査の事前通知を規定する国税通則法74条の９は、その対象を、所得税、法人税、消費税、相続税、贈与税、酒税、たばこ税等に限定しているからです。また、いわゆる法定調書の法定監査について、事前通知が不要であることを、「税務調査手続等に関するFAQ（職員用）【共通】」が明らかにしています。

> 問１－11　法定監査を実施する場合、事前通知は必要でしょうか。
>
> **（答）**　法定調書の提出義務者は、改正通則法第74条の９において事前通知の対象となる納税義務者には含まれませんので、監査先に臨場して法定監査を実施する場合であっても、法令上の事前通知を行う必要はありません。
> 　なお、運用上は、従前どおり、事前通知を行わないとする特段の事情がない限りは、事前に連絡し、日程調整を行った上で臨場することとなります。

❷　留置き

　国税通則法74条の７は、税務調査の留置きに関し次のように規定しています。

> 国税通則法74条の７（提出物件の留置き）
> 　国税庁等又は税関の当該職員は、国税の調査について必要があるときは、当該調査において提出された物件を留め置くことができる。

　また、国外送金等調書法施行令は、留置きに関し次のように規定しています。

第1章　財産債務調書制度の概要と実務のポイント

> 国外送金等調書令13条（提出物件の留置き、返還等）
>
> 　国税通則法施行令（昭和37年政令第135号）第30条の３の規定は、法第７条第３項の規定により物件を留め置く場合について準用する。

　具体的な取扱いは、以下の通達及び「税務調査手続等に関するFAQ（職員用）【共通】」が参考となります。

> 第２章　法第74条の７関係（留置き）
>
> ２－１（「留置き」の意義等）
>
> (1) 法第74条の７に規定する提出された物件の「留置き」とは、当該職員が提出を受けた物件について国税庁、国税局若しくは税務署又は税関の庁舎において占有する状態をいう。
>
> 　　ただし、提出される物件が、調査の過程で当該職員に提出するために納税義務者等が新たに作成した物件（提出するために新たに作成した写しを含む。）である場合は、当該物件の占有を継続することは法第74条の７に規定する「留置き」には当たらないことに留意する。
>
> 　**(注)**　当該職員は、留め置いた物件について、善良な管理者の注意をもって管理しなければならないことに留意する。
>
> (2) 当該職員は、令第30条の３第２項に基づき、留め置いた物件について、留め置く必要がなくなったときは、遅滞なく当該物件を返還しなければならず、また、提出した者から返還の求めがあったときは、特段の支障がない限り、速やかに返還しなければならないことに留意する。
>
> ２－２（留置きに係る書面の交付手続）
>
> 　令第30条の３の規定により交付する書面の交付に係る手続については、法第12条第４項《書類の送達》及び規則第１条第１項《交付送達の手続》の各規定の適用があることに留意する。

税務調査の実施〜国税職員の質問検査権

> (留置きの方法・手続)
> 問3－3 「国税の調査について必要があるとき」とは、具体的にはどのような場合をいうのでしょうか。
>
> **(答)** 「国税の調査について必要があるとき」とは、
> ① 質問検査等の相手方の事務所等で調査を行うスペースがなく調査を効率的に行うことができない場合
> ② 帳簿書類等の写しの作成が必要であるが調査先にコピー機がない場合
> ③ 相当分量の帳簿書類等を検査する必要があるが、必ずしも質問検査等の相手方となる者の事業所等において当該相手方となる者に相応の負担をかけて説明等を求めなくとも、税務署や国税局内において当該帳簿書類等に基づく一定の検査が可能であり、質問検査等の相手方となる者の負担や迅速な調査の実施の観点から合理的であると認められる場合
> ④ 不納付となっている印紙税の課税文書等の物件等について、後日、課税上の紛争が生ずるおそれがあるなど証拠保全の必要が認められる場合
> などが該当すると考えられますが、いずれにしても、質問検査等の相手方の理解と協力の下、その承諾を得た上で実施する必要があります。
> また、留め置く必要がなくなったときには、遅滞なく、交付した預り証と引き換えに留め置いた物件を返還することに留意する必要があります。

❸ 調査終了の手続

　財産債務調書に係る税務調査には、調査終了の手続も規定されていません。このことは、国税通則法74条の11の解釈から読み取ることができます。

> 国税通則法74条の11（調査の終了の際の手続）
> 　税務署長等は、国税に関する実地の調査を行つた結果、更正決定等（第36条第1項（納税の告知）に規定する納税の告知（同項第2号に係るものに限る。）を含む。以下この条において同じ。）をすべきと認められない場合には、納税義務者（第74条の9第3項第1号（納税義務者に対する調査の事前通知等）に掲げる納税義務者をいう。以下この条において同じ。）であつて当該調査において質問検査等の相手方となつた者に対し、その時点において更正決定等をすべきと認められない旨を書面により通知するものとする。

第1章　財産債務調書制度の概要と実務のポイント

　ここにいう「納税義務者」とは、国税通則法74条の９第３項１号に
いう事前通知を受けた納税者をいうこととされるため、事前通知の法的
義務のない財産債務調書に関する調査には、法で予定される終了の際の
手続もないということになります。このことは、「税務調査手続等に関
する FAQ（職員用）【共通】」で明らかにしています。

問４−24　法定監査を実施した場合、調査結果の内容説明は必要でしょ
　　　　　うか。

(答)　法定監査は、更正決定等を目的として実施するものではないため、
改正通則法第74条の11第２項に規定する調査結果の内容説明は不要とな
りますが、法定調書の記載に誤りがある場合や未提出となっている調書を
把握した場合には、該当する法定調書の再提出など適切な指導を行う必要
があります。

3　他税目の申告内容に非違が疑われた場合の措置

　財産債務調書の調査の際に、例えば所得税の申告に非違が認められる
ような場合の手続についても、「税務調査手続等に関する FAQ（職員用）
【共通】」に詳細な解説があるので参考にしてください。

問１−６　法定監査の際に、当該監査先の申告内容について非違が疑われ
　　　　　た場合、どのような手続で調査に移行すべきでしょうか。

(答)　法定監査の際に、当該監査先の申告内容について非違が疑われた場
合は、改めて当該監査先に対し、法令上の事前通知を行った上で実地の調
査を行うことになります。

　この場合、監査担当者においては、「重要資料せん」や「各課部門事務
連絡せん」など非違の内容に応じた連絡せん等を作成し、調査担当部門に
引き継ぐこととします。なお、事前通知することにより違法又は不当な行
為を容易にし、正確な課税標準等又は税額等の把握を困難にするおそれが
認められる場合は、臨場先から統括官等に電話により承諾を得た上で、事
前通知を行うことなく実地の調査を実施することになります。

【近藤　雅人】

加算税の特例措置

> **POINT**
> ○財産債務調書を提出期限内に提出していない場合又は提出された財産債務調書に記載すべき財産債務の記載がない等の場合で、その財産債務に関する所得税に申告漏れがあった場合には、その申告漏れに係る部分の過少申告加算税等が5％加重されます。
> ○提出期限内に提出した財産債務調書に記載した財産債務に関する所得税や相続税に申告漏れがあった場合には、その申告漏れに係る部分の過少申告加算税等が5％軽減されます。
> ○過少申告加算税等の加重措置は、相続税及び死亡した者に係る所得税については適用がありません。

1 過少申告加算税と無申告加算税の概要

　過少申告加算税や無申告加算税などの加算税は、申告納税制度の定着と発展を図るため、申告義務が適正に履行されない場合に課されるもので、一種の行政制裁的な性格を有する税です。

❶ 過少申告加算税（国税通則法65）

　過少申告加算税とは、申告納税方式をとる税目において、期限内申告について修正申告又は更正がなされ、当初申告の税額が結果として過少となった場合に課される附帯税です。

　過少申告加算税の税率は、原則として、追加で納付すべきこととなった税額の10％ですが、期限内申告税額と50万円のいずれか多い金額を超える部分については15％となります。

　なお、当初申告をしなかったことに正当な理由がある場合や、更正を予知しない修正申告、すなわち調査に基づかない自主的な修正申告の場

27

第1章　財産債務調書制度の概要と実務のポイント

合には、過少申告加算税は免除されます。

名　称	課税要件	課税割合 （増差本税に対する）	不適用・割合の軽減	
			要　件	不適用・ 軽減割合
過少申告加算税	期限内申告について、修正申告・更正があった場合	10% 期限内申告税額と50万円のいずれか多い金額を超える部分 15%	・正当な理由がある場合 ・更正を予知しない修正申告の場合	不適用

❷　無申告加算税（国税通則法66）

　無申告加算税とは、次の場合に課される附帯税です。

　①　期限後に申告した場合や税務署長が決定を行った場合

　②　①の決定後に修正申告書の提出又は更正があった場合で増差税額
　　が生じた場合

　申告納税制度の重要性から、無申告に対する対応は、過少申告加算税
の対応よりも厳しいものとなっています。

　税率は原則として、納付すべき税額の15％ですが、納付すべき税額
が50万円を超える部分については20％となります。

　ただし、更正又は決定を予知しないでした修正申告の場合には税率は
５％になります。

　また、当初申告をしていなかったことに正当な理由がある場合や次の
要件をすべて満たす場合には、無申告加算税が課税されないこととされ
ています（国税通則法66⑥、国税通則法施行令27の２①）。

　（イ）　期限後申告書の提出があった日の前日から起算して５年前の日
　　　　までの間に同じ税目について無申告加算税又は重加算税を課され
　　　　たことがないこと

　（ロ）　（イ）の期間に当該規定の適用を受けていないこと

　（ハ）　（イ）の期限後申告に係る納付すべき税額の全額が法定納期限
　　　　までに納付されていること

　（ニ）　（イ）の期限後申告書の提出が、法定申告期限から２週間以内

❹ 加算税の特例措置

に行われたこと

名　　称	課税要件	課税割合 （増差本税に対する）	不適用・割合の軽減	
^^	^^	^^	要　件	不適用・ 軽減割合
無申告加算税	① 期限後申告・決定があった場合 ② 期限後申告・決定について、修正申告・更正があった場合	15%	・正当な理由がある場合 ・法定申告期限から１月以内にされた一定の期限後申告の場合	不適用
^^	^^	〔50万円超の部分〕 20%	更正・決定を予知しない修正申告・期限後申告の場合	5％

2　過少申告加算税等の特例

　財産債務調書制度は、その提出義務者が保有する財産債務の種類、数量及び価額並びに債務の金額等といった情報の提供を求めるものであるため、財産債務調書の適正な記載と提出が何よりも必要となります。

　そのための措置として、過少申告加算税等の特例措置が設けられました（国外送金等調書法６の３）。

　具体的には、次のような措置が講じられます。

❶　**過少申告加算税等の軽減措置（国外送金等調書法６①、６の３①）**

　財産債務調書を提出期限内に提出した場合には、財産債務調書に記載がある財産債務に関する所得税又は相続税の申告漏れが生じたときであっても、その財産債務に関する申告漏れに係る部分の過少申告加算税等が５％軽減されます。

　なお、財産債務調書への記載を要しないこととされる国外財産調書に記載される国外財産については、この特例の対象外とされますが、当該

29

第1章　財産債務調書制度の概要と実務のポイント

国外財産については、国外財産調書制度における過少申告加算税等の特例措置が適用されます。

【軽減措置がある場合の過少申告加算税の計算例】

　財産債務調書に記載した不動産から生じた所得に申告漏れがあり、修正申告による納付税額が72万円増加したケース

　　　期限内申告の所得税額　　　　　5,500,000円
　　　修正申告による年税額　　　　　6,220,000円（増差税額720,000円）
　　　①　通常の過少申告加算税
　　　　・720,000円 × 10% = 72,000円
　　　②　過少申告加算税の特例による軽減額
　　　　・720,000円 × 5 % = 36,000円
　　　③　①－② = 36,000円

---

❷　過少申告加算税等の加重措置（国外送金等調書法6②、6の3②）

　財産債務調書の提出が提出期限内にない場合又は提出期限内に提出された財産債務調書に記載すべき財産債務の記載がない場合（重要な事項の記載が不十分と認められる場合を含みます。）に、その財産債務に関する所得税の申告漏れが生じたときは、その財産債務に関する申告漏れに係る部分の過少申告加算税等が5％加重されます。

　なお、この加重措置は、相続税及び死亡者の所得税については適用がないことに注意が必要です。この措置は、未提出あるいは記載の不備についての責任は、相続人等にはないという理由によります。

　過少申告加算税等の加重措置は、具体的には次の要件のいずれも満たす場合に適用されます（国外送金等調書法6②、6の3②）。

①　財産債務に係る所得税等に関して修正申告書若しくは期限後申告書の提出又は更正若しくは決定（以下「修正申告等」といいます。）があること

②　①の修正申告等について過少申告加算税（国税通則法65）又は無申告加算税（国税通則法66）の規定が適用されること

③　提出すべき財産債務調書について提出期限内に提出がないとき、

30

又は提出期限内に提出された財産債務調書に記載すべき❶の修正申告等の基因となる財産債務についての記載がないこと(財産債務調書に記載すべき事項のうち重要なものの記載が不十分であると認められる場合を含みます。)

なお、修正申告等の内容に、「財産債務に係る事実」のほか、所得控除の過大適用等の「国外財産及び財産債務に係るもの以外の事実」又は重加算税の対象となる「仮装隠蔽の事実」がある場合には、これらを除いた部分の本税額が、❶の軽減措置又は❷の加重措置の対象となります（国外送金等調書令12の3①、国外送金等調書規則16）。

❸ 年の中途で財産債務を有しなくなった場合の例外措置

原則として、過少申告加算税等の加減算措置の適用は、その修正申告等に係る年分の財産債務調書により判断します。例えば、平成28年分の所得税確定申告において修正申告が必要となった場合には、同年の財産債務調書に当該資産が正確に記載されていれば、減額措置が講じられます。

ただし、例外として次の取扱いがあることに注意が必要です。例えば、平成28年中に財産を譲渡した場合には、平成28年の財産債務調書には当該財産を記載することはありません。この場合、後に当該財産に係る譲渡所得の申告を失念していたことが判明した際には、その年分の前年分、本件では平成27年の財産債務調書により、加重措置の適用が判断されることになります。

◆財産債務調書の提出制度（FAQ）より

> **Q46** 平成28年中に国内で保有していたB社株式の全てを譲渡し、これに伴い生じた所得の申告漏れがあった場合、過少申告加算税の加重措置の適用を判断すべき財産債務調書は、どの年分の財産債務調書になりますか。
>
> **(答)** 過少申告加算税等の加重措置の適用を判断すべき財産債務調書は、原則としてその修正申告等に係る年分の財産債務調書（提出時期で見た場合には、「その年の翌年」に提出すべき財産債務調書）となります。
>
> ただし、「年の中途においてその修正申告等の基因となる財産債務を譲

第1章　財産債務調書制度の概要と実務のポイント

渡等により有しないこととなった場合」には、これらの財産債務は、その年分の財産債務調書（その年の12月31日において所有する財産につき、その年の翌年に提出すべき財産債務調書）に記載されないことから、その年分の前年分の財産債務調書（その年の前年の12月31日において所有する財産につき、その年に提出すべき財産債務調書）により、過少申告加算税等の加重措置の適用について判断することになります（国外送金等調書法6③、6の3③）。

したがって、お尋ねの場合、平成28年中に保有するB社株式の全てを譲渡していること及び当該譲渡に伴い生じた所得について申告漏れがあったことから、上記の「年の中途においてその修正申告等の基因となる財産債務を譲渡等により有しないこととなった場合」に当たると考えられますので、過少申告加算税の加重措置の適用については、その年分の前年分、つまり平成27年12月31日において所有する財産につき、平成28年に提出すべき財産債務調書により判断することになります。

要するに、継続的かつ正確な記載が必要なのです。

❹　特例の対象となる所得の範囲

過少申告加算税等の加重措置は、財産債務に関する所得税等の申告漏れを対象とするものですが、それでは、具体的にどのような所得がこれに該当するのでしょうか。国外送金等調書令12条の3第1項及び国外送金等調書規則16、財産債務調書の提出制度FAQ（**Q45**（332頁参照））によると、「財産債務に関する所得税等」とは、財産債務に関して生ずる次の所得に対する所得税等とされています。

① 財産から生じる利子所得又は配当所得

② 財産の貸付け又は譲渡による所得

③ 財産が株式を無償又は有利な価額で取得することができる権利等（いわゆるストックオプション等）である場合におけるその権利の行使による株式の取得に係る所得

④ 財産が生命保険契約等に関する権利である場合におけるその生命保険契約等に基づき支払を受ける一時金又は年金に係る所得

⑤ 財産が特許権、実用新案権、意匠権、商標権、著作権その他これらに類するもの（以下「特許権等」といいます。）である場合にお

4 　加算税の特例措置

けるその特許権等の使用料に係る所得
⑥　債務の免除による所得
⑦　上記①から⑥までの所得のほか、財産債務に基因して生ずるこれらに類する所得

したがって、「財産債務に関する所得税等の申告漏れ」とは、財産債務に直接基因して生ずる上記の所得に対する所得税等の申告がない場合をいいます。

❺　提出期限後に提出された財産債務調書の取扱い

　財産債務調書の提出期限はその年の翌年3月15日とされているため、本来であれば、当該期限までに提出された場合にだけ過少申告加算税等の軽減措置を受けることができると解されます。

　しかし例外的に、提出期限後に財産債務調書を提出した場合であっても、その財産債務に関する所得税等又は相続税について、調査があったことにより更正又は決定があるべきことを予知してされたものでないときは、その財産債務調書は提出期限内に提出されたものとみなして軽減措置を受けることができることとされています。このことは、本制度の適正な執行と制度の定着を考慮した、国税庁の弾力的な取扱いの一つと考えてよいでしょう。

◆財産債務調書の提出制度（FAQ）より

> **Q47**　提出期限内に財産債務調書を提出することができなかった場合、過少申告加算税等に係る軽減措置の適用を受けることはできないのですか。
>
> **（答）**　提出期限後に財産債務調書を提出した場合であっても、その財産債務に関する所得税等又は相続税について、調査があったことにより更正又は決定があるべきことを予知してされたものでないときは、その財産債務調書は提出期限内に提出されたものとみなして、過少申告加算税等の特例を適用することとされています（国外送金等調書法6④、6の3③）。
> 　したがって、提出期限後に財産債務調書を提出した場合であっても、財産債務に関する所得税等又は相続税について申告漏れが生じた場合における過少申告加算税等の軽減措置の適用を受けることができる場合があります。

❻ 提出した財産債務調書に誤りがあった場合

　提出した財産債務調書の記載内容に誤りや記載漏れがあった場合には、提出期限内だけでなく、たとえ期限後であっても、再提出することが可能とされています。これも上記❺同様、国税庁の弾力的運用の一つと考えられます。

　再提出の際には、当初提出した財産債務調書及び財産債務調書合計表に記載済みの財産債務を含め、すべての財産債務を記載する必要があります。また、再提出が期限後になったとしても上記❺の適用があります。

【前川　武政】

財産債務調書制度への税理士の対応

財産債務調書制度への税理士の対応

> **POINT**
> ○納税者に対し、財産債務調書の提出が任意ではなく義務であることを周知するようにしましょう。
> ○新しく判定の基準とされた、「財産額基準」には特に注意すること。
> ○財産債務調書の提出義務者が、財産債務調書制度の趣旨を十分に理解するよう努めるとともに、財産債務調書の作成にあたり、必要な資料、その収集方法等につき十分な説明をするようにしましょう。
> ○財産債務調書の提出義務があると考えられる者については、できる限り早期の準備体制をとるようにしましょう。
> ○財産債務調書への記載漏れ等が生じないように、提出義務者との間で、預かり資料確認書等の書面を作成し、相互に確認をするようにしましょう。
> ○収集した情報はいずれも重要な個人情報であることを忘れないこと。その保存に関しては万全を期すようにしましょう。

1　財産債務調書制度に対する税理士の役割

　財産債務調書の前身である財産債務明細書は、所得税法232条において提出が義務付けられていたものの、提出しない場合の罰則は規定されていませんでした。このため、納税者や関与する税理士が、提出は任意であると捉えたり、網羅的な記載は不要であると考えたりするケースがあり、法定文書としての実効性に欠けていました。

　これに対し、財産債務調書は国外送金等調書法6条の2において提出を義務付けたうえで、同法6条の3において、過少申告加算税、無申告加算税の軽減措置及び加重措置が設けられ、さらに同法7条2項におい

第1章　財産債務調書制度の概要と実務のポイント

て財産債務調書に対する質問検査権等が規定されました。これにより納
税者や関与税理士は、財産債務調書は従来の財産債務明細書とは異なり、
提出は義務であり正しい記載が必要であると考えることになるでしょう。

　ただ、本制度は創設されたばかりであり、納税者だけではなく税理士
への周知も十分ではありません。そのため、制度の趣旨・内容を正しく
理解せず、従来の財産債務明細書と同様、その提出は不要であると判断
する人がいないとは限りません。

　本制度の周知に関しては、国に頼るだけではなく、税の専門家である
我々税理士も納税者に対し積極的に対応すべきです。本制度の趣旨とそ
の必要性、内容等について、納税者に詳細かつ丁寧に説明すべきです。
そうすることで、適正な申告が担保されることとなり、ひいては申告納
税制度の理念が守られることにつながるのです。

2 具体的な税理士の対応

❶　事前の周知と納税者との信頼関係の構築

　まず税理士は、財産債務調書制度が設けられ、財産債務調書の作成が
義務付けられたことを納税者に周知する必要があります。その際には、
新しく判定の基準とされた「財産額基準」について、特に周知する必要
があります。実際のところ、所得がいくらであるかは確定申告で捕捉す
ることが可能ですが、その納税者がどれくらいの財産を保有しているか
ということを正確に捕捉している税理士は少ないものと考えられます。
また、納税者の意識として、税理士とはいえ、個人のすべての財産債務
の状況を伝えることに抵抗を覚える人も少なくはないでしょう。

　しかしながら、提出義務の判定にあたっては、何よりも正確な財産の
捕捉が必要となります。制度の趣旨、目的、内容等を丁寧に説明すると
ともに、納税者の抵抗感を拭うための信頼関係を構築することにも努め
なければなりません。

　特に、所得の額が毎年2,000万円を超える納税者には、事前の早急な
対応が必要となるでしょう。

36

5　財産債務調書制度への税理士の対応

❷　提出対象者の把握

次に、財産債務調書の提出対象者となる可能性が高い納税者を速やかに把握し、該当する者について所有する財産の聴取りを行う必要があります。

順序としては、制度の趣旨等を十分に説明したうえで、簡単な聴取りを行い、その時点で保有する財産の価額が3億円に届かないことが確実と見込まれる者については、その聴取りによる財産の状況を記録するに留めればよいでしょう。ただし、記録は個人情報であり、また数年後に必要となる可能性もあることから厳重に保存しておかなければなりません。

簡単な聴取りの段階で、保有財産の価額が3億円以上になることが確実視され、又はその可能性がある納税者については、財産について個別に詳細な聴取りを行う必要があります。

❸　財産債務の把握

財産債務調書の提出が必要と考えられる納税者に対しては、財産債務の内容について詳細な聴取りを行うことになります。この段階で、税理士は納税者に対して十分に制度の説明を行い、財産債務調書の提出義務があること、財産の内容については、納税者だけがその実態を把握しているため、調書の作成には納税者の協力が不可欠であること等につき理解し、納得してもらう必要があります。

そのためには、財産債務調書の提出によるインセンティブや、財産債務の価額等を算定することが、今後の相続税対策等においても有用であること等を丁寧に説明する必要があります。

次に、聴取りにより把握した財産債務について、その内容が分かるもの、あるいは見積価額の算定に必要な資料の提出を依頼することになります。納税者が資料の収集をスムーズに行えるよう、財産債務の種類ごとに、どのような資料を準備するのか、事前に一覧表にまとめておくなどの対応も考えるべきです。

なお、その聴取りにあたっては、納税者の過度な負担とならないよう

第1章　財産債務調書制度の概要と実務のポイント

心掛けるべきです。国税庁の通達あるいは FAQ の取扱いは、納税者の事務負担に相当配慮した内容となっています。実際の聴取りは、相続税の申告を行う場合と同様の方法で行うことが考えられますが、財産債務調書に記載する価額は、簡便な見積価額によることが一部認められているため、これらを効果的に利用すべきでしょう。

❹　財産債務調書の作成

次に、納税者から収集した資料に基づき、財産債務の価額の算定を行います。財産債務調書は原則としてその年の12月31日現在の財産債務の価額等を記載するものであるため、翌年にならなければ資料が収集できないものもあります。ちょうど、この時期は、所得税の確定申告期と重なるため、収集したものから順次算定に着手するべきです。

また、財産債務調書の提出義務者の多くは、ほぼ毎年提出することになるので、パソコンを活用するなどして翌年以後の作成事務の省力化が図れるような方法も検討すればよいでしょう。

❺　財産債務調書の提出

財産債務調書の提出期限は所得税の確定申告書と同じ翌年３月15日です。また、過少申告加算税等の加減算措置等を考慮すると、できる限り、確定申告書と同時に提出することが望ましいといえます。

とはいえ、財産債務調書の作成には多大な時間と労力を要するうえ、例えば提出期限の直前に作成が必要であることが判明した場合など、提出期限までにその提出が困難となるケースも想定されます。

しかし、本制度の趣旨、あるいは過少申告加算税等の加減算措置等についても一定の配慮がなされていることから考えて、期限後の提出となったとしても、できる限り速やかに提出すべきです。

❻　財産債務調書の修正、再提出

提出した財産債務調書の内容に、記載漏れや価額等の誤りがあった場合には、速やかに内容を修正した財産債務調書を提出します。

過少申告加算税等の加重措置は、提出期限内に財産債務調書の提出がないとき、提出期限内に提出された財産債務調書に修正申告等の基因と

財産債務調書制度への税理士の対応

なる財産債務の記載がないときに加え、「財産債務調書に記載すべき事項のうち重要なものの記載が不十分であると認められるとき」についても、その財産債務に関する申告漏れに係る部分の過少申告加算税等が、5％加重されるものです。

つまり、財産債務の記載があっても、その記載が不十分である場合には加重されるおそれもあるため、記載漏れや誤りが発見された場合には速やかに修正した財産債務調書を提出するべきです。また、数年前から記載が漏れていたことに後日気付いた場合には、記載が漏れていたすべての年分の財産債務調書について修正、再提出が必要となります。

3　その他留意すべき事項

財産債務調書は、これまでの財債債務明細書と異なり、法定調書として、税理士が作成、提出を行う場合には税理士の署名、押印が必要となるものであり、作成にあたっての税理士の責任は重いと考えられます。その意味からも、納税者との信頼関係を構築し、財産債務調書の正しい記載に努めなければなりません。

また、財産債務調書を期限までに提出しないこと等による、過少申告加算税等の加重措置についての説明が不十分な場合、その責任を問われるリスクもあります。

さらに、財産債務調書作成にあたり収集した個人情報の管理についても、その情報が流失するおそれのないよう、その保管に十分配慮しなければなりません。

【田部　純一】

第2章

財産債務調書の作成上の留意点
——財産編

POINT

○所有財産を漏れなく記載します。
○土地を事業用と一般用で兼用している場合、「価額」欄は用途別に区分をする必要はありません。
○土地の価額は「見積価額」で記載することができます。
○土地価額の「見積価額」については、固定資産税評価額、相続税評価額、直前の取得価額又は取得価額を時点修正した金額、直後の売却価額のいずれかによります。
○不動産業者が販売目的で所有している土地は、「その他の動産」欄に記入します。
○国外で所有している土地も財産債務調書のいわゆる財産額基準3億円の対象資産となります。
○国外財産調書に記載した土地については、記載は不要ですが、財産債務調書の「国外財産調書に記載した国外財産の価額の合計額」に含める必要があります。
○ただし、国外で土地を所有し、国外財産調書を提出する義務のない人については、財産債務調書に記載をする必要があります。

1 対象となるもの

❶ 宅地
　●建物の敷地、建物を建てる目的で所有している土地
❷ 田
　●農耕地で用水を利用して耕作する土地
❸ 畑
　●農耕地で用水を利用しないで耕作する土地
❹ 原野

❶ 土 地

●耕作の方法によらないで竹木の生育する土地

❺ **牧場**

●家畜を放牧する土地

❻ **池沼**

●かんがい用水でない水の貯留池

❼ **鉱泉地**

●鉱泉の湧出口及びその維持に必要な土地

❽ **林地**

●耕作の方法によらないで竹木の生育する土地

❾ **雑種地**

●ゴルフ場、ゴルフ練習場、駐車場、テニスコートなど❶〜❽のいずれにも該当しない土地

❿ **借地権**

●建物の所有を目的とする地上権又は土地の賃借権

◆財産債務調書の提出制度（FAQ）より

> **Q15** 借地権を保有していますが、財産債務調書にはこの借地権をどのように記載すればよいのですか。
>
> **(答)** 財産債務調書に記載する財産の種類、数量、価額及び所在等については、国外送金等調書規則別表第三に規定する財産の区分に応じて、同別表の「記載事項」に規定する「種類別」、「用途別」（一般用及び事業用の別）及び「所在別」に記載することとされています（国外送金等調書法6の2①本文、国外送金等調書令12の2⑥、国外送金等調書規則15①）。
>
> 　お尋ねの借地権については、「財産債務の区分」のうち「土地」に該当するものとして記載してください。

留意点

・これらの土地には、庭園その他土地に附設したもの、いわゆる門や塀などの構築物を含みます。

・居住用、事業用、貸地、貸家用等の用途を問いません。

第2章　財産債務調書の作成上の留意点──財産編

2　準備するもの

❶　固定資産税課税明細書又は固定資産税課税台帳（名寄帳）

❶ 土 地

- 固定資産税課税明細書は、毎年各市町村から５月頃に送付される固定資産税の納税通知書に記載されています。
- 固定資産税課税台帳（名寄帳）は、市役所あるいは町村役場の固定資産税担当部署で入手することができます。郵送による取得も可能です。
- 複数人で所有している土地や建物がある場合には、その課税明細書も忘れずに入手してください。
- 固定資産課税明細書には、その年中の増減は反映されないため注意が必要です。

❷ 登記簿謄本

❸ 売買契約書等

- ❷、❸は、その年中の増減資産を確認するために必要となります。

---

3 各項目の記載方法とそのポイント

❶ 財産債務の区分

- すべて「土地」と記入します。

留意点

- 財産債務明細書では「宅地」、「田畑地」、「林地」、「その他」の４種類に区分をする必要がありましたが、財産債務調書では区分をせず、すべて「土地」と記入します。
- 不動産事業者が販売目的で所有する土地は、棚卸資産に該当するため「その他の動産」に記載することとなります。

❷ 種類

- 記載は不要です。

◆財産債務調書の記載要領　3「種類」欄より

> ※土地、建物、山林、現金、貸付金、未収入金、借入金、未払金については、
>   本欄の記入は必要ありません。

❸ 用途

- 不動産所得、事業所得又は山林所得を生ずべき事業・業務の用に供するものは「事業用」と記載します。

〔例〕駐車場や賃貸マンションの敷地、自己や生計を一にする親族が営む工場、店舗、事務所の敷地など

● 「事業用」以外の用に供するものは「一般用」と記載します。

● 自宅兼店舗など、兼用している場合は「一般用、事業用」と記載します。

◆財産債務調書の提出制度（FAQ）より

> **Q5** 財産債務調書に記載する財産の種類、数量、価額、所在並びに債務の金額等は、その財産債務の用途別（一般用及び事業用の別）に記載することとされています。
>
> 　保有する財産債務の用途が「一般用」であるのか、「事業用」であるのかについては、どのように判定すればよいのですか。
>
> **(答)** 　財産債務調書に記載すべき財産債務の用途が「一般用」であるのか、「事業用」であるのかについては、次のとおり判定します。
>
> 　事業用の財産債務とは、その財産債務を、財産債務調書を提出する方の不動産所得、事業所得又は山林所得を生ずべき事業又は業務の用に供している財産債務をいいます。
>
> 　また、一般用の財産債務とは、当該事業又は業務の用に供する以外の財産債務をいいます（国外送金等調書規則別表第三備考一）。

❹ 所在

● その土地の所在を記載します。

　※　土地の所在は住居表示ではなく、地番で記載します。

● 地所数や筆数が多数になる場合で、使用目的や状況が同一で隣接しているような土地は、一括して記載することもできます。

〔例〕「大阪市中央区南新町1−4−4他○○筆」

❺ 数量

● 上段に「地所数」又は「筆数」を、下段に「面積」を記入します。

● ❹において一括して記載した場合は、数量欄はその筆数を記載し、面積は筆数の合計を記載します。

❻ 価額

● その年の12月31日における「時価」又は見積価額により算定した

金額を記入します。

●時価とは、不特定多数の当事者間で自由な取引が行われる場合に通常成立すると認められる価額をいいます。

●具体的には、不動産鑑定士による鑑定評価額を基本とします。

◆財産債務調書の提出制度（FAQ）より

> **Q20**　財産の「時価」とは、どのような価額をいうのですか。
>
> **(答)**　財産の「時価」とは、その年の12月31日における財産の現況に応じ、不特定多数の当事者間で自由な取引が行われる場合に通常成立すると認められる価額をいいます（通達6の2-8前段）。
>
> 　その価額は、財産の種類に応じて、動産及び不動産等については専門家による鑑定評価額、上場株式等については、金融商品取引所等^(注)の公表する同日の最終価格等となります。
>
> > **(注)**　「金融商品取引所等」とは、金融商品取引所のほか、店頭登録等の公表相場があるものを指します。

●見積価額とは次の（イ）～（ニ）のいずれかをいいます。

（イ）　その年の固定資産税評価額

　　※　固定資産税評価額は、その年の1月1日の評価ですが、これでもよいこととされました。

　　※　固定資産税評価額は、原則3年ごとに評価替えが行われます。つまり、この価額を採用した場合は、3年間同じ金額を記載すればよいことになり、事務負担の軽減が図れます。

（ロ）　土地等の取得価額にその後の合理的な価格変動率を加味した価額

　　※　その年に取得した場合は、その取得価額とします。ただし、関係者間取引での低額譲渡については、価額の調整が必要と考えられます。

（ハ）　その年の翌年1月1日から提出期限までの間に譲渡した場合のその譲渡価額

（ニ）　相続税評価額

第2章　財産債務調書の作成上の留意点——財産編

※　財産評価基本通達で定める方法により評価します。

◆財産債務調書の提出制度（FAQ）より

Q21　財産の「見積価額」とは、どのような価額をいうのですか。

（答）　財産の「見積価額」とは、その財産の種類等に応じて、次の方法で算定した価額をいいます（国外送金等調書規則12⑤、15④、通達6の2-8後段、6の2-9、6の2-10）。

①　事業所得の基因となる棚卸資産

　　その年の12月31日における「棚卸資産の評価額」

②　不動産所得、事業所得、山林所得又は雑所得に係る減価償却資産

　　その年の12月31日における「減価償却資産の償却後の価額」

③　上記①及び②以外の財産

　　その年の12月31日における「財産の現況に応じ、その財産の取得価額や売買実例価額などを基に、合理的な方法により算定した価額」

　　なお、「見積価額」の具体的な算定方法については、**Q23**以降をご確認ください。

通達6の2-9（見積価額の例示）

　規則第15条第4項が準用する場合における規則第12条第5項に規定する「見積価額」は、同項括弧書に規定する棚卸資産又は減価償却資産に係る見積価額のほか、規則別表第三に掲げる財産の区分に応じ、例えば、次に掲げる方法により算定することができる。

（1）規則別表第三（一）に掲げる財産（土地）

　イ　その年の12月31日が属する年中に課された固定資産税の計算の基となる固定資産税評価額（地方税法第381条（昭和25年7月31日法律第226号）《固定資産課税台帳の登録事項》の規定により登録された基準年度の価格又は比準価格をいう。なお、その財産に対して、外国又は外国の地方公共団体の定める法令により固定資産税に相当する租税が課される場合には、その年の12月31日が属する年中に課された当該租税の計算の基となる課税標準額とする。）。

　ロ　その財産の取得価額を基にその取得後における価額の変動を合理的な方法によって見積もって算出した価額。

　ハ　その年の翌年1月1日から財産債務調書の提出期限までにその財産を譲渡した場合における譲渡価額。

❶ 土　地

❼　備考

●記載をしなければならない事項はありませんが、財産債務調書制度の趣旨から考えて、記載の内容を担保するような内容を記載すればよいと考えられます。

〔例〕・共有の場合、その共有者及び持分。

　　　・当年に取得した場合には、その旨。

4 ┃ Q&A 実務のポイント

Q1 ┃ 共有している土地の価額は、どのように記載するのですか。

A1　持分が定まっている場合は、その財産の価額をその共有者の持分に応じて按分した価額とします。また、持分が定まっていない場合は、その財産の価額を各共有者の持分が等しいものと推定し、その推定持分に応じて按分した価額とします。

◆財産債務調書の提出制度（FAQ）より

Q36　外国に別荘を保有していますが、その別荘は配偶者との共有財産として取得しており、持分が明らかではありません。このような財産の価額はどのような方法で算定すればよいのですか。

（答）　財産債務調書に記載する財産が共有財産である場合は、その財産の価額は次により算定します（通達6の2-12）。

① 持分が定まっている場合

　その財産の価額をその共有者の持分に応じてあん分した価額

② 持分が定まっていない場合（持分が明らかでない場合を含む。）

　その財産の価額を各共有者の持分は相等しいものと推定し、その推定した持分に応じてあん分した価額

　したがって、持分が明らかでない共有財産である別荘の価額については、各共有者の持分は相等しいものと推定し、その時価又は見積価額の2分の1の価額を財産債務調書に記載します。

　（注）　国外財産調書を提出しなければならない方は、国外財産調書に記載する国外財産については、財産債務調書に記載する必要はありま

49

第2章　財産債務調書の作成上の留意点——財産編

せん（詳細は、**Q18**（編注：306頁参照）をご確認ください。）。

Q2　相続により取得した土地の価額はどのように記載するのでしょうか。

A2　その年の12月31日において遺産分割が行われていない場合は、法定相続分で按分した価額とします。また、その年の12月31日において遺産分割が行われていない場合は、それぞれの持分に応じた価額とします。

◆財産債務調書の提出制度（FAQ）より

> **Q37**　財産の相続があった場合における財産債務調書の提出義務について教えてください。
>
> **（答）**　財産債務調書の提出義務については、その年の12月31日において判断することから、相続人の財産債務調書の提出義務については、
> ①　その年の12月31日において遺産分割が行われていない場合は、法定相続分であん分した価額により判断し、
> ②　遺産分割により相続人それぞれの持分が定まっている場合は、それぞれの持分に応じた価額により判断します（国外送金等調書法6の2①本文、国外送金等調書令10⑥、12の2④、通達6の2－12）。
> 　なお、遺産分割には遡及効があることから（民法909）、遺産分割が行われた場合、相続人は、相続開始時に遡って、被相続人の財産を取得することとなりますが、当該遡及効は、遺産分割までの共有状態まで否定するものではありません。

Q3　路線価方式や倍率方式で評価をすることも可能ですか。

A3　財産評価基本通達で定める方式（路線価方式や倍率方式）により評価をすることも可能です。

◆財産債務調書の提出制度（FAQ）より

> **Q22**　財産債務調書に記載する財産の価額は、財産評価基本通達で定める方法により評価した価額でもよいのですか。

❶ 土　地

> **（答）**　財産評価基本通達では、相続税及び贈与税の課税価格計算の基礎となる各財産の評価方法に共通する原則や各種の財産の評価単位ごとの評価の方法を定めています。
> 　財産債務調書に記載する財産の価額についても、財産評価基本通達で定める方法により評価した価額として差し支えありません。

Q4　借地権はどのように評価すればよいでしょうか。

A4　固定資産評価額など見積価額により算定した自用地の評価額に、借地権割合を考慮して評価することができます。なお、借地権割合は、路線価地域については路線価図、倍率地域については評価倍率表を参考にすることができます。

Q5　土地の評価に際し、借地権割合を考慮することは可能ですか。

A5　土地の評価に際し、借地権割合を考慮することは可能です。またその結果として、財産額基準の３億円未満となった場合には、財産債務調書の提出は不要です。なお、例えば固定資産税評価額を見積額とした場合であっても、借地権割合を考慮することは可能です。

Q6　店舗兼用住宅の用に供している土地の用途は、どのように記載すればよいでしょうか。

A6　用途欄には「一般用、事業用」と記載します。

◆財産債務調書の提出制度（FAQ）より

> Q6　財産債務の用途が「一般用」及び「事業用」の兼用である場合、財産債務調書にはどのように記載すればよいのですか。

51

第2章　財産債務調書の作成上の留意点──財産編

（答）　財産債務調書に記載する財産の種類、数量、価額及び所在並びに債務の金額等については、国外送金等調書規則別表第三に規定する財産債務の区分に応じて、同別表の「記載事項」に規定する、「種類別」、「用途別」（一般用及び事業用の別）及び「所在別」に記載することとされています（国外送金等調書法6の2①本文、国外送金等調書令12の2⑥、国外送金等調書規則15①）。

　なお、財産債務調書に記載すべき財産債務の用途が、「一般用」及び「事業用」の兼用である場合には、財産債務調書を提出する方の事務負担を軽減する観点から、一般用部分と事業用部分とを区分することなく、財産債務調書に記載することができます（通達6の2−4、6の2−6）。

　したがって、財産債務調書の記載に当たり、「用途」欄には「一般用、事業用」と記載し、「価額」欄は、用途別に区分することなく算定した財産の価額又は債務の金額を記載して差し支えありません。

Q7 土地購入時の借入金を土地の価額と相殺して記載することは可能ですか。

A7　相殺はできません。土地はその価額を記載するとともに、その借入金も債務として「借入金」の区分に記載します。

◆財産債務調書の提出制度（FAQ）より

Q38　財産を金融機関からの借入金で取得している場合、その財産の価額の算定に当たり、借入金元本を差し引いてよいのですか。

（答）　財産の価額は、時価又は時価に準ずるものとして「見積価額」によることとされています（国外送金等調書法6の2①本文、国外送金等調書令12の2②、国外送金等調書規則12⑤、15④）。

　また、財産の「時価」又は「見積価額」の意義については、次のとおりとされています（通達6の2−8）（**Q13、14**参照）。
①　財産の「時価」
　その年の12月31日における財産の現況に応じ、不特定多数の当事者間で自由な取引が行われる場合に通常成立すると認められる価額をいいます。
②　財産の「見積価額」
　その年の12月31日における財産の現況に応じ、その財産の取得価額や売買実例価額などを基に、合理的な方法により算定した価額をいいます。

したがって、財産を借入金で取得した場合であっても、その財産の「時価」又は「見積価額」の価額の算定に当たり、借入金元本を差し引くことはできません。
　また、財産を取得するための借入金については、債務としてその年の12月31日における金額を記載することとなります。

Q8 2筆以上の宅地に自宅が建っている場合の記載方法について教えてください。

A8　「所在」には、一つの所在地を記載のうえ「他○筆」と記載します。また、「数量」の上段には合計筆数を記載のうえ、下段には合算をした面積を記載し、「価額」についてもまとめて記載します。

Q9 1筆の宅地に自己が使用する土地と、他者に駐車場として貸し付けている土地がある場合の記載方法について教えてください。

A9　原則は、それぞれ区分して記載します。
　しかし、固定資産税評価明細書に「住宅用地」と「非住宅用地」に分かれて表記されていない場合等、区分することが難しい場合には、用途欄に「一般用、事業用」と記入し、所在、数量、価額も一つの物件として記載してもよいでしょう。

Q10 相続が発生した後、登記を失念していた先代名義の土地がありますが、これも対象の土地に含まれるのでしょうか。

A10　利用の実態に応じて判断します。
　遺産分割協議が完了している場合は、当然にその分割協議により取得

第2章　財産債務調書の作成上の留意点——財産編

した相続人の所有と判断すべきです。

　また、遺産分割協議が未了である場合については、**Q2**のとおり法定相続分で按分することとなります。その場合であっても、対象となる土地を既に自宅等として実質所有していると考えられる相続人がいるときは、その人が所有していると判断すべきと考えます。

Q11 国外に所有する土地も対象になるのでしょうか。

A11 対象となります。ただし、国外財産調書に記載した土地については、財産債務調書への記載は不要であり、「国外財産調書に記載した国外財産の価額の合計額」欄にその合計額を転記します。

　これに対し、国外財産調書の提出が不要な人については、財産債務調書への記載が必要となります。

Q12 一筆の土地ごとに「見積価額」の算定方法を変更することはできるのでしょうか。

A12 すべての土地を同一の方法で算定する必要はありません。誤解を恐れずにいえば、最も評価額の下がる方法で記載することも可能ということです。しかし、その調書の提出が毎年必要な人に対する事務負担、あるいは、財産債務調書の税務調査等を考慮して、どの財産をどのような方法で評価したのかを記録しておくことが望ましいでしょう。

Q13 固定資産税評価額が付されていない土地の具体的な評価方法について教えてください。

A13 見積価額の算定方法は、固定資産税評価額による方法だけではありません。このような場合は、直前の取得価額又は取得価額を時点修正した金額とするのが適当と考えられます。

54

❶　土　地

Q14　売買契約は12月31日までに締結し、契約時に手付金の授受がありましたが、土地の引渡しが年明けとなる場合の記載方法について教えてください。

A14　所有権の移転（引渡し）が12月31日までにあるか否かで判断をします。具体的には、引渡しが未了であれば、その土地についても記載が必要となります。

　なお、例えば手付金を授受し、これを金融機関に預け入れた場合等には、財産として「預金」等、債務としてその他の債務「前受金」にそれぞれに記載する必要があります。

Q15　事業用の土地など、土地を賃借している場合は、すべて借地権として記載する必要があるのでしょうか。

A15　借地権を帳簿に計上している場合や、賃借権設定登記がなされている場合など、借地権が顕在化している場合に記載すればよいと考えられます。

Q16　不動産業者が販売目的で所有している土地の記載方法について教えてください。

A16　棚卸資産に該当するため、「土地」の区分ではなく、「その他の動産」の区分に記載します。なお、その際の見積価額は、その年の12月31日における「棚卸資産の評価額」とします（詳細は、本章「⑭その他の動産」183頁参照）。

5 ｜ 記載例

＜保有する土地等＞

　●次頁の「平成○○年度　固定資産税・都市計画税　物件明細書」参照

平成○○年度　固定資産税・都市計画税　物件明細書

清　文　太　郎　様

区分	町名(○○○市)/家屋番号	所在地番	登記地目又は種類/課税地目又は構造	登記地積・床面積/課税地積・床面積(㎡)	評価額(円)	固定課税標準額/都計課税標準額(円)	固定税相当額/都計税相当額(円)	固定軽減税額/都計軽減税額(円)	前年度(比準)固定負担水準/前年度(比準)都計負担水準(円)	農地負担水準	建築年	軽減	備考
① 土地	北中島○丁目	1●6-1	田 / 非住宅用地	1371.00 / 1371.00	74,510,530	52,157,371 / 52,157,371	730,203 / 156,472		52,157,371 / 52,157,371				
② 土地	北中島○丁目	1●6-2	宅地 / 宅地用地	495.00 / 495.00	25,901,442	6,889,783 / 13,779,566	96,456 / 41,338		7,037,572 / 14,075,145				
③ 土地	紀三井寺	●●1-1	畑 / 1 畑	1993.00 / 1348.45	44,321,579	10,475,052 / 10,475,052	146,650 / 31,425		9,522,775 / 9,522,775	64			
④ 土地	紀三井寺	●●1-1	畑 / 2 畑	1993.00 / 644.55	27,665,704	19,365,992 / 19,365,992	271,123 / 58,097		19,761,217 / 19,761,217	32			
⑤ 土地	紀三井寺	●5-●	畑 / 1 畑	137.00 / 137.00	887,449	205,495 / 205,495	2,876 / 616		186,814 / 186,814	63			
⑥ 土地	紀三井寺	●5-●	畑 / 2 畑	137.00 / 110.00	5,502,924	3,852,046 / 3,852,046	53,928 / 11,556		4,097,922 / 4,097,922	31			
⑦ 土地	紀三井寺	●●1-1	宅地 / 住宅用地	442.30 / 442.30	20,608,807	14,426,164 / 14,426,164	201,966 / 43,278		15,346,984 / 15,346,984				
⑧ 土地	東高松1丁目	999-1	宅地 / 住宅用地	524.63 / 524.63	40,073,288	28,051,301 / 28,051,301	392,718 / 84,153		28,334,648 / 28,334,648				
⑨ 土地	東高松1丁目	999-2	宅地 / 住宅用地	109.15 / 109.15	8,337,302	5,836,111 / 5,836,111	81,705 / 17,508		5,895,062 / 5,895,062				
⑩ 土地	三葛	999	宅地 / 1 住宅用地	832.64 / 551.65	25,703,931	17,992,751 / 17,992,751	2,551,898 / 53,978		19,141,225 / 19,141,225				
⑪ 土地	三葛	999	宅地 / 2 住宅用地	832.64 / 280.99	5,703,363	950,560 / 1,901,121	13,307 / 5,703		965,036 / 1,930,072				

平成○○年度　固定資産税・都市計画税　物件明細書

清　文　太　郎　様　他1名

区分	町名(○○○市)/家屋番号	所在地番	登記地目又は種類/課税地目又は構造	登記地積・床面積/課税地積・床面積(㎡)	評価額(円)	固定課税標準額/都計課税標準額(円)	固定税相当額/都計税相当額(円)	固定軽減税額/都計軽減税額(円)	前年度(比準)固定負担水準/前年度(比準)都計負担水準(円)	農地負担水準	建築年	軽減	備考
⑫ 土地		17●9-1	畑 / 畑	2126.00 / 2126.00	47,268,513	11,210,024 / 11,210,024	156,940 / 33,630		10,190,931 / 10,190,931	64			1100
⑬ 土地		17●9-2	畑 / 畑	801.00 / 801.00	21,050,831	4,218,825 / 4,218,825	59,063 / 12,656		3,835,296 / 3,835,296	54 / 27			1100
⑭ 土地		180●-1	畑 / 畑	660.00 / 660.00	17,345,253	3,469,128 / 3,469,128	48,567 / 10,407		3,153,753 / 3,153,753	54 / 27			1100
⑮ 土地		180●-5	畑 / 畑	122.00 / 122.00	3,206,242	627,353 / 627,353	8,782 / 1,882		570,321 / 570,321	53 / 26			1100

❶ 土 地

記載の手順

1st Step 土地の利用状況を確認する。

①は、清文太郎が貸しているアパート（②）の駐車場用地です。

②は、清文太郎が貸しているアパートの敷地で、①とひと続きの土地です。

③は、清文太郎が耕作している畑です。

④には、③の作業をするための倉庫が建っており、③と合わせて一筆の土地です。

⑤は、清文太郎が耕作している畑です。

⑥には、③の作業をするための倉庫が建っており、⑤と合わせて一筆の土地です。

　なお、③、④及び⑤、⑥は隣接しています。

⑦は、清文太郎が個人医院に貸している病院用の土地です。

⑧には、清文太郎が営んでいる店舗が建っています。

⑨には、清文太郎が営んでいる店舗が建っており、⑧とひと続きの土地です。

⑩は、清文太郎の自宅横の貸駐車場です。

⑪には、清文太郎の自宅が建っています。⑩と合わせて一筆の土地です。

⑫は、清文太郎が耕作している畑であり、番地は飛んでいるものの以下⑬から⑮までの畑とひと続きになっています。また、妻の花子と共有しており、清文太郎の持分は1/2です。

⑬は、清文太郎が耕作している畑です。妻の花子と共有しており、清文太郎の持分は1/2です。

⑭は、清文太郎が耕作している畑です。妻の花子と共有しており、清文太郎の持分は1/2です。

⑮は、清文太郎が耕作している畑です。妻の花子と共有しており、清文太郎の持分は1/2です。

2nd Step 土地のグルーピングを行う。

（1）　①及び②について

57

●アパート用地及びその駐車場として隣接しています。

●①、②ともに不動産所得を生ずべき事業の用に供しています。

よって①と②はまとめて記載が可能です。

(2) ③～⑥について

●③と④は1筆の土地ですが、③は畑であり、④には倉庫が建っているため、地目が異なります。

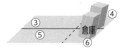

●⑤と⑥についても③と④と同様です。

●しかし、③～⑥を合わせて農業所得を生ずべき事業の用に供しています。

よって、③～⑥はまとめて記載が可能です。

(3) ⑧と⑨について

●店舗用地として、どちらも事業所得を生ずべき事業の用に供しています。

よって⑧と⑨はまとめて記載が可能です。

(4) ⑩と⑪について

●⑩と⑪は一筆の土地です。

⑩は駐車場用地で、⑪には居宅があります。

●用途が異なり、また明細書でも物件が分かれているため、それぞれ別個に記載することができますが、⑩と⑪をまとめて記載することも可能です。

(5) ⑫～⑮について

●地番が飛んでいますが、⑫～⑮は、すべて隣接しているためまとめて記載が可能です。

●また、妻（花子）と共有しているため価額の記載にあたっては持分で按分をする必要があります。

1 土 地

3rd Step 財産債務調書に記載する。

平成 [2][7] 年12月31日分　　財産債務調書

財産債務を有する者						
	住　所 又は事業所、事務所、居所など		○○市三葛999			
	氏　名		清文　太郎	（電話）　－　－		

上段には筆数を　下段には面積を記入します。

財産債務の区分	種　類	用途	所　　在	数　量	（上段は有価証券等の取得価額） 財産の価額又は債務の金額	備　考
土地		事業用	○○市北中島○丁目1●6-1,2	2 1,866 ㎡	100,411,972 円	
土地	記載不要	事業用	○○市紀三井寺●●1-1 他1筆	2 2,130 ㎡	78,377,656	
土地		事業用	○○市紀三井寺●●1-1	1 442.3 ㎡	20,608,807	
土地		事業用	○○市東高松1丁目999-1,2	2 633.78 ㎡	48,410,590	
土地		一般用 事業用	○○市三葛999	1 832.64 ㎡	31,407,294	
土地		事業用	○○市湊17●9-1 他3筆	4 3,709 ㎡	44,435,420	持分1/2
			土地計		(323,651,739)	

地所数が複数の場合は、数量、面積、価額とも合計を記載します。

区分別に合計します。金額にはかっこ書きをします。

共有の場合は、持分であん分した金額を記載します。

① 固定資産税評価額の合計　88,870,839円

② ①×1/2＝44,435,420円

【備考欄への記載】

共有しているため「持分1/2」と記載します。

59

第2章 財産債務調書の作成上の留意点――財産編

4th Step 財産債務調書合計表に記載する。

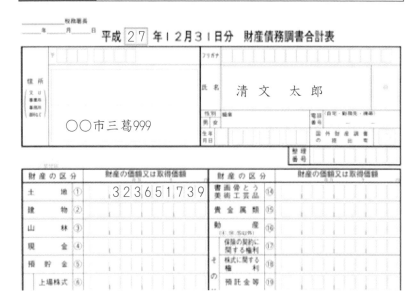

【額田　朋子】

2 建　物

POINT

○所有財産を漏れなく記載します。
○マンションや建売住宅等で土地と建物の金額を区分できない場合には、一括での記載が可能です。
○兼用している場合、「価額」欄は用途別に区分をしなくてもかまいません。
○建物の価額は、見積価額で記載することができます。
○建物価額の見積価額については、固定資産税評価額、相続税評価額、直前の取得価額又は減価償却費控除後の価額、直後の売却価額のいずれかによります。
○国外で所有している建物についても、財産債務調書のいわゆる財産額基準3億円の対象資産となります。
○国外財産調書に記載した建物については、財産債務調書への記載は不要ですが、同調書の「国外財産調書に記載した国外財産の価額の合計額」に、その額を含める必要があります。
○ただし、国外で建物を所有し、国外財産調書を提出する義務のない人については、財産債務調書に記載をする必要があります。

1 対象となるもの

❶ 住宅
❷ 事務所
❸ 倉庫
❹ 店舗
❺ 工場
❻ 宿泊所
❼ 車庫

61

第2章　財産債務調書の作成上の留意点──財産編

❽　その他、土地に定着する工作物のうち、屋根及び柱若しくは壁を有するもの

留意点

・上記対象には、給排水設備、電気設備などの附属設備を含みます。
　なお、詳細は以下を参照してください。

◆財産評価基本通達より

> 評基通92（附属設備等の評価）
> 　附属設備等の評価は、次に掲げる区分に従い、それぞれ次に掲げるところによる。
> （1）家屋と構造上一体となっている設備
> 　家屋の所有者が有する電気設備（ネオンサイン、投光器、スポットライト、電話機、電話交換機及びタイムレコーダー等を除く。）、ガス設備、衛生設備、給排水設備、温湿度調整設備、消火設備、避雷針設備、昇降設備、じんかい処理設備等で、その家屋に取り付けられ、その家屋と構造上一体となっているものについては、その家屋の価額に含めて評価する。

●居住用、事業用、貸付用などの用途を問いません。

2 準備するもの

❶　固定資産税課税明細書又は固定資産税課税台帳（名寄帳）

　※　詳細は「❶土地」（44頁）参照

❷　登記簿謄本

❸ 売買契約書、請負契約書、注文書等

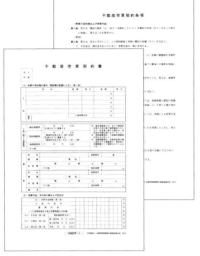

- ❷、❸は、その年中の増減資産を確認するための資料となります。
- マンションの売買等については売買契約書、戸建て住宅等については請負契約書、リフォーム等資本的支出に該当する修理等については請負契約書や注文書を参考にしてください。

3 各項目の記載方法とそのポイント

❶ 財産債務の区分
- すべて「建物」と記入します。

留意点
- 財産債務明細書では、「住宅」、「店舗」、「工場」、「その他」の4種類に区分をする必要がありましたが、財産債務調書では区分をせず、すべて「建物」と記入します。
- 不動産業者が販売目的で所有する建物は棚卸資産に該当するため、「その他の動産」として記載します。

❷ 種類
- 記載は不要です。

❸ **用途**

●不動産所得、事業所得又は山林所得を生ずべき事業・業務の用に供するものは「事業用」と記載します。

〔例〕賃貸マンション、貸工場、貸店舗、貸倉庫、自己や生計一親族が営む工場や倉庫、店舗など

●「事業用」以外の用に供するものは「一般用」と記載します。

●自宅兼店舗など、兼用している場合は「一般用、事業用」と記載します。

❹ **所在**

●その建物の所在を記載します。

●マンション等の場合、所在が特定できるように部屋番号まで記載します。

●主たる建物に附属している物置などの附属建物については、主たる建物と一括して記載することができます。

●ただし、例えば同一敷地内に複数棟の賃貸用マンションがある場合は、財産債務調書制度の趣旨から考えて、それぞれ個別の記載を要すると考えられます（後掲「4 Q＆A 実務のポイント」**Q8** 参照）。

❺ **数量**

●上段に「戸数」を、下段に「面積」を記入します。

●❹において一括して記載した場合は、数量欄にその個数を記載します。

❻ **価額**

●その年の12月31日における時価又は見積価額により算定した金額を記入します。

●時価とは、不特定多数の当事者間で自由な取引が行われる場合に通常成立すると認められる価額をいいます。

●具体的には、土地同様、不動産鑑定士による鑑定評価額を基本とします。

●見積価額とは次の（イ）～（ヘ）のいずれかをいいます。

　　　　　　　　　　　　　　　　　　　　　❷　建　物

（イ）　その年の固定資産税評価額

　　　※　固定資産税評価額は、その年の１月１日の評価ですが、
　　　　これでもよいとされました。

　　　※　固定資産税評価額は、原則３年ごとに評価替えが行われ
　　　　ます。つまり、この価額を採用した場合は、３年間同じ金
　　　　額を記載すればよいことになり、事務負担の軽減が図れま
　　　　す。

（ロ）　建物等の取得価額にその後の合理的な価格変動率を加味した
　　　価額

　　　※　その年に取得した場合は、その取得価額とします。ただ
　　　　し、関係者間取引での低額譲渡については、価額の調整が
　　　　必要と考えられます。

（ハ）　その年の翌年１月１日から提出期限までの間に譲渡した場合
　　　のその譲渡価額

（ニ）　相続税評価額

　　　※　財産評価基本通達で定める方法により評価します。

（ホ）　不動産所得、事業所得、山林所得又は雑所得に係る減価償却
　　　資産は、その年の12月31日における減価償却資産の償却後の
　　　価額

　　　※　賃貸用物件等で、建物とその建物の附属設備（例：電気
　　　　設備、給排水設備等）とを区別して減価償却資産としてい
　　　　る場合は、これらの合計額とします。

（ヘ）　業務の用に供する建物以外のもの（自宅、別荘用の建物、自
　　　宅の増改築など）については、取得価額から、その年の12月
　　　31日における経過年数に応ずる償却費の額を控除した金額（後
　　　掲「４Ｑ＆Ａ　実務のポイント」Q6 参照）。

通達６の２－９（見積価額の例示）
　規則第15条第４項が準用する場合における規則第12条第５項に規定す
る「見積価額」は、同項括弧書に規定する棚卸資産又は減価償却資産に係

65

第2章　財産債務調書の作成上の留意点——財産編

る見積価額のほか、規則別表第三に掲げる財産の区分に応じ、例えば、次
に掲げる方法により算定することができる。

(中略)

(2) 規則別表第一（二）に掲げる財産（建物）

　イ　(1) イ、ロ又はハに掲げる価額。（編述：「❶土地」（48頁）参照）

　ロ　その財産が業務の用に供する資産以外のものである場合には、その
　　財産の取得価額から、その年の12月31日における経過年数に応ずる
　　償却費の額を控除した金額。

　(注)　「経過年数に応ずる償却費の額」は、その財産の取得又は建築の
　　　時からその年の12月31日までの期間（その期間に1年未満の端数
　　　があるときは、その端数は1年とする。）の償却費の額の合計額と
　　　する。この場合における償却方法は、定額法（所得税法施行令第
　　　120条の2第1項第1号《減価償却資産の償却の方法》に規定する
　　　「定額法」をいう。）によるものとし、その耐用年数は、減価償却資
　　　産の耐用年数等に関する省令に規定する耐用年数による。

❼　備考

●マンションなど2以上の財産区分からなる財産を一括して記入する
　場合は「敷地権（土地）を含む」と記載します。

●その他、記載をしなければならない事項はありませんが、財産債務
　調書制度の趣旨から考えて、記載の内容を担保するような内容を記
　載すればよいと考えられます。

　〔例〕・共有の場合、その共有者及び持分。

　　　　・当年に取得した場合には、その旨。

　　　　・資本的支出をした場合には、その旨及びその年月。

❷ 建 物

4 | Q&A 実務のポイント

Q1 マンションの土地と建物の金額が区分できない場合は、どのように記載するのでしょうか。

A1 一括して記入のうえ、備考欄に「土地を含む」と記載します。

◆財産債務調書の提出制度（FAQ）より

> **Q7** 避暑用のリゾートマンション（土地付建物）を保有しています。売買契約書を確認しても「土地」と「建物」の価額に区分することができません。このような財産の場合、財産債務調書にはどのように記載すればよいのですか。
>
> **(答)** 財産債務調書に記載する財産の種類、数量、価額及び所在並びに債務の金額等については、国外送金等調書規則別表第三に規定する財産の区分に応じて、同別表の「記載事項」に規定する「種類別」、「用途別」（一般用及び事業用の別）及び「所在別」に記載することとされています（国外送金等調書法6の2①本文、国外送金等調書令12の2⑥、国外送金等調書規則15①）。
>
> なお、財産債務調書に記載すべき財産が同別表に規定する2以上の財産の区分からなる財産で、それぞれの財産の区分に分けて財産の価額を算定することが困難な場合には、財産債務調書を提出される方の事務負担を軽減する観点から、これらの財産は一体のものとしてその財産の価額を算定し、いずれかの財産の区分にまとめて記載することができます（通達6の2-4）。
>
> お尋ねのリゾートマンション（土地付建物）については、財産債務調書の各欄に次のとおり記載してください。
>
> **[参考] 2以上の財産からなる財産債務に係る財産債務調書（各欄）の記載要領**
>
> | 各欄 | 記載要領 |
> | --- | --- |
> | 財産債務の区分 | 「建物」 |
> | 用途 | 「一般用」 |
> | 所在 | リゾートマンションが所在する「住所」 |
> | 数量 | 上段に「戸数」、下段に「床面積」 |
> | 価額 | 建物及び土地の合計額 |
> | 備考 | 価額には「土地を含む」旨 |

67

第2章 財産債務調書の作成上の留意点——財産編

Q2
業務の用に供する建物以外のものである場合の経過年数に応ずる償却費の額は、どのように計算するのでしょうか。

A2
基本的な考え方は、譲渡所得の算定において、その建物が事業に使われていなかった場合の計算方法によればよいと考えられます。

　建物の耐用年数の1.5倍の年数に対応する旧定額法の償却率で求めた1年あたりの減価償却費相当額に、その建物を取得してからその年の12月31日までの経過年数を乗じて計算した額。

　なお、その期間に1年未満の端数があるときは、その端数は1年として計算します。

（計算例） 平成4年6月に25,000,000円で新築した木造の自宅の平成27年12月31日における償却費の額

【耐用年数】　22年×1.5＝33年

【償 却 率】　旧定額法、33年　⇒　0.031

【経過年数】　平成4年6月～平成27年12月31日まで⇒23年6ヶ月

　　　　　　　∴24年（1年未満端数切上げ）

【経過年数に応じる償却費の額】

　　　　　25,000,000円×0.9×0.031×24年＝16,740,000円

Q3
未登記の建物も記載する必要はありますか。

A3
登記の有無と、建物の所有の有無とは何ら関連はありません。財産債務調書にいう財産は、金額に見積もることができる経済的価値のあるすべてのものをいうこととされており（通達2－1参照）、その趣旨から当然に記載しなければなりません。

❷　建　物

Q4 固定資産税の課税台帳に載っていない建物も記載する必要がありますか。

A4　Q3 同様、当然に記載しなければなりません。なお、当該建物が棚卸資産以外のものである場合の見積価額の算定方法は、取得価額から償却費の額を控除した額等が妥当です。

Q5 建築中の建物も記載する必要がありますか。

A5　完成引渡しを受けていないのであれば建物とはいえないので、記載は不要です。ただし、建築工事に関し、手付金や前払金の支払いがある場合は、その金額を「その他の資産」の区分に、前払金として記載してください。

Q6 事業用以外の建物についてリフォーム等増改築を行った場合の取扱いを教えてください。

A6　所得税法上、事業用建物について資本的支出に該当する支出がある場合には、資産計上することとされています。それとの整合性を考慮すると、事業用以外の建物の増改築についても記載対象になると考えられます。

　なお、当該支出が資本的支出に該当するかどうかの判断にあたっては、以下の国税庁ホームページのタックスアンサーが一つの基準となります。

◆国税庁ホームページ「タックスアンサー」より

> **No.1379　修繕費とならないものの判定**　［平成27年4月1日現在法令等］
> 　貸付けや事業の用に供している建物、建物附属設備、機械装置、車両運搬具、器具備品などの資産の修繕費で、通常の維持管理や修理のために支出されるものは必要経費になります。
> 　しかし、一般に修繕費といわれるものでも資産の使用可能期間を延長させたり、資産の価額を増加させたりする部分の支出は資本的支出とされ、修繕費とは区別されます。

69

第2章　財産債務調書の作成上の留意点——財産編

　資本的支出とされた金額は、事業所得や不動産所得の計算上、減価償却の方法により各年分の必要経費に算入します（詳細はコード2107を参照してください）。

　このような修繕費と資本的支出の区別は、修繕や改良という名目によるのではなく、その実質によって判定します。

　したがって、次のような支出は原則として資本的支出になります。

(1) 建物の避難階段の取付けなど、物理的に付け加えた部分の金額
(2) 用途変更のための模様替えなど、改造又は改装に直接要した金額
(3) 機械の部分品を特に品質又は性能の高いものに取り替えた場合で、その取替えの金額のうち通常の取替えの金額を超える部分の金額

　なお、次に掲げる支出については、その支出を修繕費として所得金額の計算を行い確定申告をすれば、その年分の必要経費に算入することができます。

(1) おおむね3年以内の期間を周期として行われる修理、改良などであるとき、又は一つの修理、改良などの金額が20万円未満のとき。
(2) 一つの修理、改良などの金額のうちに資本的支出か修繕費か明らかでない金額がある場合で、その金額が60万円未満のとき又はその資産の前年末の取得価額のおおむね10％相当額以下であるとき。
(所法37、所令127、181、所基通37-10、37-12、37-13)

Q7 Q6により、増改築工事が財産債務調書への記載対象となる場合の記載方法を教えてください。

A7　当該増改築をした建物の価額に、その増改築等の価額を上乗せして記載することも、あるいは、増改築部分を独立して記載することもどちらも可能と考えられます。また、増改築をした年の翌年以降については、取得価額から償却費を控除することができます。

　ただし、建物の見積価額を固定資産税評価額としている場合等については、増改築部分を独立して記載する方法が、財産債務調書制度の趣旨からは望ましいと考えられます。その場合、備考欄には増改築等を行った年月とその旨を記載すればよいでしょう。

2 建　物

Q8
同一敷地内に貸アパートが複数棟ある場合、それらを一括して記載してもよいでしょうか。

A8
　不動産所得の申告にあたっては、事業用建物をそれぞれ個別に資産計上するのが実情です。また、所得税等の申告漏れが生じた場合の過少申告加算税の加重措置の点も考慮すると、疑義が生じないように、一棟ごとに独立して記載すべきと考えられます。

Q9
建物の建築に際し、金融機関から借入れを実行しましたが、建物の引渡しが年明けとなった場合の記載方法について教えてください。

A9
　Q5 のとおり、建物については記載の必要はありません。ただし、財産債務調書には、例えばその借入金を預金として所有している場合には、預金と借入金それぞれに記載する必要があります。

5 | 記載例

＜保有する建物＞

●次頁の「平成○○年度　固定資産税・都市計画税　物件明細書」参照

71

平成○○年度　固定資産税・都市計画税　物件明細書

清文大郎　様

区分	町名（○○○市）家屋番号	所在地番	登記地目又は種類／課税地目又は構造	登記地積・床面積(㎡)／課税地積・床面積(㎡)	評価額(円)	固定資産税課税標準額(円)／都計課税標準額(円)	固定資産相当額(円)／都市税相当額(円)	地積水準	軽減／建築年度	備考
① 家	北中島○丁目 1●6-1		共同住宅／RC	326.34／326.34	3,061,035	3,061,035／3,061,035	42,854／9,183		S43	
② 家	北中島○丁目 1●6-1 01●6-0001-0000-00		共同住宅／RC	399.60／399.60	3,785,031	3,785,031／3,785,031	52,990／11,355		S43	
③ 家	紀三井寺 ●●1-1 01●6-0001-0002-00		倉庫／軽鉄造	0.00／69.48	310,939	310,939／310,939	4,353／932		S49	
④ 家	東高松1丁目 999-1 9999-0●1-0000-00		店舗／RC	568.36／568.36	9,404,231	9,404,231／9,404,231	131,659／28,212		S38	
⑤ 家	三館 999 0999-0001-0000-00		居宅／プレ軽	201.63／153.72	1,369,254	1,369,254／1,369,254	19,169／4,107		H4	
⑥ 家	三館 999 9999-0999-0000-00		2倉庫／プレ軽	44.00／0.00	285,341	285,341／285,341	3,994／856			

平成○○年度　固定資産税・都市計画税　物件明細書

清文大郎　様　他1名

資産	土地又は家屋の所在地番／家屋番号	課税地積又は課税床面積(㎡)／家屋の構造	価格(評価額)(円)	前年度課税標準額(円)／課税標準額(円)	軽減又はあん後課税標準額(円)	本年度／前年度調整税額　前年度課税標準額(円)／課税標準額(円)	軽減又はあん後課税標準額(円)	物件相当税額(円)	摘要
⑦	土地 市街 登記 あん分課税対象土地	5284.38	1,413,304,735	235,550,789／235,550,789	579,219	471,101,578／471,101,578	1,158,438		住宅用地
⑧	家屋 住吉宮町○丁目 1-1110 市街 居宅 登記 鉄筋二造	110.70	9,964,900	9,964,900／9,964,900	4,982,400	9,964,900／4,982,400		11,584 ／ 84,700	物件相当税額 新築住宅の軽減

2 建物

記載の手順

1st Step 建物の利用状況を確認する。

①は、清文太郎の不動産賃貸業の用に供している貸アパートです。

②は、清文太郎の不動産賃貸業の用に供している貸アパートであり、①と同敷地内に建っています。

③は、清文太郎の農業の用に供している倉庫です。なお、登記はされていません。

④は、清文太郎の事業の用に供している店舗です。

⑤は、清文太郎の自宅です。なお、平成26年7月に150万円で外壁を塗り直しました。

⑥は、清文太郎の自宅の敷地内にある倉庫です。なお、登記はされていません。

⑦及び⑧は、清太郎と妻の花子が、それぞれの持分1／2で共有するマンションです。なおこのマンションは、その取得時に建物及び敷地権の区分がされておらず、3,600万円で取得しています。

2nd Step 建物のグルーピングを行う。

(1) ①及び②について

- 同一敷地内に建っているアパートです。
- どちらとも不動産所得を生ずべき事業の用に供しています。
- 疑義が生じないようにするためにも①と②は別々に記載すべきです。

(2) ⑤及び⑥について

- 同一敷地内に建っている自宅と倉庫です。
- 倉庫は登記されておらず、自宅の従たる附属設備と考えられます。
- よって、⑤と⑥は一括して記載してもかまいません。
- 自宅の外壁塗装については資本的支出に該当します。

73

●計算の煩雑性を軽減させるために独立させて記載します。

(3) ⑦及び⑧について

●それぞれの財産の区分に分けて財産の価額を算定することが困難な場合は一体のものとして価額を算定することができます。

●また、妻（花子）と共有しているため、価額の記載にあたっては持分で按分をする必要があります。

●なお、価額については、固定資産税評価額を記載することもできますが、本事例では敷地権と建物の区分が困難な例として、取得価額にて記載することとします。

②　建　物

3rd Step　財産債務調書に記載する。

平成 ②⑦ 年１２月３１日分　　**財産債務調書**

住居表示ではなく
地番を記入します。

上段には筆数を
下段には面積を記入します。

財産債務の区分	種　類	用途	所　　在	数量	(上段は有価証券等の取得価額) 財産の価額又は債務の金額	備　考
建物		事業用	○○市北中島○丁目1●6-1	1 326.34㎡	円 3,061,035 円	
建物	記載不要	事業用	○○市北中島1●6-1	1 399.60㎡	3,785,031	
建物		事業用	○○市紀三井寺●●1-1	1 69.48㎡	310,939	
建物		事業用	○○市東高松1丁目999-1,2	1 568.36㎡	9,404,231	
建物		一般用	○○市三葛999	2 197.72㎡	1,654,595	
建物		一般用	○○市三葛999	1 153.72㎡	1,416,300	H26.7 資本的支出
建物		一般用	○○市住吉宮町●丁目1-1110	1 110.70㎡	18,000,000	土地を含む 持分1/2
			建物計		(37,632,131)	

複数の場合は、合計を記載します。

区分別に合計します。
金額にはかっこ書きをします。

①取得価額　　150万円

②償却費の額　150万円×0.9×0.031×2年＝83,700円

③　①－②＝1,416,300円

【備考欄への記載】
　資本的支出を行った年月を記載します。

共有の場合は、持分であん分した金額を記載します。
　(購入価額) 36,000,000円×1/2
【備考欄への記載】
　・一体のものとして取得価額を記載するため「土地を含む」と記載します。
　・共有しているため「持分1/2」と記載します。

75

第2章　財産債務調書の作成上の留意点──財産編

4th Step　財産債務調書合計表に記載する。

_____税務署長
_____年_____月_____日　平成 [2][7] 年12月31日分　財産債務調書合計表

住所又は事業所事務所居所など	〒 □□□-□□□□ ○○市三葛999	フリガナ 氏名	清文　太郎	㊞
		性別 男 女　職業	電話番号 (自宅・勤務先・携帯) ___-___-___	
		生年月日	国外財産調書の提出有	
		整理番号		

財 産 の 区 分	財産の価額又は取得価額		財 産 の 区 分	財産の価額又は取得価額
土　　地 ①			書画骨とう美術工芸品 ⑭	
建　　物 ②	37632131		貴 金 属 類 ⑮	
山　　林 ③			動　　産 (⑭,⑮以外) ⑯	
現　　金 ④		そ	保険の契約に関する権利 ⑰	
預 貯 金 ⑤		の	株式に関する権利 ⑱	
上場株式 ⑥		他	預 託 金 等 ⑲	

【額田　朋子】

❸ 山 林

❸ 山 林

POINT

○林地は土地の区分に記載することとされているため、山林の区分には立木を記載することになると考えられます。

○山林の価額は「見積価額」で記載することができます。

1 対象となるもの

❶ 山林

●人工林、自然林などの区別はありません。

●植林した土地は、苗木が肥料や下草刈りといった管理を必要としている間は「山林」とはいえません。

❷ 立木

●主要樹種（杉、ひのき、松、くぬぎ及び雑木）

●主要樹種以外

留意点

　林地は、土地に含ませることとされているため（国外送金等調書法施行規則別表第一（三））、山林の区分には記載しません。

2 準備するもの

❶ 固定資産税課税明細書又は固定資産税課税台帳（名寄帳）

　※詳細は「❶土地」（44頁）参照

❷ 登記簿謄本

❸ 売買契約書

❹ 森林簿等

77

第2章　財産債務調書の作成上の留意点——財産編

森　林　簿

計画区	事務所	市町村	林班	小班	施業番号	大字	字	地番(親番)	地番(枝番)	住所	氏名	共有者数	所有形態	林地所有形態	分収林	森林の種類保安林1	森林の種類保安林2	ゾーニング区分	特定施業	施業方法(現在)	面積	層区分	林種種	樹種種	林相面積
92	4	205	25	1	44	3	サネブ ヤシキ	23●0		205	セイブ ンジ ロウ	1	1												
92	4	205	25	1	45	3	サネブ ヤシキ	23●0		205	セイブ ンジ ロウ	1	1												
92	4	205	25	1	46	3	サネブ ヤシキ	23●0		205	セイブ ンジ ロウ	1	1												
92	4	205	25	1	48	3	サネブ ヤシキ	23●5		205	セイブ ンジ ロウ	1	1												
92	4	205	25	1	49	3	サネブ ヤシキ	23●5		205	セイブ ンジ ロウ	1	1												
92	4	205	25	1	50	3	サネブ ヤシキ	23●5		205	セイブ ンジ ロウ	1	1												
92	4	205	25	1	51	3	サネブ ヤシキ	23●5		205	セイブ ンジ ロウ	1	1												
92	4	205	25	1	51	3	ド イダ ニ	23●6	1	205	セイブ ンジ ロウ	1	1												
92	4	205	25	1	52	3	ド イダ ニ	23●6		205	セイブ ンジ ロウ	1	1												
92	4	205	25	1	52	3	ド イダ ニ	23●6		205	セイブ ンジ ロウ	1	1												
92	4	205	25	1	54	3	ド イダ ニ	23●6		205	セイブ ンジ ロウ	1	1												
92	4	205	25	1	54	3	ド イダ ニ	23●6	1	205	セイブ ンジ ロウ	1	1												

3　各項目の記載方法とそのポイント

❶　区分

●すべて「山林」と記入します。

●林地は、土地に含みます。

❷　種類

●記載は不要です。

❸　用途

●事業所得又は山林所得を生ずべき事業・業務の用に供するものは「事業用」　と記載します。

　〔例〕伐採して売却することを目的に所有する山林、立木のままで譲渡することを目的に所有する山林、貸付けの用に供する山林など。

●「事業用」以外の用に供するものは「一般用」と記載します。

❹　所在

●その山林の所在を記載します。

●樹種及び樹齢を同じくするものごとに記載することも可能です。

78

❸ 山 林

❺ 数量

●上段に「筆数」を、下段に「面積」を記入します。

●面積の単位はヘクタールとし、ヘクタール未満2位まで記載します。

❻ 価額

●その年の12月31日における時価又は見積価額により算定した金額を記入します。

●時価は、不動産鑑定士による鑑定評価額を基本とします。

●見積価額は「土地」と同様、次の（イ）～（ニ）のいずれかにより算定します。

（イ）　その年の固定資産税評価額

（ロ）　取得価額にその後の合理的な価格変動率を加味した価額（その年に取得した場合は、その取得価額）

（ハ）　その年の翌年1月1日から提出期限までの間に譲渡した場合のその譲渡価額

（ニ）　相続税評価額

通達6の2－9（見積価額の例示）

　規則第15条第4項が準用する場合における規則第12条第5項に規定する「見積価額」は、同項括弧書に規定する棚卸資産又は減価償却資産に係る見積価額のほか、規則別表第三に掲げる財産の区分に応じ、例えば、次に掲げる方法により算定することができる。

（中略）

(3) 規則別表第三（三）に掲げる財産（山林）

　(1) イ、ロ又はハに掲げる価額。（編注：「❶土地」48頁参照）

---

❼ 備考

●記載をしなければならない事項はありませんが、財産債務調書制度の趣旨から考えて、記載の内容を担保するような内容を記載すればよいと考えられます。

〔例〕・共有の場合、その共有者及び持分。

　　　・当年に取得した場合には、その旨。

79

第2章　財産債務調書の作成上の留意点──財産編

・保安林については、その旨。

4　Q&A　実務のポイント

Q1 取得価額等が不明な場合の立木の見積価額はどのように計算するのでしょうか。

A1 財産評価基本通達に定める方法による評価額が適当と考えられます。なお、財産評価基本通達によると、森林の立木の評価方法は、「主要樹種の森林の立木の標準価額等」に基づく標準価額、地味級（地味の肥せき）、立木度（立木の密度）、地利級（立木の搬出の便否）に応じて、それぞれ別に定める割合を連乗して求めた金額に、その森林の地積を乗じて計算した金額等によって評価することとされています（評基通113）。

Q2 取得時の売買契約書では、林地と立木とが区分されていませんが、どのように記載すればよいでしょうか。

A2 売買契約書において、取得価額に林地と立木が含まれていることが明らかである場合は、一括して記入することも可能と考えられます。この場合は、備考欄に「林地を含む」と記載します。

Q3 雑木ばかりで価値がほとんどないと考えられる立木も、記載する必要があるのでしょうか。

A3 財産債務調書にいう財産は、金銭に見積もることができる経済的価値のあるすべてのものをいうこととされています（通達2－1参照）。また、山林には、取得価額基準等の適用もありません。よって、たとえ価値がほとんどないと考えられる立木であっても、金銭に見積もることができる限り、記載しなければなりません。

❸ 山 林

5 │ 記載例

＜保有する山林＞

平成○○年度　　固定資産評価証明書

納税義務者	住所	○○県○○市三葛999番地			● 市税証　99999号
	氏名	清文　太郎			平成●年度
所　在　地		地目（登記/現況）または種類・構造	家屋番号 登記地積または床面積 現況地積または床面積 （うち非課税分）	評　価　額	備　　考
出間實房屋敷23●1番1		山林 山林	6,347.00 ㎡ 6,347.00 ㎡	101,552　円	
出間實房屋敷23●1番2		山林 山林	595.00 ㎡ 595.00 ㎡	8,925　円	
出間實房屋敷23●2番2		山林 山林	3,669.00 ㎡ 3,669.00 ㎡	58,704　円	
出間實房屋敷23●2番4		山林 山林	297.00 ㎡ 297.00 ㎡	4,752　円	
出間實房屋敷23●5番1		山林 山林	11,438.00 ㎡ 11,438.00 ㎡	91,504　円	
出間實房屋敷23●5番2		山林 山林	595.00 ㎡ 595.00 ㎡	8,925　円	

記載の手順

1st Step 土地の利用状況を確認する。

●すべての山林は、清文太郎が先代より引き継いだもので隣接しています。なお、この立木の売却等は行っていません。

●この山林には、桧や雑木、松などが生育しており、林業事務所の資料によりおおよその林齢、材積等が確認できます。

計画区	事務所	市町村	林班	小班	施業番号	枝番号	大字	字		地番(親番)	地番(枝番)	住所	氏名	共有者数	所有形態	林地所有形態	分収林	森林の種類保安林	森林の種類自然公園	森林の種類鳥獣保護	森林の種類その他
									ゾーニング区分	特定施業	施業方法(現在)	面積	層区分	林種	樹種	林相面積(面積×面積歩合)	面積歩合	林齢	齢級	地位級	平均樹高	材積(Ha)	総材積(針)	総材積(広)
92	4	205	25	1	44	0	3	サナブ	サナ																
92	4	205	25	1	46	0	3	サナブ	サナ																
92	4	205	25	1	48	0	3	サナブ	サナ																
92	4	205	25	1	49	0	3	サナブ	サナ																
92	4	205	25	1	50	0	3	サナブ	サナ	1	3		3	0.07	0	J	2	0.07	1	81	17	6	21	472	33	0
92	4	205	25	1	51	0	3	サナブ	サナ	1	3		3	0.55	0	T	38	0.55	1	61	13	3	0	100	0	55
92	4	205	25	1	51	2	3	ドイテー		1	3		3	0.13	0	T	4	0.13	1	85	17	6	0	307	40	0
92	4	205	25	1	52	1	3	ドイテー		1	3		2	0.08	0	J	2	0.08	1	58	12	6	17	377	30	0
92	4	205	25	1	52	2	3	ドイテー		1	3		3	0.68	0	T	38	0.68	1	74	15	3	0	101	0	89
92	4	205	25	1	54	1	3	ドイテー		1	3		3	0.2	0	T	38	0.2	1	60	12	3	0	100	0	20
92	4	205	25	1	54	2	3	ドイテー		1	3		3	0.45	0	B	41	0.45	1	0	0	0	0	0	0	0
									1	3		3	0.11	0	J	2	0.11	1	75	15	9	25	694	76	0
									1	3		3	0.18	0	T	4	0.18	1	78	16	5	0	250	45	0
									1	3		2	0.11	0	J	2	0.11	1	55	11	6	17	363	40	0
									1	3		3	0.08	0	J	2	0.08	1	69	14	9	24	647	52	0
									1	3		2	0.13	0	J	2	0.13	1	69	14	6	19	427	56	0

第2章　財産債務調書の作成上の留意点──財産編

2nd Step　土地のグルーピングを行う。

●すべての山林が隣接しているが樹種が様々であるため、樹種ごとに区分をし、「山林・森林の立木評価明細書」を基に各樹種の評価を行います。

立木の評価明細書

所在地	用途区分及び地区区分	①地積の面積	②樹種	③樹齢	⑤森林の面積	⑥1ヘクタール当たりの標準価額	⑦評価額（山林の立木材積）	立木材積	小出期間・小運搬費用	⑩地味級	⑪地利級	⑫立木度	⑬総合等級	⑭総合等級指数	⑮保安林の控除割合	被相続人氏名・割合	持分	⑰評価額	備考
○○市出間町實所屋敷23●P-1 他5筆	自用	1.0611 / 1.0611	桧	81	0.07	1,145,000	472	496	0.5 / 10.00	6	中	密	0.70				0.85 / 0.5	23,844	
○○市出間町實所屋敷23●P-1 他5筆	自用	1.0611 / 1.0611	雑	61	0.55	33,000	100		0.3 / 10.00	3		密	1.00				0.85 / 0.5	7,713	
○○市出間町實所屋敷23●P-1 他5筆	自用	1.0611 / 1.0611	松	85	0.13	233,000	307	454	0.50 / 10.00	6	中	密	0.70				0.85 / 0.5	9,011	
○○市出間町實所屋敷23●P-1 他5筆	自用	1.0611 / 1.0611	雑	60	0.20	32,000	100		0.50 / 10.00	3		密	1.00				0.85 / 0.5	2,720	
○○市出間町實所屋敷23●P-1 他5筆	自用	1.233 / 1.233	桧	58	0.08	679,000	377	358	0.5 / 10.00	6	中	密	0.70				0.85 / 0.5	16,160	
○○市出間町實所屋敷23●P-1 他5筆	自用	1.233 / 1.233	雑	74	0.68	43,000	101		0.5 / 10.00	3	中	密	0.70				0.85 / 0.5	8,698	
○○市出間町實所屋敷23●P-1 他5筆	自用	1.233 / 1.233	竹	8	0.45		0		0.5 / 10.00		中	密					0.85 / 0.5	0	
○○市出間町實所屋敷23●P-1 他5筆	自用	0.6686 / 0.6686	杉	75	0.11	592,000	694	577	0.5 / 10.00	6	中	密	0.70				0.85 / 0.5	19,373	
○○市出間町實所屋敷23●P-1 他5筆	自用	0.6686 / 0.6686	松	78	0.18	203,000	250	431	0.5 / 10.00	5	中	密	0.80				0.85 / 0.5	12,423	
○○市出間町實所屋敷23●P-1 他5筆	自用	0.6686 / 0.6686	桧	55	0.11	575,000	363	340	0.5 / 10.00	6	中	密	0.70				0.85 / 0.5	18,816	
○○市出間町實所屋敷23●P-1 他5筆	自用	0.6686 / 0.6686	杉	69	0.08	526,000	647	541	0.5 / 10.00	4	中	密	0.70				0.85 / 0.5	12,518	
○○市出間町實所屋敷23●P-1 他5筆	自用	0.6686 / 0.6686	桧	69	0.13	903,000	427	424	0.5 / 10.00	6	中	密	0.70				0.85 / 0.5	34,923	
合計		2.9637			2.77													166,199	

❸ 山 林

3rd Step 財産債務調書に記載する。

平成 ②⑦ 年12月31日分　　**財産債務調書**

複数の樹種が生育している場合は、樹種ごとに区分をし、備考欄にその樹種を記載します。

上段には筆数を下段には面積を記入します。単位はヘクタールとし、ヘクタール未満2位までを記入（3位以下切捨）します。

財産債務の区分	種　類	用途	所　在	数　量	（上段は右価近等の取得価額）財産の価額又は債務の金額	備　考
…					円 / 円	
山林		自用	○○市出間實房屋敷23●1番1他5筆	6 / 0.39ha	93,743	桧
山林	記載不要	自用	○○市出間實房屋敷23●1番1他5筆	6 / 1.43ha	19,131	雑木
山林		自用	○○市出間實房屋敷23●1番1他5筆	6 / 0.31ha	21,434	松
…			…		…	
			山林計		(166,199)	

区分別に合計します。金額にはかっこ書きをします。

4th Step 財産債務調書合計表に記載する。

＿＿＿＿＿税務署長
＿＿年＿＿月＿＿日　　平成 ②⑦ 年12月31日分　**財産債務調書合計表**

住 所又 は事業所事務所居所など	〒　　　　　　　　　　　○○市三葛999	フリガナ			
		氏 名	清文　太郎		
		性別　職業男 女		電話番号	（自宅・勤務先・携帯）　－　－
		生年月日		国 外 財 産 調 書の 提 出 有	
		整理番号			

財産の区分	財産の価額又は取得価額	財産の区分	財産の価額又は取得価額
土　地 ①		書画骨とう美術工芸品 ⑭	
建　物 ②		貴 金 属 類 ⑮	
山　林 ③	166199	動　産（⑭,⑮,⑯以外） ⑯	
現　金 ④		保険の契約に関する権利 ⑰	

【額田　朋子】

第2章 財産債務調書の作成上の留意点──財産編

 # 現　金

> **POINT**
> ○所有する現金を漏れなく記載します。
> ○現金の用途別（一般用と事業用の別）に、さらに所在別に分けて記載します。
> ○現金には見積価額は想定されません。したがって、12月31日の現金残高を確認する必要があります。
> ○事業者の場合には、現金出納帳の正確な記帳が求められます。

1　対象となるもの

現金

2　準備するもの

事業用の現金については残高が分かる例えば次のようなもの

- 現金出納帳
- 青色申告決算書

3　各項目の記載方法とそのポイント

❶ **財産債務の区分**

- 現金

❷ **種類**

- 記載は不要です。

◆財産債務調書の記載要領　3「種類」欄より

※土地、建物、山林、現金、貸付金、未収入金、借入金、未払金については、本欄の記入は必要ありません。

❸ 用途

- 不動産所得、事業所得又は山林所得を生ずべき事業・業務の用に供するものは「事業用」と記載します。例えば、コンビニエンスストアのレジにある現金や釣銭用として保管している現金などが該当します。
- 「事業用」以外の用に供するものは「一般用」と記載します。

❹ 所在

- 自宅、貸金庫、事務所や店舗等の現金の所在地別に記載します。
- 複数のコンビニエンスストアを経営しているような場合には、店舗ごとに記載する必要があります。
- 現金の所在地及び事務所や店舗の名称を記載します。

通達6の2-4（財産債務調書の財産の記載事項）

　財産債務調書に記載する財産の種類、数量、価額及び所在については、規則別表第三に規定する（一）から（十五）までの財産の区分に応じて、同別表の「記載事項」に規定する「種類別」、「用途別」（一般用及び事業用の別）並びに「所在別」の「数量」及び「価額」を記載するのであるが、以下のとおり記載することとして差し支えない。
(1)～(2)（中略）
(3) 財産の所在は、所在地のほか、氏名又は名称を記載するが、規則別表第三に規定する（一）から（四）まで及び（十二）から（十四）までの財産の区分に該当する財産については、所在地のみを記載すること。
(4)（後略）

---

❺ 数量

- 記載は不要です。

❻ 価額

●その年の12月31日における現金残高を記載します。

●現金に関しては見積価額の考え方はありません。したがって、12月31日時点の現金の残高を確認する必要があります。

❼ 備考

●記載は不要です。

4 Q&A 実務のポイント

Q1 外貨で保有している現金については、その価額はどのように記載すればよいでしょうか。

A1 財産債務調書の提出者の取引金融機関が公表するその年の12月31日における最終の対顧客直物電信買相場（TTB）又はこれに準ずる相場（同日に当該相場がない場合には、同日前の当該相場のうち、同日に最も近い日の当該相場）により邦貨に換算し、財産債務調書に記載します。

◆財産債務調書の提出制度（FAQ）より

> **Q39** 財産債務調書に記載する財産の価額は邦貨（円）によることとされていますが、外貨で表示されている財産の価額はどのような方法で邦貨に換算すればよいのですか。
>
> **（答）** 財産の価額及び債務の金額が外国通貨で表示される場合における当該財産の価額及び債務の金額の本邦通貨への換算は、その年の12月31日における外国為替の売買相場により行うものとされています（国外送金等調書令10⑤、12の2③）。
>
> 具体的には、財産については、財産債務調書を提出する方の取引金融機関が公表するその年の12月31日における最終の対顧客直物電信買相場（TTB）又はこれに準ずる相場（同日に当該相場がない場合には、同日前の当該相場のうち、同日に最も近い日の当該相場）により邦貨に換算し、財産債務調書に記載することとされています（通達6の2－15）。

◆ 現 金

5 記載例

記載の手順

1st Step 保有する現金の状況を確認する。

① 自宅の金庫に保管している現金　1,000,000円

② 店舗（××マート○○町店）の12月31日のレジ及び釣銭用の現金残高　132,457円

③ 店舗（××マート△△店）の12月31日のレジ及び釣銭用の現金残高　85,339円

2nd Step 財産債務調書に記載する。

平成 [2][7] 年12月31日分　　財産債務調書

財産債務を有する者	住　所又は事業所、事務所、居所など			○○市三葛999			
	氏　名			清文　太郎			
財産債務の区分	種　類	用途	所　　　在		数　量	（上段は有価証券等の取得価額）財産の価額又は債務の金額	備　考
現金		一般用	大阪市天王寺区○○町3-14			円1,000,000円	
現金		事業用	大阪市天王寺区○○町2-5-101　××マート○○町店			132,457	
現金		事業用	大阪市東成区△△町4-12××マート△△店			85,339	
			現金計			(1,217,796)	

87

第2章　財産債務調書の作成上の留意点——財産編

3rd Step　財産債務調書に記載する。

財産の区分		財産の価額又は取得価額	財産の区分		財産の価額又は取得価額
土　　地	①		書画骨とう美術工芸品	⑭	
建　　物	②		貴金属類	⑮	
山　　林	③		動　産 (④、⑭、⑮以外)	⑯	
現　　金	④	1 2 1 7 7 9 6	保険の契約に関する権利	⑰	
預　貯　金	⑤		株式に関する権利	⑱	
有価証券　上場株式	⑥		預託金等	⑲	
取得価額	㋐		組合等に対する出資	⑳	
非上場株式	⑦		信託に関する権利	㉑	

【田部　純一】

預貯金

POINT

○所有する預貯金をもれなく記載します。
○預貯金の種類別（当座預金、普通預金、定期預金等の別）に、用途別（一般用と事業用の別）に、さらに所在別（金融機関の支店の別）に分けて記載します。
○12月31日現在の残高を、預金口座ごとに記載する必要があります。
○いわゆる未収利息は計算する必要はありません。

1　対象となるもの

銀行その他の金融機関に対する預金及び貯金
（イ）「銀行その他の金融機関」とは

　法律の規定により預金又は貯金の受入れの業務を行うことが認められている銀行、信用金庫、信用金庫連合会、労働金庫、労働金庫連合会、信用協同組合、農業協同組合、漁業協同組合、水産加工業協同組合等をいいます（所基通2－12）。

（ロ）「預金及び貯金」とは

　当座預金、普通預金、定期預金、定期積金、通知預金、仕組預金、通常貯金、定額貯金等が該当します。

2　準備するもの

12月31日現在の預貯金の残高が分かる例えば次のようなもの
●残高証明書
●預金通帳（12月31日の残高を記帳してください。）

89

第2章　財産債務調書の作成上の留意点——財産編

●定期預金証書

●インターネットバンクの口座残高ページの写し

3 各項目の記載方法とそのポイント

❶　財産債務の区分

●すべて「預貯金」と記載します。

❷　種類

●当座預金、普通預金、定期預金等の預金の種類を記載します。

❸　用途

●不動産所得、事業所得又は山林所得を生ずべき事業・業務の用に供するものは「事業用」と記載します。

●「事業用」以外の用に供するものは「一般用」と記載します。

●「一般用」及び「事業用」の兼用である場合には「一般用、事業用」と記載します。

◆財産債務調書の提出制度（FAQ）より

Q6　財産債務の用途が「一般用」及び「事業用」の兼用である場合、財産債務調書にはどのように記載すればよいのですか。

(答)　財産債務調書に記載する財産の種類、数量、価額及び所在並びに債務の金額等については、国外送金等調書規則別表第三に規定する財産債務の区分に応じて、同別表の「記載事項」に規定する、「種類別」、「用途別」（一般用及び事業用の別）及び「所在別」に記載することとされています（国外送金等調書法6の2①本文、国外送金等調書令12の2⑥、国外送金等調書規則15①）。

　なお、財産債務調書に記載すべき財産債務の用途が、「一般用」及び「事業用」の兼用である場合には、財産債務調書を提出する方の事務負担を軽減する観点から、一般用部分と事業用部分とを区分することなく、財産債務調書に記載することができます（通達6の2－4、6の2－6）。

　したがって、財産債務調書の記載に当たり、「用途」欄には「一般用、事業用」と記載し、「価額」欄は、用途別に区分することなく算定した財産の価額又は債務の金額を記載して差し支えありません。

90

❹ 所在

●預貯金を預け入れている金融機関の所在地、名称及び支店名を記載します。

❺ 数量

●記載は不要です。

❻ 価額

●その年の12月31日における預入高を見積価額とします。

●定期預金（定期貯金を含みます。以下「定期預金等」といいます。）で、その年の12月31日においてその定期預金等に係る契約において定める預入期間が満了していないものについては、当該契約の時に預け入れた元本の金額を見積価額とすればよいとされています（詳細は後掲「**4** Q＆A　実務のポイント」**Q1** 参照）。

通達6の2－9（見積価額の例示）

　規則第15条第4項が準用する場合における規則第12条第5項に規定する「見積価額」は、同項括弧書に規定する棚卸資産又は減価償却資産に係る見積価額のほか、規則別表第三に掲げる財産の区分に応じ、例えば、次に掲げる方法により算定することができる。

(1)～(3)（中略）

(4) 規則別表第三（五）に掲げる財産（預貯金）

　　その年の12月31日における預入高。

　(注)　定期預金（定期貯金を含む。以下「定期預金等」という。）で、その年の12月31日において当該定期預金等に係る契約において定める預入期間が満了していないものについては、当該契約の時に預け入れした元本の金額を見積価額として差し支えない。

---

❼ 備考

●記載をしなければならない事項はありませんが、財産債務調書制度の趣旨から考えて、次のような内容を記載すればよいと考えられます。

〔例〕名義預金がある場合には、その名義人の氏名

第2章　財産債務調書の作成上の留意点──財産編

4 Q＆A 実務のポイント

Q1 12月31日現在満期が到来していない定期預金について、中途解約した場合の利息相当額を預入高に加算しなければならないのでしょうか。

A1 契約の時に預け入れた元本の金額を記載すればよいとされているため、利息相当額の加算は不要です（上記通達6の2－9（4）参照）。

Q2 同じ金融機関の同じ支店に、同じ種類の預金口座を複数開設している場合、預金口座別に記載しなければならないのでしょうか。

A2 同一の所在の金融機関に、同一の種類、同一の用途の預金口座を複数開設している場合であっても、預金口座ごとに記載する必要があります。

5 記載例

記載の手順

1st Step 保有する預貯金の状況を確認する。

①	○×銀行 阿倍野支店 当座預金（事業用）	728,332円
②	○×銀行 阿倍野支店 普通預金（事業・一般兼用）	1,353,008円
③	○×銀行 阿倍野支店 普通預金（一般用）	3,965,209円
④	△△信用金庫 天王寺支店 定期預金（一般用）	10,000,000円
⑤	□○銀行 大阪支店 仕組預金（一般用）	10,000,000円
⑥	ゆうちょ銀行 □□支店 定額貯金（一般用）	10,000,000円

❺ 預貯金

2nd Step 財産債務調書に記載する。

平成 27 年12月31日分　財産債務調書

財産債務を有する者	住所又は事業所、事務所、居所など	○○市三葛999
	氏名	清文　太郎

財産債務の区分	種類	用途	所在	数量	財産の価額又は債務の金額	備考
預貯金	当座預金	事業用	○×銀行 阿倍野支店		728,332 円	
預貯金	普通預金	事業用一般用	○×銀行 阿倍野支店		1,353,008	
預貯金	普通預金	一般用	○×銀行 阿倍野支店		3,965,209	
預貯金	定期預金	一般用	△△信用金庫 天王寺支店		10,000,000	
預貯金	仕組預金	一般用	□○銀行 大阪支店		10,000,000	
預貯金	定額貯金	一般用	ゆうちょ銀行 □□支店		10,000,000	
			預貯金計		(36,046,549)	

3rd Step 財産債務調書合計表に記載する。

財産の区分	財産の価額又は取得価額	財産の区分	財産の価額又は取得価額
土地 ①		書画骨とう美術工芸品 ⑬	
建物 ②		貴金属類 ⑭	
山林 ③		動産 (⑬、⑭、⑮以外) ⑯	
現金 ④		保険の契約に関する権利 ⑰	
預貯金 ⑤	36,046,549	株式に関する権利 ⑱	
有 上場株式 ⑥		預託金等 ⑲	
取得価額 ⑦		組合等に対する出資 ⑳	

【田部　純一】

6 有価証券
(1) 上場株式

POINT
○その年の最終営業日の最終価格と取得価額とをそれぞれ記載します。
○種類別、用途別（一般用及び事業用の別）、所在別に記載します。
○証券会社等の特定口座や非課税口座に保有する上場株式については、所在別に一括して記載することができます。
○国外財産調書に記載されたものは個別の記載を要せず、合計額を所定の欄に記載します。

1 対象となるもの

金融商品取引所等に上場されている株式

2 準備するもの

❶ その年の12月31日における証券会社から送付される残高証明書あるいは取引報告書等

❷ 証券の原券

❸ 配当金通知書等（いわゆる端株は、残高証明書や取引報告書に記載されない可能性があるため）

❹ 日刊新聞の証券欄

有価証券 (1)上場株式

取引残高報告書

作成基準日：平成●年●月●日

〒123-4567 東京都■区■■2-4-6

協会太郎 様

●●証券株式会社
住所：東京都●区●●町1-2-3
電話：03-9999-9999

お預り金銭・お預り証券等残高の明細

取引区分	銘柄名	数量	単価当たりの時価	評価額	備考
金銭残高				100,000円	
株式	●●株式	1,000株	400円	400,000円	

お取引の明細（平成●年●月●日から平成●年●月●日）

【国内株式 現金取引】

受渡日/約定日	取引区分	銘柄名	単価	数量	手数料等	受渡金額(注)	備考
●年●月●日/●年●月●日	買	●●株式	390円	1,000株	1,050円	391,050円	

(注)手数料等を含む

お取引が整いましたので、ご報告申し上げます。なお、記載内容にご不明な点がございましたら、弊社管理責任者までお問合せください。

お問い合わせ先 電話 0120-AAA-BBB

配当金計算書

株主番号 00000 ○○○○

所有株数	1株当り配当金	配当金額	税額合計	支払金額
400株	25.00円	10,000円	2,031円	7,969円

内訳
所得税率 15.315%　所得税額 1,531円
住民税率 5.00%　住民税額 500円

第○○期（平成○年○月○日～平成○年○月○日）の当社 普通株式 期末配当金は、標記のとおりとなりましたので、ご通知申しあげます。
なお、所得税には復興特別所得税が含まれております。

様

支払確定日 平成○年○月○○日

株式会社 ○○○○

株主名簿管理人事務取扱場所
○○○○○ 株式会社 証券代行部
郵便番号 ○○○-○○○○
○○市○区○○○
☎○○○○-○○-○○○○

(0000-00-00) ○○○○○○○○○○ KOT-○○○○○○○○

第2章 財産債務調書の作成上の留意点——財産編

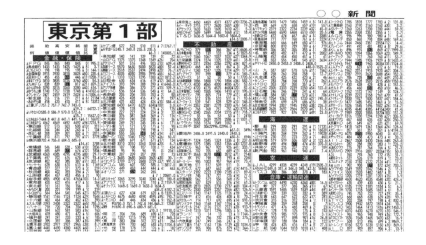

3 各項目の記載方法とそのポイント

❶ **財産債務の区分**

●有価証券

❷ **種類**

●銘柄別に記載します。

〔例〕 上場株式（○○社）

●特定口座内に保有する上場株式については、「銘柄の別」の記載は不要です。

●「有価証券」に該当する財産のうち特定口座又は非課税口座に保管の委託がされているものについては、銘柄別に区分することなく記載してください（通達6の2－4（4））。

❸ **用途**

●株式等の譲渡を営利目的として継続的に行い、その譲渡による所得について事業所得として所得税の確定申告をしている場合など、事業所得を生ずべき事業・業務の用に供するものは「事業用」と記載します。しかしながら、株式等の譲渡について事業所得として申告している者は少ないと考えられるので、通常は「事業用」以外の用

に供するものとして「一般用」と記載します。

❹ 所在

●有価証券の取引に係る金融機関の名称と支店名を記載します。

❺ 数量

●株式数

❻ 価額

●上段には取得価額、下段には価額を記載します。

（イ）上段に記載する取得価額

　有価証券等の取得価額は、次の①、②又は③の方法により算定した価額とします（通達6の2－11）。

①　金銭の払込み又は購入により取得した場合には、その株式を取得したときに支払った金銭の額又は購入の対価のほか、購入手数料などの取得のために要した費用を含めた価額

②　相続（限定承認を除きます。）、遺贈（包括遺贈のうち限定承認を除きます。）又は贈与により取得した場合には、被相続人、遺贈者又は贈与者の取得価額を引き継いだ価額

③　①、②その他合理的な方法により算出することが困難である場合には、次の価額

ⓐ　その株式の額面金額

ⓑ　その年12月31日における当該財産の価額の100分の5に相当する価額

（ロ）下段に記載する価額

　財産債務調書に記載する財産の価額は、その年の12月31日における「時価」又は時価に準ずるものとして「見積価額」によることとされています。（国外送金等調書法6の2③、国外送金等調書令12の2②、国外送金等調書規則12⑤、15④）。

　上場株式の価額については、その年の12月31日において、金融商品取引所等（金融商品取引所のほか、店頭登録等の公表相場があるものをいいます。）の公表する同日の最終価格とされていますが、

第2章　財産債務調書の作成上の留意点──財産編

実際には12月31日の取引はないので、金融商品取引所等のその年の最終営業日の最終価格となります。

◆財産債務調書の提出制度（FAQ）より

Q20　財産の「時価」とは、どのような価額をいうのですか。

（答）　財産の「時価」とは、その年の12月31日における財産の現況に応じ、不特定多数の当事者間で自由な取引が行われる場合に通常成立すると認められる価額をいいます（通達6の2−8前段）。

その価額は、財産の種類に応じて、動産及び不動産等については専門家による鑑定評価額、上場株式等については、金融商品取引所等[注]の公表する同日の最終価格等となります。

（注）　「金融商品取引所等」とは、金融商品取引所のほか、店頭登録等の公表相場があるものを指します。

---

❼　**備考**

参考となる内容を記載すればよいと考えられます。

〔例〕・特定口座と非課税口座で保有する株式をまとめて合計額で記載した場合は「特定口座」、「非課税口座」と記載します。

・信用取引等の委託証拠金として証券会社に預託したものである場合は「代用有価証券」等と記載します。

4　Q&A　実務のポイント

Q1　証券会社の特定口座で保有する上場株式については、どのように記載すればよいのでしょうか。

A1　特定口座内の上場株式については、その銘柄ごとの記載は不要であり、特定口座ごとの所在別、株式、公社債、投資信託等の別に一括して記載することができます。つまり、特定口座ごとのその合計額等を記載すれば足りるということです。具体的な記載の方法は、以下の記載例を参照してください。

6 有価証券 (1)上場株式

◆財産債務調書の提出制度（FAQ）より

> **Q8** 証券会社に特定口座を開設しています。この口座内で保有する上場株式等については、財産債務調書にどのように記載すればよいのですか。
>
> **(答)** 財産債務調書に記載する財産の種類、数量、価額及び所在等については、国外送金等調書規則別表三に規定する財産の区分に応じて、同別表の「記載事項」に規定する、「種類別」、「用途別」（一般用及び事業用の別）及び「所在別」に記載することとされています（国外送金等調書法6の2①本文、国外送金等調書令12の2⑥、国外送金等調書規則15①）。
>
> また、有価証券に区分される財産については、「種類別」は「株式、公社債、投資信託、特定受益証券発行信託、貸付信託等の別及び銘柄の別」とすることとされています（国外送金等調書規則別表三）。
>
> しかしながら、特定口座内に保有する上場株式等については、「種類別」のうち「銘柄の別」の記載をせず、所在別、株式、公社債、投資信託等の別に一括して価額及び取得価額を記載して差し支えありません（通達6の2−4（4））。

Q2 非課税口座で保有する上場株式については、どのように記載すればよいのでしょうか。

A2　**Q1** の考え方同様に、非課税口座内の所在別、株式、公社債、投資信託等の別に一括して記載することができます。

◆財産債務調書の提出制度（FAQ）より

> **Q9** 証券会社に非課税口座を開設しています。この口座内で保有する上場株式等については、財産債務調書にどのように記載すればよいのですか。
>
> **(答)** 非課税口座内に保有する上場株式等については、「種類別」のうち「銘柄の別」の記載をせず、所在別、株式、公社債、投資信託等の別に一括して価額及び取得価額を記載して差し支えありません（通達6の2−4（4））。

第2章　財産債務調書の作成上の留意点——財産編

Q3
先物取引を行うに当たり、上場株式を委託証拠金として証券会社に預託しました。この株式については、どのように記載すればよいのでしょうか。

A3　区分欄には「有価証券」と、種類欄には「上場株式（○○社）」と記載します。また、所在については、預託先の証券会社の所在地を記載することになります。

◆財産債務調書の提出制度（FAQ）より

Q16　先物取引を行うに当たり、保有するA社の株式（上場株式）を委託証拠金として証券会社に預託しました。この預託した株式について、財産債務調書にはどのように記載すればよいのですか。

(答)　先物取引、オプション取引などデリバティブ取引や、信用取引等を行う際に、委託証拠金その他の保証金として現金又は有価証券を証券会社等に預託することがあります。

　この委託証拠金その他の保証金として預託した現金又は有価証券については、次のように取り扱います。

(1)　省略

(2)　預託した有価証券（いわゆる代用有価証券）

　　財産の区分のうち「有価証券」に該当し、財産債務調書には、種類別、用途別、所在別の数量及び価額[注]並びに取得価額を記載します（通達6の2-2（1）イ）。

　　(注)　価額は、委託証拠金その他の保証金として取り扱われた金額（いわゆる代用価格に基づく金額）ではなく、当該有価証券の時価又は見積価額を記載します。

　したがって、ご質問の委託証拠金として預託した株式については、区分欄には「有価証券」と、種類欄に「上場株式（A社)」と記載します。

有価証券 (1)上場株式

Q4 ストックオプションに関する権利を保有していますが、その価額はどのように算定すればよいのでしょうか。

A4 その目的となっている株式の種類に応じて、次の算式により算定すればよいとされています。

（「その年の12月31日におけるストックオプションの対象となる株式の価額」－「1株当たりの権利行使価額」）×「権利行使により取得することができる株式数」

◆財産債務調書の提出制度（FAQ）より

> **Q25** ストックオプションに関する権利を保有していますが、その価額はどのように算定すればよいのですか。
>
> **（答）** ストックオプションに関する権利の価額については、その目的となっている株式の種類に応じて、例えば、次の算式で計算した金額をその財産の価額として差し支えありません（通達6の2－9（5））。
>
> 【計算式】
>
> > （「その年の12月31日におけるストックオプションの対象となる株式の価額」－「1株当たりの権利行使価額」）×「権利行使により取得することができる株式数」
>
> また、上記算式の「その年の12月31日におけるストックオプションの対象となる株式の価額については、例えば、金融商品取引所等に上場等されている株式の場合には、金融商品取引所等が公表するその年の12月31日の最終価格により（省略）価格を算定します。
>
> なお、その年の12月31日が権利行使可能期間内に存しないストックオプションに関する権利については、財産債務調書への記載を要しません（通達6の2－2（1）ロ注書）。

101

第2章　財産債務調書の作成上の留意点──財産編

5 記載例

記載の手順

＜保有する有価証券＞

① 　A社株式

② 　B社株式

③ 　C社株式

④ 　D社株式

⑤ 　E社株式

⑥ 　F社株式

1st Step　用途、所在、数量、価格と取得価額を確認する。

① 　株式等の譲渡について事業所得として申告しているかどうかを確認します。通常は譲渡所得としているので用途は一般用となります。

② 　A社株式は、5,000株を○○証券○○支店の一般口座で保有しています。購入価額は6,500,000円、その年の最終価額は6,450,000円です。

③ 　B社株式は、2,000株を△△証券△△支店の特定口座で保有しています。購入価額は4,400,000円、その年の最終価額は4,500,000円です。

④ 　C社株式は、13,000株をB社株式と同じく△△証券△△支店の特定口座で保有しています。購入価額は9,200,000円、その年の最終価額は10,800,000円です。

⑤ 　D社株式は、1,500株を××証券××支店の非課税口座で保有しています。購入価額は1,000,000円、その年の最終価額は1,050,000円です。

⑥ 　E社株式は、1,000株をDと同じく××証券××支店の非課税口座で保有しています。購入価額は1,000,000円、その年の最終価額は950,000円です。

⑦ 　F社株式は、5,000株を○○証券○○支店で信用取引を行うための

有価証券 (1)上場株式

委託証拠金として預託しています。購入価額は10,000,000円、その年の最終価額は11,000,000円です。

2nd Step グルーピングを行う。

① A株式は一般口座にあるため、単独で記載します。
② B株式とC株式は同じ証券会社の特定口座において保有しているため、まとめて記載します。
③ D株式とE株式は同じ証券会社の非課税口座において保有しているため、まとめて記載します。
④ F株式は委託証拠金として預託しているため、単独で記載します。

3rd Step 財産債務調書に記載する。

平成 27 年12月31日分　　財産債務調書

財産債務の区分	種類	用途	所在	数量	上段は有価証券等の取得価額 財産の価額又は債務の金額	備考
有価証券	上場株式(A株式)	一般用	○○証券○○支店	5,000株	6,500,000 円 / 6,450,000	
有価証券	上場株式	一般用	△△証券△△支店	15,000株	13,600,000 / 15,300,000	特定口座
有価証券	上場株式	一般用	××証券××支店	2,500株	2,000,000 / 2,000,000	非課税口座
有価証券	上場株式(F株式)	一般用	○○証券○○支店	5,000株	10,000,000 / 11,000,000	代用有価証券
			有価証券(上場株式)計		(32,100,000) / (34,750,000)	

住所：○○市三葛999
氏名：清文　太郎

※ 上段には取得価額を記載します。

103

第2章　財産債務調書の作成上の留意点——財産編

4th Step　財産債務調書合計表に記載する。

項目		金額		項目		金額
預　貯　金	⑤		その他の財産	株式に関する権利	⑱	
有価証券	上場株式	⑥	34750000		預託金等	⑲	
	取得価額	㋐	32100000		組合等に対する出資	⑳	
	非上場株式	⑦			信託に関する権利	㉑	
	取得価額	㋑			無体財産権	㉒	
	株式以外の有価証券	⑧			その他の財産（上記以外）	㉓	
	取得価額	㋒			国外財産調書に記載した国外財産の価額の合計額	㉔	
匿名組合契約の出資の持分	⑨			財産の価額の合計額	㉕	
	取得価額	㋓			国外財産調書に記載した国外転出特例対象財産の価額の合計額	㉖	
未決済信用取引等に係る権利	⑩			国外転出特例対象財産の価額の合計額⑥+⑦+⑧+⑨+⑩+⑪	㉗	
	取得価額	㋔		債務の区分		債務の金額
未決済デリバティブ取引に係る権利	⑪			借　入　金	㉘	
	取得価額	㋕		未　払　金	㉙	
貸　付　金	⑫			その他の債務	㉚	
未　収　入　金	⑬			債務の金額の合計額	㉛	

【前川　武政】

有価証券 (2)非上場株式

> **POINT**
> ○非上場株式は、その年の12月31日にもっとも近い決算期の貸借対照表に基づき見積価額を算出します。
> ○保有する株式の正確な数を把握します。
> ○いわゆる名義株についても実質の所有者である場合には記載を要します。
> ○取得価額とその年12月31日の価額とを記載します。
> ○国外財産調書に記載したものは、合計額を所定の欄に記載します。

　財産債務調書の記載にあたり、実務においてもっとも懸念された区分がこの項目です。すなわち、時価を適正に見積もることは、毎年の評価が必要になります。そうなると、250万社ともいわれる中小企業の経営者及び税理士の事務量は膨大になり、その事務負担に耐えられないであろうとの意見が多数挙がっています。

　国税庁は、その声に応えるべく、非上場株式の見積価額については簡便と思われる方法、すなわちその年の12月31日にもっとも近い決算期の決算書に基づき算定することを可能にしました。これにより事務負担は相当に軽減されることになります。

1　対象となるもの

金融商品取引所等に上場されていない株式

2　準備するもの

　当該非上場株式の発行会社に係るその年の12月31日又は同日前の同日に最も近い日において終了した事業年度における決算書等

第2章　財産債務調書の作成上の留意点──財産編

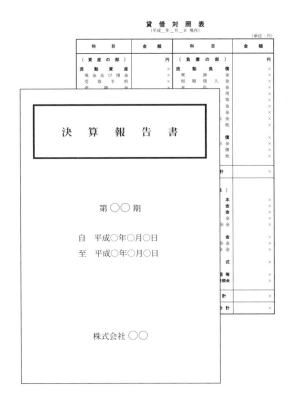

3 各項目の記載方法とそのポイント

❶ **区分**

　●有価証券

❷ **種類**

　●非上場株式（○○社）のように銘柄別に記載します。

❸ **用途**

　●非上場株式の譲渡を営利目的として継続的に行い、その譲渡による所得について事業所得として所得税の確定申告をしている場合など、事業所得を生ずべき事業・業務の用に供するものは「事業用」と記載します。しかしながら、非上場株式の譲渡について事業所得

として申告している人はほとんどないと考えられるので、通常は「一般用」と記載することになります。

❹ 所在

●当該非上場株式を発行する会社の所在地

❺ 数量

●株式数

❻ 価額

●上段には取得価額、下段には価額を記載します。

（イ）上段に記載する取得価額

上段に記載する非上場株式の取得価額は、次の①、②又は③の方法により算定した価額とします（通達6の2－11）。

① 金銭の払い込み又は購入により取得した場合には、その株式を取得したときに支払った金銭の額又は購入の対価のほか、購入手数料などの取得のために要した費用を含めた価額

② 相続（限定承認を除きます。）、遺贈（包括遺贈のうち限定承認を除きます。）又は贈与により取得した場合には、被相続人、遺贈者又は贈与者の取得価額を引き継いだ価額

③ ①、②その他合理的な方法により算出することが困難である場合には、次の価額

ⓐ その株式の額面金額

ⓑ その年の12月31日における当該財産の価額の100分の5に相当する価額

（ロ）下段に記載する価額

次に、下段に記載する財産の価額は、その年の12月31日における「時価」又は時価に準ずるものとして「見積価額」によることとされています（国外送金等調書法6の2③、国外送金等調書令12の2②、国外送金等調書規則12⑤、15④）。

ここにいう時価とは、その年の12月31日における有価証券の現況に応じ、不特定多数の当事者間で自由な取引が行われる場合に通

第2章　財産債務調書の作成上の留意点——財産編

常成立すると認められる価額をいうとされています（通達6の2－8）。金融商品取引所等において取引されない非上場株式は、ここでいう時価は事実上存在しないと考えられるので、見積価額によることとなります。

　その見積価額については、次の①、②又は③の方法により算定します。

① 　その年の12月31日における売買実例価額（同日における売買実例価額がない場合には、同日前の同日に最も近い日におけるその年中の売買実例価額）のうち、適正と認められる売買実例価額

② 　①による価額がない場合には、その年の翌年1月1日から財産債務調書の提出期限までにその非上場株式を譲渡した場合における譲渡価額

③ 　上記①及び②がない場合には、当該株式の発行法人のその年の12月31日又は同日前の同日に最も近い日において終了した事業年度における決算書等に基づき、その法人の純資産価額（帳簿価額によって計算した金額）に自己の持分割合を乗じて計算するなど合理的に算出した価額

　　ただし、その非上場株式を発行する法人の決算の確定が財産債務調書の提出期限である翌年3月15日を超える場合には、当該事業年度の一つ前の事業年度の決算書等に基づいて算定してもよいこととなっています。

④ 　上記①、②及び③がない場合には、取得価額

◆財産債務調書の提出制度（FAQ）より

> **Q21** 財産の「見積価額」とは、どのような価額をいうのですか。
>
> **（答）** 財産の「見積価額」とは、その財産の種類等に応じて、次の方法で算定した価額をいいます（国外送金等調書規則12⑤、15④、通達6の2－8後段、6の2－9、6の2－10）。
>
> ① 事業所得の基因となる棚卸資産
>
> 　その年の12月31日における「棚卸資産の評価額」

6　有価証券　(2)非上場株式

> ②　不動産所得、事業所得、山林所得又は雑所得に係る減価償却資産
>   その年の12月31日における「減価償却資産の償却後の価額」
> ③　上記①及び②以外の財産
>   その年の12月31日における「財産の現況に応じ、その財産の取得価額や売買実例価額などを基に、合理的な方法により算定した価額」
>   なお、「見積価額の具体的な算定方法については、**Q23**以降をご確認ください。

◆財産債務調書の提出制度（FAQ）より

Q23　財産の「見積価額」の合理的な算定方法について、財産の種類ごとに具体的に教えてください。

(答)　財産債務調書に記載すべき財産（事業所得の基因となる棚卸資産及び不動産所得、事業所得、雑所得又は山林所得に係る減価償却資産を除きます。）の「見積価額」については、その年の12月31日における財産の現況に応じ、その財産の取得価額や売買実例価額などを基に、合理的な方法により算定する必要があります。

　合理的な方法により算定された財産の「見積価額」とは、例えば、次のような方法により算定された価額をいいます（通達6の2−9）。

　有価証券（金融商品取引所等に上場等されている有価証券以外の有価証券）
○　次の（1）、（2）又は（3）の方法により算定した価額。
　（1）その年の12月31日における売買実例価額（同日における売買実例価額がない場合には、同日前の同日に最も近い日におけるその年中の売買実例価額）のうち、適正と認められる売買実例価額。
　（2）（1）による価額がない場合には、その年の翌年1月1日から財産債務調書の提出期限までにその非上場株式を譲渡した場合における譲渡価額。
　（3）（1）及び（2）がない場合には、次の価額。
　　　イ　株式については、当該株式の発行法人のその年の12月31日又は同日前の同日に最も近い日において終了した事業年度における決算書等に基づき、その法人の純資産価額（帳簿価額によって計算した金額）に自己の持分割合を乗じて計算するなど合理的に算出した価額

109

第2章　財産債務調書の作成上の留意点——財産編

> □　（中略）
> （4）（1）、（2）及び（3）がない場合には、取得価額。

　実務の簡便さを考慮すると、上記の（3）の方法が最も適当でしょう。したがって、この方法のポイントを具体的に解説します。

●その年の12月31日において最も近い直前の決算期の貸借対照表に基づき算定します。例えば、平成27年12月31日における直前の決算期が平成27年1月31日であれば、その決算期の貸借対照表に基づき算定することができます。

●その貸借対照表は、会計上の決算による帳簿価額でよいので、法人税法上の影響を考慮する必要はありません。

●見積価額は、次の計算式により算定します。

$$貸借対照表の純資産価額 \times \frac{財産債務調書を提出する者の保有株式数}{当該会社の発行済株式総数}$$

❼　備考

　参考となる内容を記入すればよいと考えられます。

〔例〕名義株

4 ｜ Q&A　実務のポイント

Q1　非上場株式を保有していますが、その法人の決算は毎年12月末であるため、各期の決算が確定する時期は翌年3月末となります。この場合、この株式の見積価額をどのように算定すればよいでしょうか。

A1　その事業年度の一期前の事業年度、例えば平成27年12月31日決算の場合は、平成26年12月31日の決算書等に基づいて見積価額を算定すればよいでしょう。

◆財産債務調書の提出制度（FAQ）より

> **Q24**　金融商品取引所等に上場等していない法人の株式を保有しています。その法人の決算期は毎年12月末ですが、各期の決算が確定する時期が翌年3月末です。この場合、この株式の見積価額をどのように算定すればよいのですか。

有価証券 (2)非上場株式

> **(答)** 金融商品取引所等に上場等されていない株式については、その年の12月31日又は同日前の同日に最も近い日において終了する事業年度における決算書等に基づき、その法人の純資産価額（帳簿価額によって計算した価額）に自己の持株割合を乗じて計算するなど合理的に算出した金額を見積価額とすることができます（通達6の2-9 (5)）。
>
> しかしながら、その決算の確定が財産債務調書の提出期限である翌年3月15日を超える場合もあることから、その場合には、当該事業年度の一つ前の事業年度の決算書等に基づいて見積価額を算定しても差し支えありません。

Q2 ストックオプションに関する権利を保有していますが、その価額はどのように算定すればよいでしょうか。

A2 その目的となっている株式の種類に応じて、下記FAQの算式で計算した金額をその財産の価額として算定します。

◆財産債務調書の提出制度（FAQ）より

> **Q25** ストックオプションに関する権利を保有していますが、その価額はどのように算定すればよいのですか。
>
> **(答)** ストックオプションに関する権利の価額については、その目的となっている株式の種類に応じて、例えば、次の算式で計算した金額をその財産の価額として差し支えありません（通達6の2-9 (5)）。
>
> 【計算式】
>
> > （「その年の12月31日におけるストックオプションの対象となる株式の価額」）－「1株当たりの権利行使価額」）×「権利行使により取得することができる株式数」
>
> また、上記算式の「その年の12月31日におけるストックオプションの対象となる株式の価額については、（中略）、金融商品取引所等に上場等されていない株式の場合には、純資産価額に自己の持分割合を乗じるなどによって価額を算定します。
>
> なお、その年の12月31日が権利行使可能期間内に存しないストックオプションに関する権利については、財産債務調書への記載を要しません（通達6の2-2 (1) ロ注書）。

第2章　財産債務調書の作成上の留意点——財産編

Q3 財産債務調書に記載する非上場株式の価額について、財産評価基本通達で定める方法により評価した価額を記載してもよいでしょうか。

A3 その方法により評価することも可能です。また、例えば、決算期に株価の評価をした場合などは、その金額を見積価額としてもよいでしょう。

◆財産債務調書の提出制度（FAQ）より

> **Q22**　財産債務調書に記載する財産の価額は、財産評価基本通達で定める方法により評価した価額でもよいのですか。
>
> **(答)**　財産評価基本通達では、相続税及び贈与税の課税価格計算の基礎となる各財産の評価方法に共通する原則や各種の財産の評価単位ごとの評価の方法を定めています。
> 　財産債務調書に記載する財産の価額についても、財産評価基本通達で定める方法により評価した価額として差し支えありません。

■財産評価基本通達による非上場株式の評価

　相続や贈与の準備として非上場株式を財産評価基本通達で定める方法で評価している場合には、その評価額を見積価額として財産債務調書に記載することができます。ここでは、財産評価基本通達による非上場株式の評価についてその概要を説明します。

　財産評価基本通達では非上場株式の評価を次の順序で行います。

①　株主の判定

　⇒その株主が同族株主等、それ以外の株主のいずれであるかを判定

②　会社規模の判定

　⇒その会社が大会社、中会社、小会社のいずれであるかを判定

③　特定評価会社等の判定

　⇒その会社が特定の評価会社に該当するかどうかを判定

④　評価方式の適用

　⇒以上の判定に基づいて、各区分に応じた評価方式を適用しそれぞれの株式を評価

112

(1) 株主の判定

非上場株式を所有している株主には、オーナーとして会社を支配している株主から、従業員株主、少数株主のように、実質的には配当を期待するだけの株主までが存在します。そこで、会社への影響力、すなわち議決権割合等によって、原則的評価方法によるか、配当還元方式によるかを判定します。

〈図表1〉 株主による評価方式の区分

会社区分	取得者区分				評価方式
	同族グループ単位	個人単位			
同族株主のいる会社	同族株主	取得後の議決権割合が5％以上の株主			原則的評価方式
		取得後の議決権割合が5％未満の株主	中心的な同族株主がいない場合		
			中心的な同族株主がいる場合	中心的な同族株主	
				役員である株主	
				その他の株主	配当還元方式
	同族株主以外の株主				
同族株主のいない会社	議決権割合の合計が15％以上の株主グループに属する株主	取得後の議決権割合が5％以上の株主			原則的評価方式
		取得後の議決権割合が5％未満の株主	中心的な株主がいない場合		
			中心的な株主がいる場合	役員である株主	
				その他の株主	配当還元方式
	議決権割合の合計が15％未満の株主グループに属する株主				

① 同族株主

評価会社の株主のうち、株主の1人及びその同族関係者の議決権保有割合が30％以上である場合におけるその株主及びその同族関係者をいいます。

② 中心的な同族株主

同族株主の1人並びにその株主の配偶者、直系血族、兄弟姉妹及び一親等の姻族の議決権保有割合が25％以上である場合におけるその株主をいいます。

③　中心的な株主

　1人及びその同族関係者の議決権保有割合が15％以上である株主グループのうち、いずれかのグループに単独でその会社の議決権割合が10％以上の議決権を有している株主がいる場合におけるその株主をいいます。

(2) 会社規模の判定

　次に会社規模を判定します。原則的評価方法は、評価する株式の発行会社を、規模に応じて大会社、中会社、小会社に区分し、その区分に応じて評価方法が定められています。

〈図表2〉　会社規模別の評価方式

会社規模	原則的評価方法
大会社	類似業種比準方式（純資産価額方式の選択ができる）
中会社	類似業種比準方式と純資産価額方式の併用方式
小会社	純資産価額方式 （類似業種比準方式と純資産価額方式の併用方式の選択ができる）

①　類似業種比準方式

　国税庁が定める類似業種の株価を基として、評価対象会社の配当金額、利益金額、純資産価額の3要素を比準して評価する方式

②　純資産価額方式

　評価対象会社の課税時期（又は直前期末）の各資産、負債の相続税評価額を基に評価する方式

(3) 特定評価会社等の判定

　次に、特定評価会社等の判定をします。非上場株式の発行会社の中には、通常に営業活動を行っている会社もあれば、開業直後の会社、休業中の会社、清算中の会社などもあります。また、その会社の保有する資産内容が土地や株式に偏った会社もあります。それらの会社の株価算定にあたり、実態と乖離している類似業種比準価額方式を適用した場合には、適正な株価を算定できません。そこで、こういった特殊な会社に対しては、別途、特定の評価会社の株式として評価方法を定めています。

6 有価証券 (2)非上場株式

〈図表３〉 特定の評価会社の評価方法

特定の評価会社	株主	評価方法
比準要素数１（２要素０）の会社	同族株主等	純資産価額方式（類似業種比準方式と純資産価額方式との併用方式も可）
	同族株主等以外	配当還元方式
株式保有特定会社	同族株主等	純資産価額方式（$S_1 + S_2$方式も可）
	同族株主等以外	配当還元方式
土地保有特定会社	同族株主等	純資産価額方式
	同族株主等以外	配当還元方式
開業後３年未満の会社又は比準要素数０（３要素０）の会社	同族株主等	純資産価額方式
	同族株主等以外	配当還元方式
開業前・休業中の会社		純資産価額方式
清算中の会社		精算分配見込額の複利現価による方式

(注) $S_1 + S_2$方式とは、次の金額の合計額をいいます。
　① S_1の金額…株式保有特定会社の株式の価額を、保有する株式等がないものとして計算した純資産価額及びその株式等に係る受取配当金がないものとした場合の類似業種比準価額により会社規模に応じた原則的評価方式によって評価した金額
　② S_2の金額…株式保有特定会社の資産を株式等のみとした場合の純資産価額

(4) 評価方式の適用

　これまでの判定に基づいて、各区分に応じた評価方式を適用し、それぞれの株式を評価します。

　なお、配当還元方式とは、中心的な株主以外の少数株主に適用される評価方式です。少数株主は、会社の決算書や資産の内容を知らないことも多く、また実質的な経営に関わっていないことが多くみられます。さらに株式保有の目的は配当を期待しているだけであることもあります。それらの理由に配慮し、配当金額が分かれば評価できる仕組みとなっています。

　具体的には、次の算式で計算した金額が評価額になります。年配当金額が２円50銭未満の場合（無配当を含みます）は２円50銭とする取扱いがあるため、最低でも額面金額の半分以上の評価額となります。

第2章　財産債務調書の作成上の留意点——財産編

$$\frac{年配当金額}{0.1} \times \frac{1株あたりの資本金額}{50}$$

(注)　年配当金額とは、1株を50円に換算したときの1株当たりの配当金
　　　額をいい、直前期末以前2年間における配当金額の平均額により計算
　　　します。
　　　　例えば、額面50円の株式で、年配当金額が5円の1割配当がされた
　　　とすると、5／0.1×50／50＝50円となり、結果額面と同じ評価額と
　　　なります。

5 ｜ 記載例

記載の手順

＜保有する有価証券＞

① 　G社株式

② 　M社株式

1st Step ｜ 用途、所在、数量、価格と取得価額を確認する。

① 　非上場株式の譲渡について事業所得として申告しているかどうかを
　　確認します。通常は譲渡所得としているので用途は一般用となります。

② 　財産債務調書の提出者が株式会社Gを経営しており、発行済株式数
　　の90％である540株を保有しています。残りの60株は親族名義となっ
　　ていますが、財産債務調書の提出者が実質の所有者です。取得価額は
　　1株50,000円、その年の決算による貸借対照表の純資産合計額は
　　365,231,380円です。

③ 　M社株式は、友人の会社に出資したもので発行済株式数の10％で
　　ある2,000株を保有しています。出資額は1,000,000円、その年の決
　　算による貸借対照表の純資産合計額は200,000,000円です。持分を計
　　算すると下記のとおりです。

$$200,000,000円 \times \frac{2,000株}{20,000株} = 20,000,000円$$

116

❻ 有価証券　⑵非上場株式

2nd Step　財産債務調書に記載する。

平成 ２７ 年12月31日分　　財産債務調書

財産債務を有する者	住　所（又は事業所、事務所、居所など）	○○市三葛999					
	氏　名	清文　太郎　　（電話）　－　－					

財産債務の区分	種　類	用途	所　　在	数　量	（上段は有価証券等の取得価額）財産の価額又は債務の金額	備　考
有価証券	非上場株式(G株式)	一般用	和歌山県和歌山市○○1-1-1 株式会社 G	540株	27,000,000 円 328,708,242 円	
有価証券	非上場株式(G株式)	一般用	和歌山県和歌山市○○1-1-1 株式会社 G	60株	3,000,000 36,523,138	名義株
有価証券	非上場株式(M株式)	一般用	大阪市北区○○14−25 株式会社 M	2,000株	1,000,000 20,000,000	
			有価証券(非上場株式)計		(31,000,000) (385,231,380)	

3rd Step　財産債務調書合計表に記載する。

預　貯　金	⑤		
有価証券	上場株式	⑥	
	取得価額	⑦	
	非上場株式	⑦	3 8 5 2 3 1 3 8 0
	取得価額	④	3 1 0 0 0 0 0 0
	株式以外の有価証券	⑧	
	取得価額	⑦	
匿名組合契約の出資の持分	⑨		
取得価額	①		
未決済信用取引等に係る権利	⑩		
取得価額	④		
未決済デリバティブ取引に係る権利	⑪		
取得価額	⑦		
貸　付　金	⑫		
未　収　入　金	⑬		

その他の財産			
株式に関する権利	⑱		
預託金等	⑲		
組合等に対する出資	⑳		
信託に関する権利	㉑		
無体財産権	㉒		
その他の財産（上記以外）	㉓		
国外財産調書に記載した国外財産の価額の合計額	㉔		
財産の価額の合計額	㉕		
国外財産調書に記載した国外転出特例対象財産の価額の合計額	㉖		
国外転出時特例対象財産の価額の合計額 ⑥+⑦+⑧+⑨+⑩+⑪	㉗		

債務の区分	債務の金額	
借　入　金	㉘	
未　払　金	㉙	
その他の債務	㉚	
債務の金額の合計額	㉛	

【前川　武政】

117

有価証券
(3) 株式以外の有価証券

POINT

○その年の最終営業日の最終価格と取得価額とを記載します。
○種類別、用途別（一般用及び事業用の別）、所在別に記載します。
○証券会社等の特定口座や非課税口座に保有する有価証券については所在別に一括して記載することができます。
○国外財産調書に記載した有価証券については、記載は不要ですが、財産債務調書の「国外財産調書に記載した国外財産の価額の合計額」に含める必要があります。
○ただし、国外で有価証券を所有し、国外財産調書を提出する義務のない人については、財産債務調書に記載する必要があります。

1 対象となるもの

　上場株式、非上場株式以外の有価証券で、公社債、投資信託、特定受益証券発行信託、貸付信託等

2 準備するもの

❶　その年の12月31日における証券会社から送付される残高証明書あるいは取引報告書等

❷　証券の原券

❸　日刊新聞の（証券欄）

3 各項目の記載方法とそのポイント

❶　区分
　●有価証券

❷ **種類**

〔例〕 国債、投資信託（○○）

●特定口座内に保有する有価証券については、「銘柄の別」の記載は不要です。

●「有価証券」に該当する財産のうち、特定口座又は非課税口座に保管の委託がされているものについては、銘柄別に区分することなく記載します（通達6の2-4（4））。

❸ **用途**

●株式等の譲渡を営利目的として継続的に行い、その譲渡による所得について事業所得として所得税の確定申告をしている場合など、事業所得を生ずべき事業・業務の用に供するものは「事業用」と記載します。しかしながら、株式等の譲渡について事業所得として申告している人は少ないと考えられるので、通常は「事業用」以外の用に供するものとして「一般用」と記載することになります。

❹ **所在**

●有価証券の取引に係る金融機関の名称と支店名を記載します。

●抵当証券又はオプションを表示する証券若しくは証書等については、これらの有価証券の発行者の本店又は主たる事務所の所在を記載します（国外送金等調書規則12③二）。

❺ **数量**

●口数等を記載します。

❻ **価額**

●上段には取得価額、下段には価額を記載します。

（イ）上段に記載する取得価額

上段に記載する有価証券の取得価額は、次の①、②又は③の方法により算定した価額とします（通達6の2-11）。

①　金銭の払込み又は購入により取得した場合には、その株式を取得したときに支払った金銭の額又は購入の対価のほか、購入手数料等の取得のために要した費用を含めた価額

119

② 相続（限定承認を除きます。）、遺贈（包括遺贈のうち限定承認を除きます。）又は贈与により取得した場合には、被相続人、遺贈者又は贈与者の取得価額を引き継いだ価額

③ ①、②その他合理的な方法により算出することが困難である場合には、次の価額

　ⓐ　その株式の額面金額

　ⓑ　その年12月31日における当該財産の価額の100分の5に相当する価額

（ロ）下段に記載する価額

　下段に記載する有価証券の価額は、その年の12月31日における「時価」又は時価に準ずるものとして「見積価額」によります（国外送金等調書法6の2③、国外送金等調書令12の2②、国外送金等調書規則12⑤、15④）。

　金融商品取引所等で取引される有価証券については、その年の12月31日において、金融商品取引所等（金融商品取引所のほか、店頭登録等の公表相場があるものをいいます。）の公表する同日の最終価格とされています。

◆財産債務調書の提出制度（FAQ）より

Q20　財産の「時価」とは、どのような価額をいうのですか。

（答）　財産の「時価」とは、その年の12月31日における財産の現況に応じ、不特定多数の当事者間で自由な取引が行われる場合に通常成立すると認められる価額をいいます（通達6の2－8前段）。

　その価額は、財産の種類に応じて、動産及び不動産等については専門家による鑑定評価額、上場株式等については、金融商品取引所等(注)の公表する同日の最終価格等となります。

　(注)　「金融商品取引所等」とは、金融商品取引所のほか、店頭登録等の公表相場があるものを指します。

　金融商品取引所等において取引されない有価証券は、ここでいう「時価」が事実上存在しないので、見積価額によることとなります。

6 有価証券 (3)株式以外の有価証券

 この場合の見積価額は、その年の12月31日における財産の現況に応じ、その財産の取得価額や売買実例価額などを基に、合理的な方法により算定した価額となります。具体的には以下のとおりです。

◆財産債務調書の提出制度（FAQ）より

Q23 財産の「見積価額」の合理的な算定方法について、財産の種類ごとに具体的に教えてください。

(答) （中略）合理的な方法により算定された財産の「見積価額」とは、例えば、次のような方法により算定された価額をいいます（通達6の2－9）。

財産の種類	見積価額の算定方法
有価証券（金融商品取引所等に上場等されている有価証券以外の有価証券）	○ 次の(1)、(2)又は(3)の方法により算定した価額。 (1) その年の12月31日における売買実例価額（同日における売買実例価額がない場合には、同日前の同日に最も近い日におけるその年中の売買実例価額）のうち、適正と認められる売買実例価額。 (2) (1)による価額がない場合には、その年の翌年1月1日から財産債務調書の提出期限までにその非上場株式を譲渡した場合における譲渡価額。 (3) (1)及び(2)がない場合には、次の価額。 　イ　株式については、当該株式の発行法人のその年の12月31日又は同日前の同日に最も近い日において終了した事業年度における決算書等に基づき、その法人の純資産価額（帳簿価額によって計算した金額）に自己の持分割合を乗じて計算するなど合理的に算出した価額。 　ロ　新株予約権については、その目的たる株式がその年の12月31日における金融商品取引等の公表する最終価格がないものである場合には、同日におけるその目的たる株式の見積価額から1株当たりの権利行使価額を控除した金額に権利行使により取得することができる株式数を乗じて計算した金額。 　**(注)**　「同日におけるその目的たる株式の見積価額」については、(1)・(2)・(3)イの取扱いに準じて計算し

121

第2章　財産債務調書の作成上の留意点──財産編

> た金額とすることができます。
>
> (4) (1)、(2) 及び (3) がない場合には、取得価額。

❼　備考

　記載をしなければならない事項はありませんが、この調書に記入した有価証券について、参考となる次のような内容を記載すればよいと考えられます。

〔例〕・特定口座と非課税口座で保有する株式をまとめて合計額で記載した場合は「特定口座」、「非課税口座」と記載します。

　　　・信用取引等の委託証拠金として証券会社に預託したものである場合は「代用有価証券」等と記載します。

4 Q&A 実務のポイント

Q1　外貨建ての有価証券を保有していますが、その価額は、どのように記載すればよいのでしょうか。

A1　その年の12月31日における最終の TTB により円に換算し、その金額を記載することになります。

◆財産債務調書の提出制度（FAQ）より

> **Q39**　財産債務調書に記載する財産の価額は邦貨（円）によることとされていますが、外貨で表示されている財産の価額はどのような方法で邦貨に換算すればよいのですか。
>
> **(答)**　財産の価額及び債務の金額が外国通貨で表示される場合における当該財産の価額及び債務の金額の本邦通貨への換算は、その年の12月31日における外国為替の売買相場により行うものとされています（国外送金等調書令10⑤、12の2③）。
>
> 　具体的には、財産については、財産債務調書を提出する方の取引金融機関が公表するその年の12月31日における最終の対顧客直物電信買相場（TTB）又はこれに準ずる相場（同日に当該相場がない場合には、同日前の当該相場のうち、同日に最も近い日の当該相場）により邦貨に換算し、財産債務調書に記載することとされています（通達6の2−15）。

有価証券 (3)株式以外の有価証券

Q2
海外に有価証券を所有し、国外財産調書の提出義務がある人は、財産債務調書にその有価証券を記載する必要はあるのでしょうか。

A2 　国外財産調書に記載した財産については、財産債務調書に同じ財産を個別に記載する必要はありません。ただし、所定の欄にその合計額を記載する必要があります。

　他方、国外財産調書の提出義務がない人は、当該有価証券を個別に記載しなければなりません。

◆財産債務調書の提出制度（FAQ）より

> Q18　「国外財産調書」には国外財産を記載して提出することとされていますが、「国外財産調書」を提出する場合でも、所得金額が２千万円を超え、かつ、保有する財産の価額の合計額が３億円以上又は国外転出特例対象財産の価額の合計額が１億円以上である場合は、財産債務調書を提出する必要があるのですか。
>
> **(答)**　「国外財産調書」の提出が必要な方であっても、所得金額が２千万円を超え、かつ、その年の12月31日において価額の合計額が３億円以上である財産又は価額の合計額が１億円以上である国外転出特例対象財産を有する方は、財産債務調書の提出も必要になります（国外送金等調書法６の２①）。
>
> 　この場合、「財産債務調書」には国外財産に係る事項（国外財産の価額を除く。）の記載を要しないこととされていますので（国外送金等調書法６の２②）、「財産債務調書」及び「財産債務調書合計表」には、「国外財産調書に記載した国外財産の価額の合計額」及び「国外財産調書に記載した国外財産のうち国外転出特例対象財産の価額の合計額」を記載してください。
>
> 　なお、国外に存する債務については、「財産債務調書」に記載する必要があります。

123

第2章　財産債務調書の作成上の留意点──財産編

5 ｜ 記載例

記載の手順

＜保有する有価証券＞

① 個人向け復興国債

② 国内投資信託（Ｈ）

③ 国内投資信託（Ｉ）

④ 貸付信託〈愛称・グッド〉

1st Step 用途、所在、数量、価格と取得価額を確認する。

① 株式等の譲渡について事業所得として申告しているかどうかを確認します。通常は譲渡所得としているので用途は一般用となります。

② 個人向け復興国債は、1,000,000円を○○証券○○支店の一般口座で保有しています。

③ 国内投資信託（Ｈ）は、△△証券△△支店の特定口座で保有しています。口数は980,000口、購入価額は12,740,000円、その年の最終価額は13,230,000円です。

④ 国内投資信託（Ｉ）は、△△証券△△支店の特定口座で保有しています。口数は17,930,000口、購入価額は10,450,000円、その年の最終価額は9,970,000円です。

⑤ 貸付信託〈グッド〉は、××信託銀行××支店の一般口座で保有しています。金額は5,000,000円です。

2nd Step グルーピングを行う。

① 個人向け復興国債は一般口座にあるため、単独で記載します。

② 国内投資信託（Ｈ）と国内投資信託（Ｉ）は同じ証券会社の特定口座において保有しているため、まとめて記載します。

③ 貸付信託は一般口座にあるため、単独で記載します。

6 有価証券 (3)株式以外の有価証券

3td Step 財産債務調書に記載する。

平成 2 7 年12月31日分　　財産債務調書

財産債務を有する者	住　所 (又は事業所、事務所、居所など)	○○市三葛999				
	氏　名	清文　太郎				

（電話）　—　—

財産債務の区分	種　類	用途	所　　在	数　量	(上段は有価証券等の取得価額)財産の価額又は債務の金額	備　考
有価証券	個人向け復興国債	一般用	○○証券○○支店		1,000,000 円 1,000,000 円	
有価証券	国内投資信託	一般用	△△証券△△支店	1,891万口	23,190,000 23,200,000	特定口座
有価証券	貸付信託(ｸﾞｯﾄﾞ)	一般用	××信託銀行××支店		5,000,000 5,000,000	
			有価証券(株式以外)計		(29,190,000) (29,200,000)	

4th Step 財産債務調書合計表に記載する。

預　貯　金	⑤		その他の財産	株式に関する権利	⑱	
有価証券	上場株式	⑥		預　託　金　等	⑲	
	取得価額	㋑		組合等に対する出資	⑳	
	非上場株式	⑦		信託に関する権利	㉑	
	取得価額	㋺		無体財産権	㉒	
	株式以外の有価証券	⑧	29200000	その他の財産(上記以外)	㉓	
	取得価額	⑨	29190000	国外財産調書に記載した国外財産の価額の合計額	㉔	
匿名組合契約の出資の持分	⑨		財産の価額の合計額	㉕	
	取得価額	㋩		国外財産調書に記載した国外転出特例対象財産の価額の合計額	㉖	
未決済信用取引等に係る権利	⑩		国外転出特例対象財産の価額の合計額	㉗	
	取得価額	㋥		債　務　の　区　分	債　務　の　金　額	
未決済デリバティブ取引に係る権利	⑪		借　入　金	㉘	
	取得価額	㋬		未　払　金	㉙	
貸　付　金	⑫		その他の債務	㉚	
未　収　入　金	⑬		債務の金額の合計額	㉛	

【前川　武政】

匿名組合契約の出資の持分

POINT
- その年の12月31日の価額と取得価額を記載します。
- 種類別、用途別(一般用及び事業用の別)、所在別に記載します。
- 12月31日の価額は見積価額によって記載することができます。
- 国外財産調書に記載されたものは合計額を所定の欄に記載します。

1 対象となるもの

匿名組合契約に係る出資の持分

※ 匿名組合契約とは、商法に規定される契約形態で、出資者である匿名組合員が、特定の営業者に出資し、生じた利益の分配を受ける契約形態をいいます。

2 準備するもの

❶ 匿名組合契約書
❷ 営業者等から報告がある場合のその組合に係るその年の12月31日又は同日前の同日に最も近い日において終了する計算期間における計算書等

7 匿名組合契約の出資の持分

3 各項目の記載方法とそのポイント

❶ **区分**
- 匿名組合出資

❷ **種類**
- 匿名組合契約の名称がある場合はその名称を記載します。

❸ **用途**
- 事業所得を生ずべき事業・業務の用に供するものは「事業用」と記載します。

〔例〕組合出資者が匿名組合契約に基づいて営業者の営む事業（組

127

合事業）に係る重要な業務執行の決定を行っているなど組合
事業を営業者と共に経営している場合等、その営業者から受
ける利益の分配を事業所得等として申告している場合は「事
業用」とします。

●「事業用」以外の用に供するものは「一般用」と記載します。

❹ **所在**

●金融商品取引業者等に取引を委託している場合には、その所在地、
名称及び支店名を記載します。

●上記以外の場合は、これらの契約に基づいて事業を行う主たる事務
所、事業所その他これらに類するものの所在（国外送金等調書規則
12③三）。つまり、営業者の所在地、名称を記載します。

❺ **数量**

●株数又は口数を記載します。

❻ **価額**

●上段には取得価額、下段には価額を記載します。

（イ）上段に記載する取得価額

　上段に記載する取得価額は、出資をした金額を記載します。ここ
にいう取得価額は、次の方法により算定します。

　①　金銭の払込み又は購入により取得した場合には、当該財産を
　　取得したときに支払った金銭の額又は購入の対価のほか、購入
　　手数料等の当該財産を取得するために要した費用を含めた価額。

　②　相続（限定承認を除きます。）、遺贈（包括遺贈のうち限定承
　　認を除きます。）又は贈与により取得した場合には、被相続人、
　　遺贈者又は贈与者の取得価額を引き継いだ価額。

　③　①又は②その他合理的な方法により算出することが困難な場
　　合には、次の価額。

　　ⓐ　当該財産に額面金額がある場合には、その額面金額。

　　ⓑ　その年の12月31日における当該財産の価額の100分の5
　　　に相当する価額。

7　匿名組合契約の出資の持分

◆財産債務調書の提出制度（FAQ）より

> **Q26**　財産債務調書には、有価証券等の取得価額を記載する必要があるとのことですが、どのように取得価額を算定すればよいのですか。
>
> **(答)**　財産債務の区分のうち、……「(七) 匿名組合契約の出資の持分」、……に区分される財産については、その年の12月31日における価額のほか、取得価額の記載が必要です（国外送金等調書規則別表第三）。
>
> 　これらの財産に係る取得価額については、次のように算定することができます（通達6の2－11）。
>
> | 財産の種類 | 見積価額の算定方法 |
> |---|---|
> | 匿名組合契約の出資の持分 | ○　次の(1)、(2)又は(3)の方法により算定した価額。
(1) 金銭の払込み又は購入により取得した場合には、当該財産を取得したときに支払った金銭の額又は購入の対価のほか、購入手数料などの当該財産を取得するために要した費用を含めた価額。
(2) 相続（限定承認を除く。）、遺贈（包括遺贈のうち限定承認を除く。）又は贈与により取得した場合には、被相続人、遺贈者又は贈与者の取得価額を引き継いだ価額。
(3) (1)、(2)その他合理的な方法により算出することが困難な場合には、次の価額。
　イ　当該財産に額面金額がある場合には、その額面金額。
　ロ　その年の12月31日における当該財産の価額の100分の5に相当する価額。 |

(ロ) 下段に記載する価額

　下段には、財産の価額を記載します。その価額は、その年の12月31日における「時価」又は時価に準ずるものとして「見積価額」によることとされています（国外送金等調書法6の2③、国外送金等調書令12の2②、国外送金等調書規則12⑤、15④）。

　財産の時価とは、その年の12月31日における財産の現況に応じ、不特定多数の当事者間で自由な取引が行われる場合に通常成立すると認められる価額をいいます（通達6の2－8）。金融商品取引所

129

等で取引されているものの価額については、その年の12月31日に
おいて、金融商品取引所等（金融商品取引所のほか、店頭登録等の
公表相場があるものをいいます。）の公表する同日の最終価格とし
ます。

　また、金融商品取引所等において取引されない場合には、ここで
いう時価の把握が困難であるため、見積価額によることとなります。

　匿名組合契約の出資の持分の見積価額は、組合事業に係るその年
の12月31日又は同日前の同日に最も近い日において終了した計算
期間の計算書等に基づき、その組合の純資産価額又は利益の額に自
己の出資割合を乗じて計算するなどして合理的に算出します。

　簡便な方法として、営業者等から計算書等の送付等がない場合に
は、出資額を記載することができます。

◆財産債務調書の提出制度（FAQ）より

Q23　財産の「見積価額」の合理的な算定方法について、財産の種
類ごとに具体的に教えてください。

(答)　財産債務調書に記載すべき財産（事業所得の基因となる棚卸
資産及び不動産所得、事業所得、雑所得又は山林所得に係る減価償
却資産を除きます。）の「見積価額」については、その年の12月31
日における財産の現況に応じ、その財産の取得価額や売買実例価額
などを基に、合理的な方法により算定する必要があります。

　合理的な方法により算定された財産の「見積価額」とは、例えば、
次のような方法により算定された価額をいいます（通達6の2－9）。

財産の種類	見積価額の算定方法
匿名組合契約の出資の持分	匿名組合事業に係るその年の12月31日又は同日前の同日に最も近い日において終了した計算期間の計算書等に基づき、その組合の純資産価額（帳簿価額によって計算した金額）又は利益の額に自己の出資割合を乗じて計算するなど合理的に算出した価額。 　ただし、営業者等から計算書等の送付等がない場合には、出資額によることとして差し支えありません。

❼ 匿名組合契約の出資の持分

❼ 備考
- 財産債務調書制度の趣旨を考えて、参考となる内容を記入すればよいと考えられます。

4 Q&A 実務のポイント

Q1 出資をしている匿名組合の計算期間は毎年12月末であり、各期の計算書は翌年3月末にならないと送付されてきません。この場合、見積価額はどのように算定すればよいでしょうか。

A1 当該計算期間の一つ前の計算期間、つまり、前々年の計算書等に基づいて見積価額を算定します。

〔例〕平成27年分の計算書が平成28年3月末日に送付される場合
　　……平成26年分の計算書により算定します。

◆財産債務調書の提出制度（FAQ）より

> **Q27** 匿名組合に出資をしています。その匿名組合の計算期間は毎年12月末日に終了しますが、計算書は翌年の3月末に送付されています。この場合、その出資の持分の見積価額をどのように算定すればよいのですか。
>
> **(答)** 匿名組合契約の出資の持分の価額については、組合事業に係るその年の12月31日又は同日前の同日に最も近い日において終了した計算期間の計算書等に基づき、その組合の純資産価額（帳簿価額によって計算した金額）又は利益の額に自己の出資割合を乗じて計算するなど合理的に算出した価額によることができます（通達6の2－9(6)）。
> 　しかしながら、当該計算期間に係る計算書等の送付が、財産債務調書の提出期限であるその年の翌年3月15日までに行われない場合には、当該計算期間の一つ前の計算期間の計算書等に基づいて見積価額を算出しても差し支えありません。

第2章　財産債務調書の作成上の留意点──財産編

5 ｜ 記載例

記載の手順

＜保有する出資特分＞

① 　匿名組合契約（Ｊ）

② 　太陽光発電ファンド「SUN ファンドＡ号」

1st Step ｜ 用途、所在、数量、価格と取得価額を確認する。

① 　匿名組合契約に係る出資からの利益の分配や出資の譲渡による所得
について事業所得として申告しているかどうかを確認します。通常は
雑所得や譲渡所得としているので、用途は一般用となります。

② 　匿名組合契約（Ｊ）は、営業者である株式会社Ｊの行う事業に出資
するもので、口数は100口、出資額は100,000,000円、その年の12月
31日の価額は140,000,000円です。

③ 　太陽光発電ファンド「SUN ファンドＡ号」は、太陽光発電事業に
出資する匿名組合契約で、10口で5,000,000円の出資をしています。

132

7　匿名組合契約の出資の持分

2nd Step　財産債務調書に記載する。

平成 2 7 年12月31日分　　財産債務調書

財産債務を有する者	住所（又は事業所、事務所、居所など）	○○市三葛999			
	氏名	清文　太郎　（電話）　－　－			

財産債務の区分	種類	用途	所在	数量	(上段は有価証券の取得価額)財産の価額又は債務の金額	備考
匿名組合出資	匿名組合契約(J)	一般用	東京都港区○○1-1-1　株式会社J	100口	100,000,000円 140,000,000	
匿名組合出資	SUNファンドA号	一般用	大阪市中央区×× ○○株式会社	10口	5,000,000 5,000,000	
			匿名組合契約の出資の持分計		(105,000,000) (145,000,000)	

3rd Step　財産債務調書合計表に記載する。

区分		金額		区分		金額
預貯金	⑤		その他の財産	株式に関する権利	⑱	
有価証券 上場株式	⑥			預託金等	⑲	
取得価額	㋐			組合等に対する出資	⑳	
非上場株式	⑦			信託に関する権利	㉑	
取得価額	㋑			無体財産権	㉒	
株式以外の有価証券	⑧			その他の財産（上記以外）	㉓	
取得価額	㋒			国外財産調書に記載した国外財産の価額の合計額	㉔	
匿名組合契約の出資の持分	⑨	145,000,000	財産の価額の合計額	㉕		
取得価額	㋓	105,000,000	国外財産調書に記載した国外転出特例対象財産の価額の合計額	㉖		
未決済信用取引等に係る権利	⑩		国外転出特例対象財産の価額の合計額 ⑥+⑦+⑧+⑨+⑩+⑪	㉗		
取得価額	㋔		債務の区分		債務の金額	
未決済デリバティブ取引に係る権利	⑪		借入金	㉘		
取得価額	㋕		未払金	㉙		
貸付金	⑫		その他の債務	㉚		
未収入金	⑬		債務の金額の合計額	㉛		

【前川　武政】

未決済信用取引等に係る権利

POINT

○その年の最終営業日の最終価格で決済したものとみなして利益の額又は損失の額を記載することができます。
○証券会社等の所在別に一括して記載することができます。
○国外財産調書に記載されたものは、個別の記載は不要で、合計額を所定の欄に記載すればよいこととなっています。

1 対象となるもの

その年の12月31日に保有している未決済信用取引に係る権利

2 準備するもの

その年の12月31日における証券会社から送付される残高証明書あるいは取引報告書等

〔信用取引〕　建玉の明細

銘柄名（弁済期限）	コード	数量市場	区分	約定年月日	約定単価	作成基準日現在の時価	手数料その他経費	評価損益	最終決済期日または決済約定日
○△電機（6ヶ月期限）特定対象	××××	○○○株 東京	買	0000.0.00	0,000円	0,000円	0,000円 0,000円	−00,000円	0000.0.0
○×●作所（6ヶ月期限）特定対象	××××	○○○株 大阪	買 決済ずみ	0000.0.00	0,000円				0000.0.0
△□商事（6ヶ月期限）特定対象	××××	○○○株 東京	買	0000.0.00	0,000円	0,000円	0,000円 0,000円	＋000,000円	0000.0.0
・合計・								＋000,000円	

未決済信用取引等に係る権利

3　各項目の記載方法とそのポイント

❶ **区分**
- 未決済信用取引等に係る権利

❷ **種類**
- 信用取引、発行日取引の別
- 銘柄の別

❸ **用途**
- 信用取引を営利目的として継続的に行い、その損益について事業所得として所得税の確定申告をしている場合など、事業所得を生ずべき事業・業務の用に供するものは「事業用」と記載します。しかしながら、信用取引の損益について事業所得として申告している者は少ないと考えられるので、通常は「事業用」以外の用に供するものとして「一般用」と記載します。

❹ **所在**
- 取引に係る契約の相手方である金融商品取引業者等の営業所、事業所その他これに類する者の所在
- 証券会社等の名称、支店名

❺ **数量**
- 株数又は口数等を記載します。

❻ **価額**
- 見積価額は、金融商品取引所等において公表されたその信用取引等に係る有価証券の、その年の12月31日の最終の売買の価格に基づき、同日に決済したとみなして算出した利益の額又は損失の額に相当する価額とします。なお、取得価額については、上記の額を見積価額とした場合には、記載は不要です。

第2章　財産債務調書の作成上の留意点──財産編

◆財産債務調書の提出制度（FAQ）

> **Q23**　財産の「見積価額」の合理的な算定方法について、財産の種類ごとに具体的に教えてください。
>
> **（答）**　未決済信用取引等に係る権利
>
> 　金融商品取引所等において公表された当該信用取引等に係る有価証券のその年の12月31日の最終の売買の価格（公表された同日における当該価格がない場合には、公表された同日における最終の気配相場の価格とし、公表された同日における当該価格及び当該気配相場の価格のいずれもない場合には、最終の売買の価格又は最終の気配相場の価格とします。）に基づき、同日において当該信用取引等を決済したものとみなして算出した利益の額又は損失の額に相当する金額。

◆財産債務調書の提出制度（FAQ）より

> **Q26**　財産債務調書には、有価証券等の取得価額を記載する必要があるとのことですが、どのように取得価額を算定すればよいのですか。
>
> **（答）**　未決済信用取引等に係る権利
>
> 　当該財産のその年の12月31日における価額を、同日においてそれらの取引を決済したものとみなして算出した利益の額又は損失の額に相当する金額により記載する場合には（**Q23**参照）、当該財産の取得価額はゼロとします。

❼　**備考**

　●財産債務調書制度の趣旨を考えて、参考となる内容を記入すればよいと考えられます。

4　Q&A　実務のポイント

Q1　信用取引を行うために委託証拠金として現金と有価証券を預託しましたが、これらの財産についてはどのように記載すればよいのでしょうか。

A1　預託した財産の区分ごとに、それぞれ記載することとなります。具体的には、現金は財産区分を「その他の財産」と、有価証券は「有

8 未決済信用取引等に係る権利

価証券」として次のように記載します。

(例)

区分	種類	用途	所在	数量	金額	備考
その他の財産	委託証拠金	一般用	××証券 ◎◎支店	−	○○○	現金預託
有価証券	上場株式（A社）	一般用	同上	−	×××	代用有価証券

※なお、この場合の有価証券の金額は、保証金相当額ではなく、その有価証券の時価又は見積価額を記載することに注意する。

◆財産債務調書の提出制度（FAQ）より

> **Q16** 先物取引を行うに当たり、保有するA社の株式（上場株式）を委託証拠金として証券会社に預託しました。この預託した株式について、財産債務調書にはどのように記載すればよいのですか。
>
> **(答)** （中略）信用取引等を行う際に、委託証拠金その他の補償金として現金又は有価証券を証券会社等に預託することがあります。
> 　この委託証拠金その他の保証金として預託した現金又は有価証券については、次のように取り扱います。
> (1) 預託した現金
> 　　財産の区分のうち「その他の財産」に該当し、財産債務調書には、種類別、用途別、所在別の数量及び価額を記載します。
> (2) 預託した有価証券（いわゆる代用有価証券）
> 　　財産区分のうち「有価証券」に該当し、財産債務調書には、種類別、用途別、所在別の数量及び価額(注)並びに取得価額を記載します（通達6の2−2(1)イ）。
>
> 　　**(注)** 価額は、委託証拠金その他の保証金として取り扱われた金額（いわゆる代用価格に基づく金額）ではなく、当該有価証券の時価又は見積価額を記載します。
>
> 　したがって、ご質問の委託証拠金として預託した株式については、区分欄には「有価証券」と、種類欄には「上場株式（A社）」と記載します。

第2章　財産債務調書の作成上の留意点──財産編

5 記載例

記載の手順

＜保有する権利＞

① 　K電機株式

② 　L商事株式

1st Step　用途、所在、数量、価格と取得価額を確認する。

① 　信用取引による損益について事業所得として申告しているかどうか
　　を確認します。通常は雑所得としているので用途は一般用となります。

② 　○○証券○○支店において、K電機株式3,000株を信用買いしてい
　　ます。その年の最終価格による評価損益は▲480,000円です。

③ 　○○証券○○支店において、L商事株式5,000株を信用買いしてい
　　ます。その年の最終価格による評価損益は1,220,000円です。

2nd Step　財産債務調書に記載する。

平成 [2][7] 年12月31日分　　財産債務調書

財産債務を 有する者	住　　所 (又は事業所 事務所、居所など)		○○市三葛999				
	氏　　名		清文　太郎			（電話）	

財産債務 の区分	種　　類	用途	所　　　在	数　量	(上段は有価証券等の取得価額) 財産の価額又は債務の金額	備　考
未決済信用 取引に係る権利	上場株式(K電機)	一般用	○○証券○○支店	3,000株	円 －480,000円	
未決済信用 取引に係る権利	上場株式(L商事)	一般用	○○証券○○支店	5,000株	1,220,000	
			未決済信用取引に係る権利計		(740,000)	

138

❽ 未決済信用取引等に係る権利

3rd Step 財産債務調書合計表に記載する。

預貯金	⑤		その他の財産	株式に関する権利	⑱
有価証券 上場株式	⑥			預託金等	⑲
取得価額	㋐			組合等に対する出資	⑳
非上場株式	⑦			信託に関する権利	㉑
取得価額	㋑			無体財産権	㉒
株式以外の有価証券	⑧			その他の財産（上記以外）	㉓
取得価額	㋒			国外財産調書に記載した国外財産の価額の合計額	㉔
匿名組合契約の出資の持分	⑨			財産の価額の合計額	㉕
取得価額	㋓			国外転出特例対象財産の価額の合計額	㉖
未決済信用取引等に係る権利	⑩	740000		国外転出特例対象財産の価額の合計額	㉗
取得価額	㋔	0	債務の区分		債務の金額
未決済デリバティブ取引に係る権利	⑪		借入金		㉘
取得価額	㋕		未払金		㉙
貸付金	⑫		その他の債務		㉚
未収入金	⑬		債務の金額の合計額		㉛

【前川　武政】

139

未決済デリバティブ取引に係る権利

POINT

○その年の最終営業日の最終価格で決済したものとみなして利益の額又は損失の額を記載することができます。
○証券会社等の所在別に一括して記載することができます。
○国外財産調書に記載したものは、個別の記載を要せず、合計額を所定の欄に記載します。

1 対象となるもの

その年の12月31日に保有している未決済デリバティブ取引に係る権利で、例えば、先物取引、オプション取引、スワップ取引等

2 準備するもの

その年の12月31日における残高証明書、証券会社等から送付される取引報告書等

株価指数先物取引　取引報告書							作成日：○○○○年○月○日	
様			取扱店	お客様の口座番号	担当者		ご精算日 ○○○○年○月○日	
銘柄名			銘柄コード		最終決済期日		お客様のお受取金額　(円)	
日経平均株価225種先物　23年3月●●			0018 6603		○○○○年○月○日		168,950	
取引区分	約定日	数量（単位）単価	約定金額　(円)	手数料 (円)	消費税 (円)		お取引金額　(円)	
株主（買）	○○○○年○月○日	1 10,210,000	10,210,000	500	40		10,210,525	
売決済	○○○○年○月○日	1 10,380,000	10,380,000	500	40		10,379,475	

9 未決済デリバティブ取引に係る権利

3 各項目の記載方法とそのポイント

❶ **区分**
- 未決済デリバティブ取引に係る権利

❷ **種類**
- 先物取引、オプション取引、スワップ取引の別
- 銘柄

  〔例〕先物取引（大豆）

❸ **用途**
- デリバティブ取引を営利目的として継続的に行い、その損益について事業所得として所得税の確定申告をしている場合など、事業所得を生ずべき事業・業務の用に供するものは「事業用」と記載します。しかしながら、デリバティブ取引の損益について事業所得として申告している者は少ないと考えられるので、通常は「事業用」以外の用に供するものとして「一般用」と記載します。

❹ **所在**
- 取引に係る契約の相手方である金融商品取引業者等の営業所、事業所その他これに類する者の所在
- 商品先物取引業者等の名称、支店名

❺ **数量**
- 枚数等を記載します。

❻ **価額**
- 未決済デリバティブ取引に係る権利の見積価額は、次の方法により算定します。

  （イ）金融商品取引所等に上場等されているデリバティブ取引

  　取引所において公表されたその年の12月31日の最終の売買の価格に基づき、同日において当該デリバティブ取引を決済したものとみなして算出した利益の額又は損失の額に相当する金額

第2章　財産債務調書の作成上の留意点──財産編

　（ロ）　上記以外のデリバティブ取引

　　　ⓐ　銀行、証券会社等から入手した価額に基づき、同日において
　　　　当該デリバティブ取引を決済したものとみなして算出した利益
　　　　の額又は損失の額に相当する金額

　　　ⓑ　上記ⓐにより計算ができない場合には、備忘価額として1円
　　　　とします。

　なお、取得価額については、上記の額を見積価額とした場合には、記
載は不要です。

◆財産債務調書の提出制度（FAQ）より

Q23　財産の「見積価額」の合理的な算定方法について、財産の種類ごとに具体的に教えてください。

（答）　（中略）

財産の種類	見積価額の算定方法
未決済デリバティブ取引に係る権利	○　次の（1）又は（2）の方法により算定した価額。 （1）金融商品取引所等に上場等されているデリバティブ取引 　　取引所において公表されたその年の12月31日の最終の売買の価格（公表された同日における当該価格がない場合には、公表された同日における最終の気配相場の価格とし、公表された同日における当該価格及び当該気配相場の価格がいずれもない場合には、最終の売買の価格又は最終の気配相場の価格が公表された日でその年の12月31日前の同日に最も近い日におけるその最終の売買価格又は最終の気配相場の価格とします。）に基づき、同日において当該デリバティブ取引を決済したものとみなして算出した利益の額又は損失の額に相当する金額（以下（2）において、「みなし決済損益額」といいます。） （2）上記（1）以外のデリバティブ取引 　イ　銀行、証券会社等から入手した価額（当該デリバティブ取引の見積将来キャッシュ・フローを現在価値に割り引く方法、オプション価格モデルを用いて算定する方法その他合理的な方法に基づいて算定されたこれらの者の提示価額にかぎります（以下イにおいて同じ。）。）に基づき算出したみなし決済損益額（その年の12月31日における価額がこれ

⑨ 未決済デリバティブ取引に係る権利

	らの者から入手できない場合には、これらの者から入手したその年の12月31日前の同日に最も近い日における価額に基づき算出したみなし決済損益額。）
	ロ　上記イにより計算ができない場合には、備忘価額として1円

◆財産債務調書の提出制度（FAQ）より

Q26　財産債務調書には、有価証券等の取得価額を記載する必要があるとのことですが、どのように取得価額を算定すればよいのですか。

(答)　（中略）

財産の種類	見積価額の算定方法
未決済デリバティブ取引に係る権利	当該財産のその年の12月31日における価額を、同日においてそれらの取引を決済したものとみなして算出した利益の額又は損失の額に相当する金額により記載する場合には（**Q23**参照）、当該財産の取得価額はゼロとします。

❼ 備考

- 財産債務調書制度の趣旨を考えて、参考となる内容を記入すればよいと考えられます。

4　Q&A 実務のポイント

Q1　デリバティブ取引を行うために委託証拠金として現金と有価証券を預託しています。これらの財産については、どのように記載すればよいのでしょうか。

A1　本章「❽未決済信用取引等に係る権利　4 Q＆A 実務のポイント」**Q1**（136頁）をご参照ください。

◆財産債務調書の提出制度（FAQ）より

Q16　先物取引を行うに当たり、保有するＡ社の株式（上場株式）を委託証拠金として証券会社に預託しました。この預託した株式について、財産債務調書にはどのように記載すればよいのですか。

(答)　先物取引、オプション取引などのデリバティブ取引（中略）を行う際に、委託証拠金その他の補償金として現金又は有価証券を証券会社等に

第2章　財産債務調書の作成上の留意点──財産編

預託することがあります。

　この委託証拠金その他の保証金として預託した現金又は有価証券については、次のように取り扱います。

(1)　預託した現金

　　財産の区分のうち「その他の財産」に該当し、財産債務調書には、種類別、用途別、所在別の数量及び価額を記載します。

(2)　預託した有価証券（いわゆる代用有価証券）

　　財産区分のうち「有価証券」に該当し、財産債務調書には、種類別、用途別、所在別の数量及び価額[注]並びに取得価額を記載します（通達6の2－2(1)イ）。

(注)　価額は、委託証拠金その他の保証金として取り扱われた金額（いわゆる代用価格に基づく金額）ではなく、当該有価証券の時価又は見積価額を記載します。

　したがって、ご質問の委託証拠金として預託した株式については、区分欄には「有価証券」と、種類欄には「上場株式（A社）」と記載します。

5 記載例

記載の手順

＜保有するデリバティブ商品＞

①　大豆の先物取引

②　日経225先物

1st Step 用途、所在、数量、価格と取得価額を確認する。

①　デリバティブ取引による損益について事業所得として申告しているかどうかを確認します。通常は雑所得としているので用途は一般用となります。

②　○○株式会社○○支店において、大豆の先物取引をしています。建玉枚数は15枚で、その年の最終価格により決済したものとした場合の損失額は▲1,480,000円です。

③　○○証券○○支店において、日経225先物取引をしています。建玉

144

9 未決済デリバティブ取引に係る権利

枚数は41枚で、その年の最終価格により決済したものとした場合の利益額は820,000円です。

2nd Step 財産債務調書に記載する。

平成 27 年12月31日分　財産債務調書

財産債務を有する者	住所(又は事業所、事務所、居所など)	○○市三葛999			
	氏名	清文　太郎			

財産債務の区分	種類	用途	所在	数量	財産の価額又は債務の金額	備考
未決済デリバティブ取引に係る権利	東京一般大豆	一般用	○○株式会社○○支店	15枚	円 −1,480,000	
未決済デリバティブ取引に係る権利	日経225先物	一般用	○○証券○○支店	41枚	820,000	
			未決済デリバティブ取引に係る権利計		(−660,000)	

3rd Step 財産債務調書合計表に記載する。

区分	番号	金額
預貯金	⑤	
有価証券 上場株式	⑥	
取得価額	㋐	
非上場株式	⑦	
取得価額	㋑	
株式以外の有価証券	⑧	
取得価額	㋒	
匿名組合契約の出資の持分	⑨	
取得価額	㋓	
未決済信用取引等に係る権利	⑩	
取得価額	㋔	
未決済デリバティブ取引に係る権利	⑪	−660000
取得価額	㋕	0
貸付金	⑫	
未収入金	⑬	

区分	番号	金額
その他の財産 株式に関する権利	⑱	
預託金等	⑲	
組合等に対する出資	⑳	
信託に関する権利	㉑	
無体財産権	㉒	
その他の財産(上記以外)	㉓	
国外財産調書に記載した国外財産の価額の合計額	㉔	
財産の価額の合計額	㉕	
国外財産調書に記載した国外転出特例対象財産の価額の合計額	㉖	
国外転出特例対象財産の価額の合計額 ⑦+⑦+⑦+⑦+⑦	㉗	
債務の区分		債務の金額
借入金	㉘	
未払金	㉙	
その他の債務	㉚	
債務の金額の合計額	㉛	

【前川　武政】

145

貸付金

> **POINT**
> ○所有する貸付金を漏れなく記載します。
> ○貸付金の用途別（一般用と事業用の別）に、さらに所在別に分けて記載します。
> ○売掛金等の金銭債権とは、その取扱いが異なることに注意してください。

　貸付金が単体で記載を要するとされた趣旨は、相続税を考慮してのことです。また、実際に相続税の申告にあたっても、その把握が難しい財産でもあります。したがって、詳細な記載が求められたと考えられます。

　さらに、その趣旨から考えると、仮払金、立替金等の名目であっても、その実質が貸付金に該当するものは、この項目に区分され、記載が求められることとなります。

1　対象となるもの

貸付金

※　仮払金、立替金等の名目であっても、その実質が貸付金に該当するものを含みます。

2　準備するもの

貸付金の元本の額が分かる例えば次のようなもの
- 借用書
- 金銭消費貸借契約書
- 返済予定表

3 各項目の記載方法とそのポイント

❶ 区分

●貸付金

❷ 種類

●記載は不要です。

◆財産債務調書の記載要領　3「種類」欄より

※土地、建物、山林、現金、貸付金、未収入金、借入金、未払金については、
本欄の記入は必要ありません。

❸ 用途

●不動産所得、事業所得又は山林所得を生ずべき事業・業務の用に供するものは「事業用」と記載します。

●「事業用」以外の用に供するものは、「一般用」と記載します。

●「取引先・従業員に対する貸付金」は、利子が事業所得の付随収入として事業所得となるため「事業用」と記載します。

●「貸金業者の貸金」についても、利子が事業所得となるため「事業用」と記載します。

❹ 所在

●債務者の住所及び氏名又は名称を記載します。

❺ 数量

●記載は不要です。

❻ 価額

●その年の12月31日における貸付金の元本の額を見積価額とします。

❼ 備考

●記載をしなければならない事項はありませんが、仮払金等をその性質からこの区分に記載した場合には、その旨を記載すればよいと考えられます。

147

第2章　財産債務調書の作成上の留意点――財産編

4 ┃ Q&A　実務のポイント

Q1　未収入金については、事業用の債権で、その年の12月31日における価額が100万円未満のものについては、所在別に区分することなく、件数と合計額を記載すればよいとされていますが、貸付金についても同様に考えてよいでしょうか。

A1　「『未収入金』及び『その他の財産』に区分される事業用の債権」について、100万円未満のものを一括して合計額で記載することが認められているのは、事業上の売掛債権等は通常翌年には回収・譲渡等により消滅するという性質上の理由によります。

　これに対し、貸付金はその回収が長期に及び、相続財産となる可能性が高いものであるため、債務者ごとに個別に記載することとされています。

　したがって、貸付金については事業用の100万円未満のものであっても一括して記載することは認められず、詳細の記載が求められます。

5 ┃ 記載例

【記載の手順】

1st Step　所有する貸付金の状況を確認する。

① 　従業員○○ △△への貸付金　1,250,000円

② 　親類×× ●●への貸付金　　3,700,000円

10 貸付金

2nd Step	財産債務調書に記載する。

平成 27 年12月31日分　　財産債務調書

財産債務を 有 す る 者	住　　　所 又は事業所、 事務所、居所など	○○市三葛999				
	氏　　　名	清文　太郎				
		（電話）	－	－		

財産債務 の区分	種　　類	用途	所　　　　在	数量	上段は有価証券等の取得価額 財産の価額又は債務の金額	備　考
貸付金		事業用	大阪市東淀川区●●町2-5-302 ○○ △△		円 1,250,000 円	
貸付金		一般用	奈良市□□町63-5 ×× ●●		3,700,000	
			貸付金計		(4,950,000)	

3rd Step	財産債務調書合計表に記載する。

未決済信用取引等 に係る権利	⑩		国外転出特例対象 財産の価額の合計額 ⑥+⑦+⑧+⑨+⑩+⑪+⑳	㉗		
取得価額	㋪		債　務　の　区　分		債　　務　　の　　金　　額	
未決済デリバティブ 取引に係る権利	⑪		借　入　金	㉘		
取得価額	㋩		未　払　金	㉙		
貸　付　金	⑫	4950000	その他の債務	㉚		
未 収 入 金	⑬		債務の金額の合計額	㉛		

備　考

【田部　純一】

未収入金

POINT
○ ここでいう未収入金には、事業用の売掛金や受取手形等が含まれることに注意してください。
○ 所有する未収入金を漏れなく記載します。
○ 未収入金の用途別（一般用と事業用の別）に、さらに所在別（債務者の所在の別）に分けて記載します。
○ ただし、事業用の100万円未満のものについては所在別の区分をせず、件数と合計額を記載すればよいとされています。

　未収入金のうち事業用の売掛債権について、100万円未満のものを一括して合計額で記載することができることとされた理由は、これらの債権等は通常翌年には回収・譲渡等により消滅するからです。

1　対象となるもの

❶　未収入金
❷　受取手形
❸　売掛金
❹　その年の12月31日において既に弁済期が到来しているもので、同日においてまだ収入していない例えば次のようなもの
　●未収の利息
　●未収賃料
　●未収地代
　●未収の保険金
　●未収の退職手当金・未収の還付税金
❺　仮払金、立替金といった名目であっても、その性質が未収入金と同様のもの

11 未収入金

2 | 準備するもの

売掛金、受取手形の残高が分かる例えば次のようなもの

● 売掛帳

● 受取手形記入帳

● 請求書等

● 保険金、退職手当金、還付金等の支払通知書

3 | 各項目の記載方法とそのポイント

❶ 財産債務の区分

● 未収入金

❷ 種類

● 記載は不要とされていますが、未収入金、売掛金、受取手形等の区分を適宜記載すればよいと考えられます。

◆財産債務調書の記載要領　3「種類」欄より

> ※土地、建物、山林、現金、貸付金、未収入金、借入金、未払金については、本欄の記入は必要ありません。

❸ 用途

● 不動産所得、事業所得又は山林所得を生ずべき事業・業務の用に供するものは「事業用」と記載します。

● 「事業用」以外の用に供するものは「一般用」と記載します。

❹ 所在

● 債務者の住所及び氏名又は名称を記載します。

● ただし、事業用の売掛金等で、その価額又は金額が100万円未満のものについては、所在別に区分することなく、「その他××件」と件数のみを記入し、価額欄にはその合計額を記載すればよいと考えられます。

151

第2章　財産債務調書の作成上の留意点——財産編

◆財産債務調書の提出制度（FAQ）より

> **Q10**　個人で事業を営んでいます。12月31日現在の事業上の売掛金が多数あります。この売掛金についても所在別に記載する必要がありますか。
>
> **（答）**　財産債務調書に記載する財産の種類、数量、価額及び所在等については、国外送金等調書規則別表第三に規定する財産の区分に応じて、同別表の「記載事項」に規定する、「種類別」、「用途別」（一般用及び事業用の別）及び「所在別」に記載することとされています（国外送金等調書法6の2①本文、国外送金等調書令12の2⑥、国外送金等調書規則15①）。
>
> 　したがって、財産債務調書の記載にあたり、売掛金など事業上の債権についてはその所在別（相手方の住所又は本店若しくは主たる事務所の所在）にその価額を記載することとなります。
>
> 　しかしながら、財産債務調書を提出する方の事務負担を軽減する観点から、「未収入金」又は「その他の財産」に区分される財産のうち、不動産所得、事業所得又は山林所得を生ずべき事業又は業務の用に供する債権であり、かつ、その年の12月31日における価額が100万円未満のものについては、所在別に記載をせず、その件数と総額を記載することとして差し支えありません（通達6の2－4⑸）。

❺　**数量**

●記載は不要です。

❻　**価額**

●その年の12月31日における未収入金の元本の額を見積価額とします。

❼　**備考**

●記載をしなければならない事項はありませんが、仮払金等をその性質からこの区分に記載した場合には、その旨を記載すればよいと考えられます。

11　未収入金

4 ┃ Q&A 実務のポイント

Q1 未収収益についても記載が必要でしょうか。

A1 調書に記載を要する未収入金はその年の12月31日において既に弁済期が到来し、債権が確定しているものに限ると考えられます。したがって、債権が確定していない未収収益については計上を要しないと考えられます。

5 ┃ 記載例

記載の手順

1st Step 保有する未収入金の状況を確認する。

① 　株式会社Cに対する売掛金 3,358,420円

② 　株式会社C以外の取引先に対する100万円未満の売掛金17件計

7,235,640円

③ 　●●生命からの未収保険金 5,000,000円

153

第2章　財産債務調書の作成上の留意点──財産編

2nd Step　財産債務調書に記載する。

平成 27 年12月31日分　　財産債務調書

財産債務を有する者	住　所 又は事業所、 事務所、居所など	○○市三葛999					
	氏　　名	清文　太郎			（電話）　　－　　－		

財産債務の区分	種　　類	用途	所　　　在	数　量	上段は有価証券等の取得価額） 財産の価額又は債務の金額	備　考
未収入金	売掛金	事業用	東大阪市××町3-5-2 株式会社C		円 3,358,420　円	
未収入金	売掛金	事業用	その他 17件		7,235,640	
未収入金	未収入金	一般用	大阪市中央区△□町2-11 ●●生命		5,000,000	
			未収入金計		(15,594,060)	

3rd Step　財産債務調書合計表に記載する。

未決済信用取引等に係る権利	⑩		国外転出特例対象財産の価額の合計額 ⑥+⑦+⑧+⑨+⑪+⑫+⑬	㉗	
取得価額	㋑		債　務　の　区　分		債　務　の　金　額
未決済デリバティブ取引に係る権利	⑪		借　入　金	㉘	
取得価額	㋒		未　払　金	㉙	
貸　付　金	⑫		その他の債務	㉚	
未　収　入　金	⑬	15594060	債務の金額の合計額	㉛	

備　考

【田部　純一】

154

書画骨とう美術工芸品

> **POINT**
> ○一個又は一組の価額が10万円未満のものは記載不要です。
> ○この場合、それらの書画骨とう美術工芸品の価額は、財産額基準の判定に加味する必要はありません。
> ○記載する価額は、「時価」あるいは「見積価額」のいずれでも認められます。
> ○「時価」は、専門家による鑑定評価額でも認められます。
> ○「見積価額」は、取得価額や売買実例価額でも認められます。
> ○取得価額が分かる資料を保存しておくようにしましょう。
> ○書画骨とう美術工芸品の販売業者が販売用に所有するものは、「その他の動産」の「棚卸資産」に該当します。

1　対象となるもの

　書・絵画・骨とう品・美術品・工芸品など美術的な価値や希少価値のある物

〔例〕軸装、額装、絵画、画帖、茶道具、屏風、衝立、陶磁器、彫刻など

2　準備するもの

＜価額として「時価」を記載する場合＞

　古物商や美術倶楽部などの専門家による鑑定書

＜価額として「見積価額」を記載する場合＞

❶　同種のものの売買実例価額が分かる資料

❷　譲渡時の領収書や振込票など売却価額が分かる資料

❸　取得時の領収書や振込票など取得時の価額が分かる資料

第2章　財産債務調書の作成上の留意点──財産編

3 各項目の記載方法とそのポイント

❶ 区分

●「書画骨とう美術工芸品」と記載します。

●例えば、骨とう品の販売業者が販売用に所有するものは「棚卸資産」に該当し（評基通135（1））、「区分」は「その他の動産」に該当します（後掲「**4** Q＆A 実務のポイント」**Q3** 参照）。

❷ 種類

●「書画」、「骨とう」、「美術工芸品」の３種類に区分します。

❸ 用途

●「一般用」「事業用」の別を記載します。

●例えば、小売業を営む個人事業主が事務所の応接室に飾っている絵画などについては「事業用」に該当します。

❹ 所在

●書画、骨とう、美術工芸品の所在を記載します。

※　書画骨とう美術工芸品に限らず、動産については、その動産の所在する場所を記載することになります。これは、国外送金等調書法施行令において、財産の所在については、その判定について定める相続税法10条の規定によることとされており、同条１項１号柱書で次のように定められているためです。

「動産若しくは不動産又は不動産の上に存する権利については、その動産又は不動産の所在。」

したがって、自宅にある場合であれば自宅住所、事業所にある場合であればその事業所の所在地、さらに金融機関の貸金庫に預けているといった場合であれば、その貸金庫のある金融機関の所在地を記載することになると考えられます。

156

⑫ 書画骨とう美術工芸品

◆財産債務調書の提出制度（FAQ）より

> **Q12** 財産債務調書に記載する「財産」の所在は、どのように判定するのですか。
>
> **(答)** 財産債務調書に記載する財産の所在については、基本的には財産の所在の判定について定める相続税法第10条の規定によることとされ、同条第1項及び第2項に掲げる財産については、これらの規定の定めるところによることとされています（国外送金等調書法6の2③、国外送金等調書令10、12の2①）。

❺ 数量

●点数を記入します。

❻ 財産の価額

●記載する価額は、「時価」又は「見積価額」によります。

●「時価」を記載する場合は、専門家の鑑定評価額※。

●「見積価額」を記載する場合は、その書画骨とう美術工芸品の取得価額や売買実例価額等を基に、合理的な方法により算定した価額。

●販売業者が所有する書画骨とう美術工芸品について記載する価額は、本章「⑭ その他の動産」（183頁）を参照。

●個人事業主が応接室に飾る絵画等の価額については、後掲「4 Q&A 実務のポイント」**Q6** を参照。

※ 「時価」とは、その年の12月31日における財産の現況に応じ、不特定多数の当事者間で自由な取引が行われる場合に通常成立すると認められる価額です。

　しかし、書画骨とう美術工芸品の市場が限られており、上場株式のように、不特定多数の当事者間で自由な取引が行われることは一般的ではありません。そのため厳密にいえば「時価」は、古物商や美術倶楽部等の専門家による鑑定評価額となりますが、財産債務調書に記載する時価を算出するためだけに毎年鑑定評価を依頼するというのは、財産債務調書提出義務者の経済的負担も大

第２章　財産債務調書の作成上の留意点――財産編

きく、実際には難しいと考えられます。

　そのため、実務では、取得価額を基準とする方法が最も簡便で、かつ分かりやすいでしょう。

通達６の２－８（財産の価額の意義等）

　財産の価額は、時価又は時価に準ずるものとして規則第15条第４項が準用する規則第12条第５項に規定する「見積価額」によるが、時価とは、その年の12月31日における財産の現況に応じ、不特定多数の当事者間で自由な取引が行われる場合に通常成立すると認められる価額をいい、その価額は、専門家による鑑定評価額、金融商品取引所等の公表する同日の最終価格（同日の最終価格がない場合には、同日前の最終価格のうち同日に最も近い日の価額）などをいう。

　また、見積価額とは、その年の12月31日における財産の現況に応じ、その財産の取得価額や売買実例価額などを基に、合理的な方法により算定した価額をいう。

◆財産債務調書の提出制度（FAQ）より

Q22　財産債務調書に記載する財産の価額は、財産評価基本通達で定める方法により評価した価額でもよいのですか。

（答）　財産評価基本通達では、相続税及び贈与税の課税価格計算の基礎となる各財産の評価方法に共通する原則や各種の財産の評価単位ごとの評価の方法を定めています。

　財産債務調書に記載する財産の価額についても、財産評価基本通達で定める方法により評価した価額として差し支えありません。

Q23　財産の「見積価額」の合理的な算定方法について、財産の種類ごとに具体的に教えてください。

（答）　財産債務調書に記載すべき財産（事業所得の基因となる棚卸資産及び不動産所得、事業所得、雑所得又山林所得に係る減価償却資産を除きます。）の「見積価額」については、その年の12月31日における財産の現況に応じ、その財産の取得価額や売買実例価額などを基に、合理的な方法により算定する必要があります。

　合理的な方法により算定された財産の「見積価額」とは、例えば、次のような方法により算定された価額をいいます（通達６の２－９）。

書画骨とう美術工芸品

財産の種類	見積価額の算定方法
書画骨とう及び美術工芸品	○ 次の（1）、（2）又は（3）の方法により算定した価額。 （1）その年の12月31日における売買実例価額（同日における売買実例価額がない場合には、同日前の同日に最も近い日におけるその年中の売買実例価額）のうち、適正と認められる売買実例価額。 （2）（1）による価額がない場合には、その年の翌年1月1日から財産債務調書の提出期限までにその財産を譲渡した場合における譲渡価額。 （3）（1）及び（2）による価額がない場合には、取得価額。

※ 「見積価額の算定方法」は、「例えば」とあるとおり、あくまで例
示であって、必ずしも上表中の（1）～（3）の順で考える必要があ
るというわけではありません。

❼ 備考

●記載をしなければならない事項はありませんが、財産の内容を明確
にする内容があれば、その旨を記載すればよいと考えられます。

4 ┃ Q&A 実務のポイント

Q1 財産債務調書に記載する価額は、毎年12月31日に見直
さなければならないのでしょうか。

A1 書画骨とう美術工芸品の価額として財産債務調書に記載する
価額は、「時価」又は「見積価額」とされており、「見積価額」は取得価
額によることができます。したがって、取得価額を記載できれば、毎年
見直す必要はないと考えられます。

159

第2章　財産債務調書の作成上の留意点——財産編

Q2

先祖代々受け継いできた美術品がありますが、近くに古物商等がないため、鑑定評価によることは困難です。同じ美術品の売買実例はなく、取得価額も不明です。こうした場合の価額は、どうすればよいでしょうか。

A2

「時価」又は「見積価額」のいずれも不明である場合には、例えば次のようなものを基に記載することが考えられます。

- ●以前の相続税の申告の際に算出した評価額
- ●購入当時の関係書類等に書かれている金額のメモ
- ●先祖代々聞き伝えられている価額

なお、当初記載した価額の算定根拠が曖昧であるなどの場合には、後日「時価」や「見積価額」が判明した際に、財産債務調書を再提出することができることを覚えておく必要があります。

◆財産債務調書の提出制度（FAQ）より

Q48　提出した財産債務調書の記載内容に誤りのあった場合の訂正方法について教えてください。

（答）　財産債務調書はその年の翌年の３月15日までに提出していただく必要がありますが、提出した財産債務調書の記載内容に誤りや記載漏れがあった場合には、提出期限内だけでなく、期限後であっても、再度提出していただくことで、訂正が可能です。

　この際には、当初提出した財産債務調書及び財産債務調書合計表に記載済みの財産債務を含め、全ての財産債務を記載していただく必要があります。

　（注）　誤りや記載漏れのあった財産債務のみを記載して財産債務調書等を再提出するのではありませんのでご注意ください。

　なお、財産債務調書の記載事項については、Ⅱ財産債務調書の記載事項等の、**Q4**から**Q18**をご参照ください。

　これらは、後に、財産債務に関して所得税や相続税の申告漏れ等が生じた場合、過少申告加算税等の特例の適否の判断等を円滑に行うために記載を求めるものですので、財産債務調書の記載に当たっては、正確な記載をお願いします。

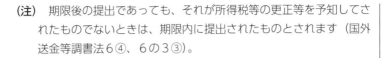

> **(注)** 期限後の提出であっても、それが所得税等の更正等を予知してされたものでないときは、期限内に提出されたものとされます（国外送金等調書法6④、6の3③）。

　また、記載した金額が「時価」又は「見積価額」を正確に反映したかどうか判然としない場合であっても、これをもって、財産債務調書に記載がない、あるいは、重要なものの記載が不十分と判断される可能性は低いと考えられます。なぜならば、財産債務調書制度の趣旨は、財産の正確な把握にあるため、その財産が特定されれば、その趣旨に適うと考えられるからです。

> 通達6の3－3（重要なものの記載が不十分であると認められるとき）
> 　法第6条の3第2項に規定する「財産債務調書に記載すべき事項のうち重要なものの記載が不十分であると認められるとき」とは、規則第15条第1項に規定する記載事項について誤りがあり、又は記載事項の一部が欠けていることにより、<u>所得の基因となる財産債務の特定が困難である場合</u>をいう。

> 　上記の「重要な事項の記載が不十分であると認められるとき」については、「財産又は債務の種類、数量、価額、所在」といった記載事項につき一部の記載漏れを含む記載誤りがあることにより、<u>申告漏れ等の基因となる財産又は債務であるかどうかの特定が困難である場合</u>をいうものと考えられますが、今後、通達等において示される予定です。

（出典）「平成27年度税制改正の解説」897頁（注2）(http://www.mof.go.jp/tax_policy/tax_reform/outline/fy2015/explanation/pdf/p0887_0923.pdf)

※下線は筆者による。

Q3 骨とう品の販売業者が、販売用に所有する多数の書画骨とう美術工芸品についても、「書画」、「骨とう」、「美術工芸品」を区別して記載する必要があるのでしょうか。

A3　販売業者が販売用として所有するものは、商品又は製品（所得税法施行令3一）として棚卸資産に該当します。したがって、「書画骨とう美術工芸品」ではなく「その他の動産」の区分に「棚卸資産」と

第2章　財産債務調書の作成上の留意点──財産編

して、まとめて記載することになります。

通達6の2−2（規則別表第三（六）、（十一）、（十四）、（十五）の財産の
例示）

（中略）

(3) 次に掲げる財産は、規則別表第三に規定する「(十四)（四）、（十二）
及び（十三）に掲げる財産以外の動産」に該当する。

　イ　所得税法施行令第3条《棚卸資産の範囲》に掲げる財産

　ロ　家財（規則別表第三に規定する「(十二) 書画骨とう及び美術工芸品」
及び「(十三) 貴金属類」を除く。）

　　(注)　貴金属類のうち、いわゆる装身具として用いられるものは、そ
の用途が事業用であるものを除き、家財として取り扱って差し支
えない。

　ハ　所得税法施行令第6条第3号から第7号まで《減価償却資産の範囲》
に掲げる財産

所得税法施行令3条（棚卸資産の範囲）

　法第2条第1項第16号（棚卸資産の意義）に規定する政令で定める資
産は、次に掲げる資産とする。

一　商品又は製品（副産物及び作業くずを含む。）

Q4 趣味で所有していた絵画の売却益について、所得税の
確定申告の際にその申告を失念しており、また同様に
財産債務調書への記載も失念していました。所得税の
税務調査で申告漏れを指摘されたときは、加算税は5％
加重されることになるのでしょうか。

A4 絵画の単価により、次のとおり取扱いが異なることとなりま
す。

(1) 一個又は一組の譲渡価額が30万円以下の場合

譲渡所得は非課税とされているため、財産債務調書への記載がなかっ
たとしても、影響はないと考えられます（所得税法9①九、所得税法施
行令25）。

162

(2)　一個又は一組の譲渡価額が30万円超の場合

　譲渡所得課税の対象となるため、譲渡した絵画を財産債務調書へ記載していなかった場合は、加算税の加重措置の対象になると考えられます。

> 所得税法9条（非課税所得）
> 　次に掲げる所得については、所得税を課さない。
> 　　　　　　　　　　　　（中略）
> 九　自己又はその配偶者その他の親族が生活の用に供する家具、じゅう器、
> 　　衣服その他の資産で政令で定めるものの譲渡による所得

> 所得税法施行令25条（譲渡所得について非課税とされる生活用動産の範囲）
> 　法第9条第1項第9号（非課税所得）に規定する政令で定める資産は、生活に通常必要な動産のうち、次に掲げるもの（一個又は一組の価額が30万円を超えるものに限る。）以外のものとする。
> 一　貴石、半貴石、貴金属、真珠及びこれらの製品、べっこう製品、さん
> 　　ご製品、こはく製品、ぞうげ製品並びに七宝製品
> 二　書画、こっとう及び美術工芸品

Q5　Q4に関し、一個又は一組の譲渡価額が30万円以下で、加算税の加重措置の適用がない場合でも記載する必要はあるのでしょうか。

A5　所得税について申告漏れに係る加算税の加算措置がない場合であっても、書画骨とう美術工芸品で、一個又は一組の価額が10万円以上のものであれば、財産債務調書への記載が必要となります。

　なお、財産債務調書への記載については、次の点にも留意すべきでしょう。

(1)　相続税の修正申告等に係る加算税の取扱い

　例えば、相続税の税務調査で絵画の申告漏れを指摘され、修正申告をする場合であっても、財産債務調書にその絵画の記載があれば、その申告漏れに係る加算税の軽減措置の適用があります。

　なお、相続税については、財産債務調書への記載がないことによる加

第2章 財産債務調書の作成上の留意点──財産編

算税の加算措置の適用はありません（国外送金等調書法6、6の3）。

> 「加重措置」においては、「相続税」及び「死亡した者に係る所得税」が適用対象外となっています。これは、「被相続人」による財産債務調書の不提出・未記載について、これを一律に別人格である「相続人」（実際に納税申告をする者）の責任とすることは適当でないと考えられることから、適用対象外とされたものです。

（出典） 「平成27年度税制改正の解説」897頁（注1）(http://www.mof.go.jp/tax_policy/tax_reform/outline/fy2015/explanation/pdf/p0887_0923.pdf)

（2） 相続税の申告に係る副次的な効果

　財産債務調書の適切な記載は、相続税の申告における申告漏れを防ぐ効果もあることから、正確な記載を心掛けましょう。

Q6 個人で食料品の小売業を営んでおり、事務所の応接室に絵画を飾っていますが、どのように記載すればよいでしょうか。

A6　絵画の単価が10万円未満であれば記載は不要です。単価が10万円以上であれば、「区分」は「書画骨とう美術工芸品」、「種類」は「絵画」、「用途」は「事業用」として記載すればよく、「価額」については、当該絵画が平成27年1月1日以後に取得されたものであり、かつ、その取得価額が10万円以上100万円未満である場合には、見積価額として、その年の12月31日における経過年数に応ずる償却費の額を控除した未償却残高を記載すればよいでしょう（国外送金等調書規則15④、12⑤。償却費の計算については本章「❷建物」（68頁）、「⓮その他の動産」（183頁）参照）。

　なお、取得価額が100万円以上の美術品等については、原則として「非減価償却資産」として取り扱われます。

◆美術品等についての減価償却資産の判定に関するFAQより

[Q1] 今回の通達改正の内容はどのようなものですか。

[A] 改正前の通達の取扱いでは、①美術関係の年鑑等に登載されている作者の制作に係る作品であるか、②取得価額が1点20万円（絵画にあっては号当たり2万円）以上であるかにより、美術品等が減価償却資産に該当するかどうかを判定していました。

しかしながら、美術関係の年鑑等は複数存在しその掲載基準がそれぞれ異なるのではないか、また、20万円という金額基準は減価償却資産かどうかを区別する基準としては低すぎるのではないかといった指摘があったため、美術品等の取引価額の実態等についての専門家の意見等を踏まえ通達の改正を行いました。

改正後の通達では、取得価額が1点100万円未満である美術品等は原則として減価償却資産に該当し、取得価額が1点100万円以上の美術品等は原則として非減価償却資産に該当するものとして取り扱うこととしました。

なお、取得価額が1点100万円以上の美術品等であっても、「時の経過によりその価値が減少することが明らかなもの」に該当する場合は、減価償却資産として取り扱うことが可能です。

(注) 取得価額が1点100万円未満の美術品等であっても、「時の経過によりその価値が減少しないことが明らかなもの」は、減価償却資産に該当しないものと取り扱われます。

(国税庁ホームページ：https://www.nta.go.jp/shiraberu/zeiho-kaishaku/joho-zeikaishaku/hojin/bijutsuhin_FAQ/index.htm)

5 記載例

＜保有する書画骨とう美術工芸品＞

① 書画【軸装】 1点
② 骨とう【茶碗】 1点
③ 美術工芸品【彫刻】 1点

第2章　財産債務調書の作成上の留意点──財産編

記載の手順

1st Step 用途と単価を確認する。

①は、清文太郎が趣味で所有している軸装で、12月31日時点の価額は10万円です。

　⇒「用途」は「一般用」です。

　　「価額」は10万円以上であるため、記載が必要です。

②は、清文太郎が趣味で所有している茶道具で、12月31日時点の価額は50,000円です。

　⇒「用途」は「一般用」です。

　　「価額」は10万円未満であるため、記載は不要です。

③は、清文太郎が営む事業に係る事務所の応接室に飾られている彫刻で、取得価額は900,000円、12月31日における減価償却後の帳簿価額は500,000円です。

　⇒「用途」は「事業用」です。

　　「価額」は10万円以上であるため、記載が必要です。

　　「取得価額（見積価額）」が100万円未満のため、減価償却後の帳簿価額500,000円と記載します。

⬥12 書画骨とう美術工芸品

2nd Step 財産債務調書に記載する。

平成 27 年12月31日分　　財産債務調書

財産債務を有する者	住　所（又は事業所、事務所、居所など）	○○市三葛999					
	氏　名	清文　太郎（電話）　　－　　　－					

財産債務の区分	種　類	用途	所　　在	数　量	（上段は有価証券等の取得価額）財産の価額又は債務の金額	備　考
・・・			書画が所在する清文太郎が営む事業に係る事務所の所在地を記載する		円 円	
・・・						
・・・						
書画骨とう美術工芸品	美術工芸品	事業用	○○市東高松1丁目999-1	1点	500,000	
〃	書画	一般用	○○市三葛999	1点	100,000	
			書画骨とう美術工芸品計		(600,000)	

3rd Step 財産債務調書合計表に記載する。

財産の区分		財産の価額又は取得価額	財産の区分		財産の価額又は取得価額
土　　地	①		書画骨とう美術工芸品	⑭	6 0 0 0 0 0
建　　物	②		貴金属類	⑮	
山　　林	③		動　産（⑭、⑮、㉑以外）	⑯	
現　　金	④		保険の契約に関する権利	⑰	
預貯金	⑤		株式に関する権利	⑱	
上場株式	⑥		預託金等	⑲	

【國田　修平】

貴金属類

POINT

○貴金属類は原則として該当する資産をすべて記入します。
（「書画骨とう美術工芸品」、「その他の動産」と異なる点に注意しましょう。）
○ただし、装身具として用いられるものについては、その用途が事業用のものを除き、貴金属類ではなく、家庭用動産として取り扱って差し支えありません。したがって、取得価額が100万円未満のものは記載不要です。
○記載する価額は「時価」と「見積価額」のどちらでもよいこととなっています。
○「時価」は、取引価額があればこれにより、ない場合は鑑定評価額によります。
○「見積価額」は、取得価額や売買実例価額でよいこととなっています。
○貴金属類の販売業者が販売用に所有するものは、「その他の動産」の「棚卸資産」に該当します。

1　対象となるもの

金地金（ゴールドバー）、金貨、いわゆる純金積立等※、白金、パラジウム、ダイヤモンド・ルビー・エメラルド・翡翠（ひすい）等の宝石、貴金属又は宝石を用いた指輪・ピアス・ペンダント・ネックレス・ティアラなど

※　純金積立とは、毎日一定の金額で金地金を積立購入する投資の一種。積立対象を白金としたプラチナ積立や、銀とした純銀積立などもあります。

13 貴金属類

2 準備するもの

＜価額として「時価」を記載する場合＞

❶ 金地金のように取引相場があり、貴金属類の取扱業者やインターネット等から、12月31日時点の時価を確認できる場合は、これら確認できる資料やデータ

〈参考〉

金価格2015 海外価格(US＄/oz)／弊社発表小売価格(￥/g)

※2015年3月19日までの海外金価格はLondon PM Fixing、3月20日以降はLBMA Gold Price PMです。

	1月		2月		3月		4月		5月		6月	
	海外価格	小売価格	海外価格	小売価格	海外価格	小売価格	海外価格	小売価格	海外価格	小売価格	海外価格	小売価格
1日							1,197.00	4,983	1,175.95	4,971	1,199.90	5,181
2日	1,172.00		1,272.50	5,261	1,212.50	5,109	1,198.50	5,054			1,192.80	5,198
3日			1,264.25	5,243	1,212.75	5,094		5,050			1,190.00	5,199
4日			1,268.50	5,201	1,199.50	5,061		5,082			1,176.00	5,171
5日	1,200.00	5,003	1,259.25	5,232	1,202.00	5,057			1,197.00		1,164.60	5,141
6日	1,210.25	5,043	1,241.00	5,211	1,175.75	5,063		5,086	1,194.25			5,159
7日	1,210.50	5,071		5,145		4,962	1,211.00	5,092	1,187.00	4,996		
8日	1,215.50	5,080					1,207.25	5,105	1,186.00	4,976	1,172.80	5,160
9日	1,217.75	5,085	1,238.50	5,154	1,168.50	4,965	1,194.80	5,073		5,005	1,177.40	5,137

(三菱マテリアル株式会社ホームページ　http://gold.mmc.co.jp/market/g_data/2015.html)

❷ 宝石店など貴金属類の取扱者による鑑定書

＜価額として「見積価額」を記載する場合＞

❶ 同種のものの売買実例価額が分かる資料

❷ 譲渡時の領収書や振込票など売却価額が分かる資料

❸ 取得時の領収書や振込票など取得時の価額が分かる資料

※ 純金積立等について、取得価額を記載する場合には、その純金積立等を行っている企業から発行される残高報告書（12月31日時点の残高が確認できるもの）

169

第2章　財産債務調書の作成上の留意点──財産編

3 各項目の記載方法とそのポイント

❶ 区分

●「貴金属類」と記載します。

※　例えば、宝石小売業を営む人が販売用に所有するものは「棚卸資産」に該当し、「区分」は「その他の動産」として記載します（後掲「4 Q&A　実務のポイント」Q3参照）。

●貴金属類のうち装身具として用いられるものについては、その用途が事業用のものを除き、金額の多寡にかかわらず「その他の動産」に該当するものとして取り扱ってよいでしょう。なお、この場合の「種類」は「家庭用動産」になります（本章「⓮ その他の動産」（180頁）参照）。

◆財産債務調書の提出制度（FAQ）より

> **Q29**　自宅に多数の指輪やネックレスなどを所有しています（事業用ではありません。）。この場合、財産債務調書にはどのように記載すればよいのですか。
>
> **（答）**　財産債務調書に記載する財産の種類、数量、価額及び所在等については、国外送金等調書規則別表第三に規定する財産の区分に応じて、同別表の「記載事項」に規定する、「種類別」、「用途別」（一般用及び事業用の別）及び「所在別」に記載することとされています（国外送金等調書法6の2①本文、国外送金等調書令12の2⑥、国外送金等調書規則15①）。
>
> 　家庭用動産については、財産の区分のうち、「現金」、「書画骨とう」、「美術工芸品」又は「貴金属類」に区分されるものを除き、「その他の動産」に区分されますが（国外送金等調書規則別表第三、通達6の2－2（3））、貴金属類のうち装身具として用いられるものについては、その用途が事業用のものを除き、「その他の動産」に該当するものと取り扱って差し支えありません（通達6の2－2（3）注書）。
>
> 　また、「その他の動産」に区分される財産については、一個又は一組の価額が10万円未満のものについては、財産債務調書への記載を要しないこととされています（国外送金等調書規則別表第三）。

170

したがって、お尋ねの指輪やネックレスなどの装身具については、一個又は一組の価額が10万円以上のものについて、財産債務調書においては、「その他の動産」に区分される財産として記載することとなります。

なお、家庭用動産のうち、一個又は一組の取得価額が100万円未満のものについては、その動産の12月31日における見積価額が10万円未満のものと取り扱って差し支えないこととされていますので（通達6の2－9（12）（注））、お尋ねの装身具についても同様に取り扱うことができます。

❷ **種類**

●「金」、「白金」、「ダイヤモンド」等の別を記載します。

❸ **用途**

●「一般用」「事業用」の別を記載します。

例えば、次のような場合には「事業用」に該当します。

① 鉄鋼業を営む者が事業に用いる地金（販売用ではありません。）

② 宝石小売業を営む者がディスプレイ用として所有するティアラ

❹ **所在**

●貴金属類の所在を記載します。

したがって、自宅にある場合であれば自宅住所、事業所にある場合であればその事業所所在地を記載します。

※ 動産については、その動産の所在する場所を記載することになります（本章「⓬書画骨とう美術工芸品」（156頁）参照）。

なお、純金積立のように、自らが手元に現物を保有していない場合については、その純金積立の取引企業が、顧客ごとに開設した預り口座を通じて現物の管理を行っていることから、有価証券に準じて、その預り口座が開設された企業の営業所又は事務所の所在地を記載すればよいと考えられます。

第2章　財産債務調書の作成上の留意点——財産編

◆財産債務調書の提出制度（FAQ）より

Q12　財産債務調書に記載する「財産」の所在は、どのように判定するのですか。

（答）　財産債務調書に記載する財産の所在については、基本的には財産の所在の判定について定める相続税法第10条の規定によることとされ、同条第1項及び第2項に掲げる財産については、これらの規定の定めるところによることとされています（国外送金等調書法6の2③、国外送金等調書令10、12の2①）。

　なお、有価証券等(注1)が、金融商品取引業者等の営業所等に開設された口座に係る振替口座簿(注2)に記載等がされているものである場合等におけるその有価証券等の所在については、相続税法第10条第1項及び第2項等の規定にかかわらず、その口座が開設された金融商品取引業者等の営業所等の所在によることとされています（国外送金等調書令10②、12の2①、国外送金等調書規則12③ただし書・④、15③、通達6の2−5）。

　（注1）　「有価証券等」とは具体的には次のものをいいます。
　　　①　貸付金債権（相続税法第10条第1項第7号に掲げる財産）に係る有価証券
　　　②　社債若しくは株式、法人に対する出資又は外国預託証券（相続税法第10条第1項第8号に掲げる財産）
　　　③　集団投資信託又は法人課税信託に関する権利（相続税法第10条第1項第9号に掲げる財産）に係る有価証券
　　　④　国債又は地方債（相続税法第10条第2項に規定する財産）
　　　⑤　外国等の発行する公債（相続税法第10条第2項に規定する財産）
　　　⑥　抵当証券又はオプションを表示する証券若しくは証書（国外送金等調書規則第12条第3項第2号に規定する財産）
　　　⑦　組合契約等に基づく出資（国外送金等調書規則第12条第3項第3号に規定する財産）に係る有価証券
　　　⑧　信託に関する権利（国外送金等調書規則第12条第3項第4号に規定する財産）に係る有価証券
　（注2）　「金融商品取引業者等の営業所等に開設された口座に係る振替口座簿」とは、社債、株式等の振替に関する法律（平成13

年法律第75号）に規定する振替口座簿をいい、外国における
これに類するものを含みます。

❺ **数量**

●点数又は重量を記入します。

❻ **財産の価額**

● 1点10万円未満のものでも記載が必要となります。

●記載する価額は、「時価」又は「見積価額」によります。

●「時価」による場合は、貴金属類の取扱業者やインターネット等の
資料やデータから確認できる取引価額又は宝石店等の専門家による
鑑定評価額を記載します。

●「見積価額」による場合は、その貴金属類の取得価額や売買実例価
額等を基に、合理的な方法により算定した価額を記載します※。

●販売業者が所有する貴金属類について記載する価額は、本章「⓮ そ
の他の動産」（179頁）をご参照ください。

●用途が事業用以外の装身具については、一個又は一組の取得価額が
100万円未満であれば記載は不要です（前掲「❶ 区分」参照）。

●純金積立等について「取得価額」を記載する場合には、その純金積
立等の取引を行っている企業が発行する残高報告書に記載された残
高を記載すればよいでしょう（前掲「❷準備するもの」参照）。

◆財産債務調書の提出制度（FAQ）より

> **Q23** 財産の「見積価額」の合理的な算定方法について、財産の種
> 類ごとに具体的に教えてください。
>
> **（答）** 財産債務調書に記載すべき財産（事業所得の基因となる棚卸
> 資産及び不動産所得、事業所得、雑所得又山林所得に係る減価償却
> 資産を除きます。）の「見積価額」については、その年の12月31日
> における財産の現況に応じ、その財産の取得価額や売買実例価額な
> どを基に、合理的な方法により算定する必要があります。
>
> 　合理的な方法により算定された財産の「見積価額」とは、例えば、
> 次のような方法により算定された価額をいいます（通達6の2－9）。

173

第2章　財産債務調書の作成上の留意点——財産編

財産の種類	見積価額の算定方法
貴金属類	○　次の（1）、（2）又は（3）の方法により算定した価額。 （1）その年の12月31日における売買実例価額（同日における売買実例価額がない場合には、同日前の同日に最も近い日におけるその年中の売買実例価額）のうち、適正と認められる売買実例価額。 （2）（1）による価額がない場合には、その年の翌年1月1日から財産債務調書の提出期限までにその財産を譲渡した場合における譲渡価額。 （3）（1）及び（2）による価額がない場合には、取得価額。

※　「見積価額の算定方法」は、「例えば」とあるとおり、あくまで
　　例示であって、必ずしも上表中の（1）〜（3）の順で考える必要
　　があるというわけではありません。

❼　備考

●記載は不要です。

4 ｜ Q&A 実務のポイント

Q1　財産債務調書に記載する価額は、毎年12月31日に見直さなければならないのでしょうか。

A1　財産債務調書に記載する価額は、「時価」又は「見積価額」とされており、「見積価額」は取得価額によることができます。したがって、提出義務者の事務負担を考慮するという観点から、取得時の領収書等を基に取得価額が記載されていれば、毎年見直す必要はないと考えられます。

　ただし、金地金のように12月31日時点の時価（取引価額）が比較的容易に分かるものについては、見直すべきでしょう。

174

⓭　貴金属類

Q2　自宅に金地金を所有しているほか、いわゆる純金積立があります。いずれも「種類」は「金」ですので、合算して記載してよいでしょうか。

A2　「貴金属類」の財産債務調書への記載は、「種類別」、「用途別」、「所在別」の数量及び価額を記載することとされています（国外送金等調書規則別表第三（十三））。金地金の「所在」は自宅であり、純金積立の「所在」は、これを行っている企業の営業所又は事務所になると考えられます。したがって、「所在」が異なるため、両者を別々に記載することとなります。

Q3　宝飾品の小売業を営んでいるため、販売用に多数の金や白金等の貴金属、ダイヤモンドやエメラルド等の宝石やジュエリーを所有しています。これらすべてを「金」、「白金」、「ダイヤモンド」等の別に区分しなければならないのでしょうか。

A3　宝飾品の販売業者が販売用として所有するものは、商品又は製品（所得税法施行令３一）として棚卸資産に該当します。したがって、「貴金属類」ではなく「その他の動産」の区分に「棚卸資産」として、まとめて記載することになります。そのため、「金」、「白金」、「ダイヤモンド」等の別に分ける必要はありません（「棚卸資産」の説明については、本章「⓬書画骨とう美術工芸品」（161頁）参照）。

Q4　歯科を経営しており、大量のパラジウムを所持していますが、これを「貴金属類」として記載する必要があるでしょうか。

A4　「その他の動産」の「棚卸資産」として記載すればよいと考えられます。

　なぜなら、その人が当該パラジウムを所有する目的は、財産の所有ではなく、歯科治療の材料として使うことにあり、いわゆる棚卸資産に該当するからです。

175

第2章　財産債務調書の作成上の留意点——財産編

　財産債務調書制度の本旨は、財産又は債務を網羅的に記載することにありますが、棚卸資産は、短期的に消滅、変動するため、提出義務者の事務負担を軽減する観点から、「その他の動産」として取り扱うようにされました。したがって、事業者が棚卸資産として所有するものに貴金属類に該当するものが含まれているとしても、これをことさら抜き出して貴金属類として記載する必要はありません（本章「⓬書画骨とう美術工芸品」（157頁）、「国外送金等調書通達6の3－3」、「平成27年度税制改正の解説」http://www.mof.go.jp/tax_policy/tax_reform/outline/fy2015/explanation/pdf/p0887_0923.pdf 参照）。

Q5　1点100万円の指輪（事業用ではない）を所有しています。これは「貴金属類」に「指輪」として記載しないといけないのでしょうか。

A5　装身具については事業用以外の用途のものであれば、1点あたりの金額の多寡にかかわらず、「その他の動産」の区分のうちの「家庭用動産」として取り扱ってよいこととなっています（通達6の2－2（3）ロ注書）。

　ただし、1点当たりの金額が100万円以上のため、記載を省略することはできません（通達6の2－9（12）注書）。

5 ｜ 記載例

＜保有する貴金属類＞

①　金地金（ゴールドバー）　500g×10点

②　純金積立　10g

③　ダイヤモンドのルース（石）　1点

④　ダイヤモンドの指輪　1点

13 貴金属類

記載の手順

1st Step 用途と単価を確認する。

①は、清文太郎が自宅金庫に保管している金地金（ゴールドバー）で、12月31日時点の価額は1g当たり5,000円です。

　⇒「用途」は「一般用」です。

②は、清文太郎が○○株式会社で行っている純金積立で、12月31日時点の価額は50,000円です。

　⇒「用途」は「一般用」です。

　「価額」は10万円未満ですが、「書画骨とう美術工芸品」・「その他の動産」とは異なり、すべて記載を要します。

③は、清文太郎が趣味で所有しているダイヤモンドで、12月31日時点の価額は1,000,000円です。

　⇒「用途」は「一般用」です。

④は、清文太郎が普段身に着けている指輪で、12月31日時点の価額は500,000円です。

　⇒「用途」は「一般用」です。

2nd Step グルーピングを行う。

(1) ①、②について

● いずれも「種類」は「金」、「用途」は「一般用」ですが、①の所在は「自宅」、②の所在は「○○株式会社」であるため、別々に記載します。

(2) ③、④について

● いずれも「種類」は「ダイヤモンド」ですが、④は「装身具」に該当するため、「その他の動産」として取り扱うことができます（本章「14 その他の動産」（180頁）参照）。

177

第2章　財産債務調書の作成上の留意点──財産編

3rd Step　財産債務調書に記載する。

平成 2 7 年12月31日分　　財産債務調書

財産債務を有する者	住　所（又は事業所事務所、居所など）			○○市三葛999				
	氏　　名			清文　太郎（電話）　　　―　　　―				

財産債務の区分	種　　類	用途	所　　　　在		数　量	(上段は有価証券等の取得価額)財産の価額又は債務の金額	備　考
…			純金積立を行っている企業の営業所又は事務所の所在を記載する			円	
…						円	
…							
貴金属類	金	一般用	○○市三葛999		5kg	25,000,000	
〃	〃	〃	○○市東高松2丁目1-1		10g	50,000	
〃	ダイヤモンド	〃	○○市三葛999		1点	1,000,000	
			書画骨とう美術工芸品計			(26,050,000)	

4th Step　財産債務調書合計表に記載する。

財産の区分		財産の価額又は取得価額	財産の区分		財産の価額又は取得価額
土　　地	①		書画骨とう美術工芸品	⑭	
建　　物	②		貴金属類	⑮	26,050,000
山　　林	③		動　　産（⑭、⑮、㉒以外）	⑯	
現　　金	④		保険の契約に関する権利	⑰	
預貯金	⑤		株式に関する権利	⑱	
上場株式	⑥		預託金等	⑲	

【國田　修平】

その他の動産

POINT

○「その他の動産」に区分される財産のうち、一個又は一組の価額が10万円未満のものについては、記載は不要です。

○「その他の動産」に区分される財産のうち、「家庭用動産」については、一個又は一組の取得価額が100万円未満のものは、記載は不要です。

○貴金属類のうち装身具として用いられるもので、事業用以外のものは、金額の多寡に関わらず「その他の動産」の区分の「家庭用財産」として取り扱うことができます。

○記載する金額は「見積価額」によることができます。

○「棚卸資産」、「減価償却資産（用途が「事業用」のもの）」について「見積価額」を記載する場合は、所得税の確定申告に係る青色決算書や収支内訳書に記載された価額を記載すればよいでしょう。

1 対象となるもの

対象となる資産の主なものは、棚卸資産、家庭用動産、減価償却資産が該当します（通達6の2－2（3））。

❶ 棚卸資産

〔例〕・不動産業者が、販売用に所有する土地、建物
　　　・いわゆる未成工事支出金
　　　・古物商者が、販売のために所有する書画骨とう美術工芸品
　　　・宝飾品の小売業者が、販売用のために所有する貴金属、宝石
　　　・歯科医師が治療の材料として使用するために所有するパラジウム
　　　・畜産農家が販売のために所有する牛馬等
　　　⇒　事業所得を生ずべき事業に係る商品、製品（副産物及び作業

第2章　財産債務調書の作成上の留意点──財産編

くずを含みます。)、半製品、仕掛品（半成工事を含みます。）、
原材料、消耗品で貯蔵中のもの、その他の資産（有価証券及び
山林を除きます。）で棚卸をすべきものが棚卸資産に該当しま
す（所得税法2①16、所得税法施行令3、通達6の2－2（3））
（本章「⓬書画骨とう美術工芸品」（161頁）参照）。

❷　家庭用動産のうち、「現金」、「書画骨とう及び美術工芸品」、「貴金
属類」に区分されないもの

〔例〕・家具、什器備品、自動車、船舶や航空機などの動産で、業務の
用に供さないもの（業務の用に供されるものは、減価償却資産
として記載します。）

・貴金属類のうち装身具として用いられるもので事業用以外のも
の（事業用のものは「貴金属類」に区分されます。）

❸　減価償却資産（機械装置・船舶・航空機・車両及び運搬具・工具器
具備品）

〔例〕・自動車、バイク、自転車、ヨット、クルーザー、ヘリコプター等
・犬、馬、熱帯魚、鳥類などで、観賞用・興行用などの用に供す
るため飼っている生物（通達6の2－2（3）ハ、所得税法施
行令6三～七）

※　❶～❸について、いずれも、一個又は一組の価額が10万
円未満なら記載は不要です（国外送金等調書規則別表第三
（十四））。

※　減価償却資産の具体例に掲げるものでも、事業又は業務用
以外のものは、家庭用動産として記載します。

2　準備するもの

❶　自動車の売却査定書など、12月31日時点の時価と考えられる価額
が分かる資料
❷　所得税の確定申告書に係る青色決算書、収支内訳書
❸　同種のものの売買実例価額が分かる資料

180

⓮ その他の動産

❹ 譲渡時の領収書や振込票など売却価額が分かる資料
❺ 取得時の領収書や振込票など取得時の価額が分かる資料

〈参考〉

(青色決算書3頁)

(青色決算書4頁)

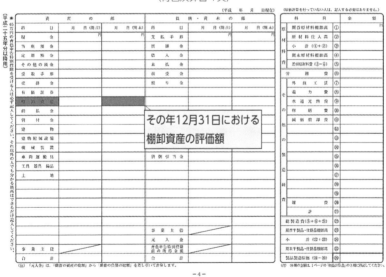

181

第2章 財産債務調書の作成上の留意点──財産編

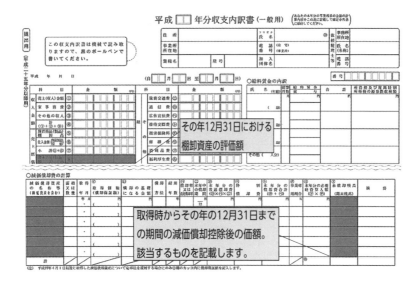

3 各項目の記載方法とそのポイント

❶ 区分

●「その他の動産」と記載します。

❷ 種類

●「棚卸資産」、「家庭用動産」、「減価償却資産」の3種類に分けて記載します。

　※　プライベートで購入した自動車を事業用としても使用しているような場合は、「家庭用動産」と「減価償却資産」のいずれに記載してもよいでしょう（後掲「4 Q＆A　実務のポイント」**Q5**参照）。

❸ 用途

●不動産所得、事業所得又は山林所得を生ずべき事業・業務の用に供するものは「事業用」と記載します。

●「事業用」以外の用に供するものは「一般用」と記載します。

●兼用している場合は「一般用、事業用」と記載します。

❹ 所在

●その動産の所在する所在地を記載します。

●すなわち、自宅にある場合であれば自宅住所、事業所にある場合であれば事業所所在地を記載します。

●ただし、船舶又は航空機は、船籍又は航空機の登録をした機関の所在※を記載します。

> 相続税法10条1項
> 一 動産若しくは不動産又は不動産の上に存する権利については、その動産又は不動産の所在。ただし、船舶又は航空機については、船籍又は航空機の登録をした機関の所在

※ 船籍のない船舶については、動産としてその所在を判定します（相続税法基本通達10－1）。

❺ 数量

●適宜に設けた区分に応じた数量を記載します。

❻ 財産の価額

●一個又は一組の価額が10万円未満であれば、記載は不要です。

●記載する価額は「時価」又は「見積価額」を記載します。

●「時価」による場合は、例えば次の価額を記載します。

　（イ） 同一の物に係る12月31日の小売価格など、不特定多数の者の間で通常成立すると認められる価額

　（ロ） 該当する財産の取扱業者などの専門家による鑑定評価額

●「見積価額」による場合は、次の区分に応じて、それぞれに掲げる価額を記載します（国外送金等調書規則12⑤、15④、通達6の2－8～6の2－10）。

　（イ） 棚卸資産

　　・その年の12月31日時点における棚卸資産の評価額。

　　※ したがって、所得税の確定申告書に係る決算書に記載された棚卸資産の価額を記載すればよいと考えられます（前掲「2 準備するもの」参照）。

第2章　財産債務調書の作成上の留意点──財産編

（ロ）　減価償却資産
・その年の12月31日時点における償却後の価額。
　※　所得税の確定申告書に係る青色決算書等に記載された未償
　　却残高を記載すればよいでしょう。これにより、事務負担は
　　相当軽減されると考えられます（前掲「2 準備するもの」参
　　照）。
　　　ただし、圧縮記帳制度や特別償却制度は適用しないで計算
　　する必要があると考えられるため注意を要します（後掲「4
　　Q＆A　実務のポイント」**Q4** 参照）。
　※　「減価償却資産」としては、「事業用」のものを記載すれば
　　よいと考えられます。
　　　家事用で所有する自動車や船舶等は「家庭用動産」に記載
　　します。（後掲「4 Q＆A　実務のポイント」**Q5** 参照）。

（ハ）　家庭用動産
・その年の12月31日における取得価額や売買実例価額など。
・家庭用動産のうち、その取得価額が100万円未満のものについ
　ては、当該財産の見積価額は10万円未満のものとして取り扱
　えることとされているため、結果として記載は不要となります。
・事業用以外の減価償却資産については、取得価額からその年の
　12月31日における経過年数に応ずる償却費の額を控除した金
　額。
　※　経過年数に応ずる償却費の額とは、その財産の取得又は建
　　築の時から、その年の12月31日までの期間の償却費の額の
　　合計額です。この場合には、次の点に留意しましょう。
　　ⓐ　償却費の額を計算する場合における償却方法は、「定額法」
　　　によります（通達6の2－9（2）ロ注書）。
　　ⓑ　耐用年数は、「減価償却資産の耐用年数等に関する省令」
　　　に規定する耐用年数によります。
　　ⓒ　その期間に1年未満の端数があるときは、その端数を1

年として計算します。ただし、財産の所在を明確にすると
いう意味と、時価を記すという観点、さらに事務負担を軽
減するという趣旨からいえば、必ずしも減価償却費を計算
する必要はなく、取得価額を見積価額として記載する方法
も許容されると考えられます。

❼　備考

●記載をしなければならない事項はありませんが、財産の内容を明確
にする必要があれば、その旨を記載すればよいと考えられます。

4 ｜ Q&A 実務のポイント

Q1 家庭用動産には、家具、家電、衣服、鞄など多数の財産が該当します。これらをすべて正確に記載することは難しいと考えています。また、その中には取得価額も明らかではないものもありますが、どうすればよいでしょうか。

A1　こうした疑問に対応する意味から、家庭用動産については、
1点の取得価額が100万円以上のものだけを記載すればよいとされまし
た（通達6の2－9（12）注書）。

また、取得価額が100万円以上かどうか判然とせず、時価や見積価額
が不明な場合には、例えば、インターネットで調べた同種の物の小売価
額や、中古買取価額等を見積価額として記載する等の方法も考えられま
す（後日、「時価」や取得価額等の「見積価額」が判明した場合につい
ては、本章「⓬書画骨とう美術工芸品　4 Q＆A　実務のポイント」
（160頁）参照）。

第2章　財産債務調書の作成上の留意点——財産編

Q2 不動産業者が12月31日の帳簿において、棚卸資産に計上した土地があります。この土地は、翌年1月に引渡しの予定ですが、売買契約は12月31日までに締結し、既に手付金も受領しています。どのように記載すればよいでしょうか。

A2 本件土地は棚卸資産として記載し、価額は当該売買契約書に記載された金額又は12月31日における棚卸資産の評価額を記載すればよいでしょう。なお、手付金として受領した金額は、「その他の債務」に「前受金」として記載することになります（第3章「❸その他の債務」（257頁）参照）。

Q3 いわゆる所有権移転外ファイナンスリース契約により事業の用に供している複合機があり、事業所得の計算においては、契約時に購入したものとして器具備品に計上しています。この複合機は、財産債務調書に記載する必要はあるのでしょうか。

A3 財産債務調書への記載は不要です。

所得税法では、リース取引の目的となる資産（以下「リース資産」といいます。）の引渡し時に、そのリース資産の売買があったものとして取り扱うこととされています（所得税法67の2①）。

しかし、これはあくまで所得税法上の取扱いであって、民法上は所有権が賃借人に移転するわけではありません。したがって、賃借人の財産ではないことから、財産債務調書への記載は要しないこととなります。

なお、リース取引に係るリース債務のうち、12月31日現在で支払期日が到来していないものは、同日における確定した債務ではないため、これについても、財産債務調書への記載は不要です。

Q4
小売業を営む店舗に設置した太陽光発電設備（平成27年3月取得）について、租税特別措置法上の特別償却（即時償却）を行い、その全額を必要経費に算入しました。そのため、同年12月31日時点における未償却残高はありません。この設備も記載する必要はあるのでしょうか。

A4 事業所得又は山林所得の用に供している減価償却資産について、財産債務調書に記載する価額を見積価額による場合には、その減価償却資産の償却後の価額とされています（国外送金等調書規則12⑤、15④）。

いわゆるグリーン投資減税の対象となる資産については、取得価額の全額を取得の年に償却費として必要経費に算入することができます（太陽光発電設備については平成27年3月31日までに取得したものに限ります（租税特別措置法10の2の2①、⑥））が、これは、政策的見地から租税特別措置として認められているものです。財産債務調書に記載する価額は、時価又は時価に準ずる価額としての見積価額とされていることからすれば（国外送金等調書法施行令12の2②、国外送金等調書法規則15④）、政策的措置による特別償却をした後の価額を見積価額として採用することは、時価に準じているとは言い難いと考えられます。したがって、見積価額として財産債務調書へ記載する価額は、所得税法上認められた償却後の価額によるべきです。

なお、即時償却により取得価額の全額を必要経費に算入すると、未償却残高がないことになるため、翌年以降、帳簿上の管理ができなくなります。そのため、財産債務調書への記載自体を失念してしまう可能性がでてきます。したがって、即時償却を適用するとしても、取得価額の全額を取得した年の必要経費に算入するのではなく、あえて備忘価額として1円を残すなど、帳簿上でも管理ができる状態にしておくことが望ましいと考えられます。

第2章　財産債務調書の作成上の留意点——財産編

Q5 家事用に所有している自動車を、事業用としても使用を始めました。この場合、自動車は「家庭用動産」と「減価償却資産」のいずれに記載すればよいでしょうか。

A5 家事用で所有している自動車等を、事業用としても使用している場合には、「家庭用動産」と「減価償却資産」のいずれに記載しても差し支えありません。この場合の「用途」には「一般用、事業用」と記載すればよく、「価額」も用途別に区分する必要はありません（通達6の2－4）。

5 記載例

記載の手順

＜保有する動産＞

① 販売用の家電製品　50個

② 配送用トラック　1台

③ ポルシェ　1台

④ ダイヤモンドネックレス　1点

⑤ サファイヤリング　1点

1st Step 用途と単価を確認する。

①は、清文太郎が営む家電小売店の商品で、12月31日の棚卸資産として決算書に計上した金額は10,000,000円、店頭小売価格は15,000,000円です。

　⇒「用途」は「事業用」です。

　「価額」は決算書計上額である10,000,000円を記載すればよいでしょう。

②は、清文太郎が営む家電小売店の商品配送用トラックで、その年12月31日までの償却後の未償却残高として決算書に計上した金額は1,000,000円です。

　⇒「用途」は「事業用」です。

「価額」は決算書計上額である1,000,000円を記載すればよいで
しょう。

③は、清文太郎が趣味で所有しているポルシェで、取得価額は10,000,000
円です。

⇒「用途」は「一般用」です。

「価額」は10,000,000円を記載すればよいでしょう。

④は、清文太郎が趣味で所有しているダイヤモンドネックレスで、取得
価額は1,000,000円です。

⇒「用途」は「一般用」です。

家庭用動産に該当し、「価額」が100万円以上です。

⑤は、清文太郎が趣味で所有しているサファイヤリングで、取得価額は
900,000円です。

⇒「用途」は「一般用」です。

家庭用動産に該当し、「価額」が100万円未満です。

2nd Step グルーピングを行う。

(1) ①について

● 事業所得に係る販売用のものであり、種類は「棚卸資産」として記
載します。

(2) ②、③について

● ともに車両運搬具ですが、②は「種類」が「減価償却資産」で、用
途は「事業用」、③は「種類」が「家庭用動産」で「用途」は「一
般用」であるため、別々に記載します。

(3) ④、⑤について

● ともに「種類」は「家庭用動産」に該当します。

ただし、価額の判定において、1点100万円未満の家庭用動産は、
1点10万円未満のものであるとして取り扱えるため、④のみを記
載すればよいことになります。

第2章　財産債務調書の作成上の留意点——財産編

3rd Step 財産債務調書に記載する。

平成 27 年12月31日分　　**財産債務調書**

財産債務を有する者	住　所 (又は事業所、事務所、居所など)	○○市三葛999				
	氏　名	清文　太郎			(電話)　　　－　　　－	

財産債務の区分	種　類	用途	所　　　在	数　量	(上段は有価証券等の取得価額) 財産の価額又は債務の金額	備　考
…					円 円	
…						
その他の動産	棚卸資産	事業用	○○市東高松1丁目999-1	50個	10,000,000	
〃	減価償却資産	〃	〃	1台	1,000,000	
〃	家庭用動産	一般用	○○市三葛999	1台	10,000,000	
〃	〃	〃	〃	1点	1,000,000	
			その他の動産計		(22,000,000)	

4th Step 財産債務調書合計表に記載する。

財産の区分		財産の価額又は取得価額	財産の区分		財産の価額又は取得価額
土　地	①		書画骨とう美術工芸品	⑭	
建　物	②		貴金属類	⑮	
山　林	③		動　産 (⑭,⑮,⑯以外)	⑯	22000000
現　金	④		保険の契約に関する権利	⑰	
預貯金	⑤		株式に関する権利	⑱	
上場株式	⑥		預託金等	⑲	

【國田　修平】

その他の財産
(1)保険の契約に関する権利

POINT
○財産債務の区分は「その他の財産」と記載します。
○所有する保険の契約に関する権利を漏れなく記載します。
○保険の契約に関する権利の用途別（一般用と事業用の別）に、さらに所在別（保険会社等の別）に分けて記載します。

1 対象となるもの

❶ 解約返戻金、満期返戻金がある例えば次のような生命保険契約
- 終身保険
- 養老保険
- 学資保険
- 年金保険
- 長期平準定期保険
- 逓増定期保険
- 積立型の医療保険、がん保険、介護保険

❷ 解約返戻金、満期返戻金がある例えば次のような損害保険契約
- 積立型の火災保険
- 積立型の傷害保険
- 小規模企業共済
- 中小企業倒産防止共済（経営セーフティ共済）
- 建物更生共済

❸ 給付事由が発生している生命保険契約に基づく定期金（年金）
- ❶の保険契約に基づく定期金（年金）

第2章　財産債務調書の作成上の留意点──財産編

❹　**給付事由が発生している損害保険契約に基づく定期金（年金）**

●❷の保険契約に基づく定期金（年金）

※　「保険」には「共済」を含みます。

> 通達5−5（相続税法第10条第1項第5号及び第8号により所在の判定を行う財産の例示）
>
> (1) 規則第12条第2項に規定する「保険（共済を含む。）の契約に関する権利」とは、その年の12月31日において、まだ保険事故（共済事故を含む。）が発生していない生命保険契約又は損害保険契約（一定期間内に保険事故が発生しなかった場合において返還金その他これに準ずるものの支払がない保険契約を除く。）の権利及び年金の方法により支払又は支給を受ける生命保険契約又は損害保険契約に係る保険金（共済金を含む。）で給付事由が発生しているものに関する権利をいう。

２　準備するもの

解約返戻金の額が分かる例えば次のもの

●直近の「契約内容のお知らせ書類」（年1回送付されるもの）

> ■解約時受取額
> 　解約払戻金は払込総保険料を下回ることがあります。
> 　※契約年齢、期間、経過年数など、ご契約の条件や内容により異なります。
> ■解約時受取額
>
> | ①解約払戻金 | 3,416,000円 |
> |---|---|
> | ②その他払戻金注 | 0円 |
> | ③控除金 | 0円 |
> | 解約時受取額①＋②−③ | 3,416,000円 |
>
> ◆今後10年間の推移（各年4月17日の金額を記載）［万円未満切捨て］
>
> | | 解約払戻金 | | | 解約払戻金 |
> |---|---|---|---|---|
> | 2016年 | 約 | 342万円 | 2021年 約 | 358万円 |
> | 2017年 | | 345万円 | 2022年 | 361万円 |
> | 2018年 | | 348万円 | 2023年 | 365万円 |
> | 2019年 | | 351万円 | 2024年 | 368万円 |
> | 2020年 | | 355万円 | 2025年 | 371万円 |

⑮ その他の財産 ⑴保険の契約に関する権利

- お知らせ書類の送付がない場合はその年の12月31日における解約返戻金額の証明書
- 小規模企業共済については「共済金等試算表」（中小機構に請求が必要）
- 経営セーフティ共済（中小企業倒産防止共済）については「掛金納付状況のお知らせ」（毎年2月下旬に送付）

3 各項目の記載方法とそのポイント

❶ 財産債務の区分

- その他の財産

❷ 種類

- 保険の契約に関する権利

❸ 用途

- 不動産所得、事業所得又は山林所得を生ずべき事業・業務の用に供するものは「事業用」と記載します。
- 「事業用」以外の用に供するものは「一般用」と記載します。

❹ 所在

- その保険の契約に係る保険会社等の本店等又は主たる事務所の所在地、名称を記載します。

❺ 数量

- 記載は不要です。

❻ 価額

- その年の12月31日にその保険契約を解約することとした場合に支払われることとなる解約返戻金の額を見積価額とします。
- ただし、保険会社等から、その年中の12月31日より前の日においてその保険契約を解約することとした場合に支払われることとなる解約返戻金の額を入手している場合には、その額を見積価額として差し支えありません。

193

第2章　財産債務調書の作成上の留意点──財産編

通達6の2－9（見積価額の例示）

　規則第15条第4項が準用する場合における規則第12条第5項に規定する「見積価額」は、同項括弧書に規定する棚卸資産又は減価償却資産に係る見積価額のほか、規則別表第三に掲げる財産の区分に応じ、例えば、次に掲げる方法により算定することができる。

(1)～(12)　（中略）

(13) 規則別表第三（十五）に掲げる財産（その他の財産）

　イ　規則第12条第2項に規定する「保険（共済を含む）の契約に関する権利」については、その年の12月31日にその保険の契約を解約することとした場合に支払われることとなる解約返戻金の額。

　　ただし、その年中の12月31日前の日において解約することとした場合に支払われることとなる解約返戻金の額をその保険の契約をした保険会社等から入手している場合には、当該額によることとして差し支えない。

●加入している生命保険契約が、満期返戻金を定期金（年金形式）で受け取ることができる内容のものであっても、同様の方法により見積価額を算定します。

●損害保険契約に関する権利の見積価額についても、同様の方法で算定します。

◆財産債務調書の提出制度（FAQ）より

Q30　生命保険に加入していますが、この生命保険の価額はどのように算定すればよいのですか。

　なお、加入している生命保険契約は満期返戻金のあるものです。

（答）　保険（共済を含む。）に関する権利の価額は、その年の12月31日にその生命保険契約を解約することとした場合に支払われることとなる解約返戻金の額をその財産の価額として差し支えありません（通達6の2－9(13)イ）。

　なお、加入している生命保険契約が、満期返戻金を定期金（年金形式）で受け取ることができる内容のものであっても同様の方法に

194

その他の財産 (1)保険の契約に関する権利

より価額を算定します。

> **(注)** 損害保険契約に関する権利の価額についても同様の方法で算定します。
> ただし、保険会社等から、その年中の12月31日前の日においてその生命保険契約を解約することとした場合に支払われることとなる解約返戻金の額を入手している場合には、その額をその財産の価額として差し支えありません（通達6の2－9⒀イただし書）。

●給付事由が発生している保険契約に基づく定期金についても同様の方法で算定します。

◆財産債務調書の提出制度（FAQ）より

> **Q31** 生命保険契約に基づく定期金（年金）を受け取っていますが、その価額はどのように算定すればよいのですか。
>
> **(答)** 給付事由が発生している生命保険契約に基づく定期金についても、保険（共済を含む。）に関する権利の価額は、その年の12月31日にその生命保険契約を解約することとした場合に支払われることとなる解約返戻金の額をその財産の価額として差し支えありません（通達6の2－9⒀イ）。
>
> **(注)** 損害保険契約に関する権利の価額についても同様の方法で算定します。
> ただし、保険会社等から、その年中の12月31日前の日においてその生命保険契約を解約することとした場合に支払われることとなる解約返戻金の額を入手している場合には、その額をその財産の価額として差し支えありません（通達6の2－9⒀イただし書）。

❼ **備考**

●記載をしなければならない事項はありませんが、財産債務調書制度の趣旨から考えて、例えば同一の保険会社に複数の保険契約がある場合には、保険契約の特定ができるように、保険の種類等を記載すべきです。

第2章　財産債務調書の作成上の留意点——財産編

4 ┃ Q&A 実務のポイント

Q1　「未収入金」又は「その他の財産」に区分される事業用の債権で、その年の12月31日における価額が100万円未満のものについては、所在別に区分することなく、件数と合計額を記載すればよいとされています。保険の契約に関する権利は「その他の財産」に区分されるので、事業用の保険契約については同様に考えてよいでしょうか。

A1　「『未収入金』及び『その他の財産』に区分される事業用の債権」について、100万円未満のものを一括して合計額で記載することが認められているのは、事業上の売掛債権等が通常翌年には回収・譲渡等により消滅するという性質上の理由によります。

　これに対し、貸付金はその回収が長期に及び、相続財産となる可能性が高いものであるため、債務者ごとに個別に記載することとされています。

　以上の考え方からすると、保険の契約に関する権利は翌年に消滅する性質のものではなく、貸付金と同様に相続財産となる可能性が高いものであるため、事業用の100万円未満のものであっても一括して記載することは認められず、詳細な記載が求められます。

Q2　生命保険契約の満期保険金を年金で受け取っている場合、この価額はどのように算定すればよいでしょうか。

A2　満期や解約により、保険金や返戻金を定期金（年金）で受け取ることとなった時点で、従来の生命保険契約は消滅し、新たに定期金給付契約に関する権利を取得したことになります。

　この定期金給付契約をその年の12月31日に解約することとした場合に支払われることとなる解約返戻金の額を、その財産の見積価額として記載します。

196

⑮ その他の財産 ⑴保険の契約に関する権利

5 記載例

記載の手順

1st Step 保有する保険の契約に関する権利の状況を確認する。

① 小規模企業共済の共済金等試算表記載共済金額　　8,653,040円

② ××生命の一時払終身保険の契約内容のお知らせに記載された解約

返戻金額　　4,270,000円

2nd Step 財産債務調書に記載する。

平成 27 年12月31日分　　財産債務調書

財産債務を有する者	住　所又は事業所、事務所、居所など	○○市三葛999				
	氏　　名	清 文 太 郎			(電話)	

財産債務の区分	種　類	用途	所　　　在	数量	上段は有価証券等の取得価額財産の価額又は債務の金額	備考
その他の財産	保険の契約に関する権利	一般用	中小機構		8,653,040 円	
その他の財産	保険の契約に関する権利	一般用	××生命保険相互会社		4,270,000	
			保険の契約に関する権利計		(12,923,040)	

197

第２章　財産債務調書の作成上の留意点——財産編

3rd Step　財産債務調書合計表に記載する。

財 産 の 区 分		財産の価額又は取得価額	財 産 の 区 分		財産の価額又は取得価額
土　　　地	①		書画骨とう美術工芸品	⑭	
建　　　物	②		貴 金 属 類	⑮	
山　　　林	③		動　　産（④、⑭、⑮以外）	⑯	
現　　　金	④		保険の契約に関する権利	⑰	12923040
預　貯　金	⑤		株式に関する権　利	⑱	
上場株式	⑥		預 託 金 等	⑲	

【田部　純一】

その他の財産
(2)株式に関する権利

POINT

○財産債務の区分は「その他の財産」と記載します。
○所有する株式に関する権利を漏れなく記載します。
○株式に関する権利の用途別(一般用と事業用の別)に、さらに所在別(株式の発行法人の別又は委託金融商品取引業者等の別)に分けて記載します。

1 対象となるもの

❶ 株式を無償又は有利な価額で取得することができる権利(新株予約権を除きます。)
❷ 株主となる権利
❸ 株式の割当てを受ける権利
❹ 株式無償交付期待権
❺ 配当期待権
　　など

2 準備するもの

権利に係る株式の評価に必要な資料(「❻ 有価証券 (1)上場株式」94頁、「❻ 有価証券 (2)非上場株式」105頁を参照)

3 各項目の記載方法とそのポイント

❶ 区分
　●その他の財産

第2章　財産債務調書の作成上の留意点——財産編

❷ **種類**

●株式に関する権利

❸ **用途**

●不動産所得、事業所得又は山林所得を生ずべき事業の用に供するものは「事業用」と記載します。

●「事業用」以外の用に供するものは「一般用」と記載します。

※実際には、株式に関する権利を事業の用に供するとは考え難く、そのほとんどは、「一般用」と記載するものと考えられます。

❹ **所在**

●株式に関する権利に係る株式の発行法人の本店又は主たる事務所の所在地及び名称を記載します。

●ただし、株式に関する権利に係る管理事務等を委託している場合には、委託先である金融商品取引業者等の所在地、名称及び支店名を記載します。

❺ **数量**

●株式に関する権利の個数を記載します。

❻ **価額**

●株式を無償又は有利な価額で取得することができる権利（新株予約権を除きます。）の見積価額は、新株予約権の見積価額の算定方法に準じて算定します。

◆財産債務調書の提出制度（FAQ）Q23の表より

○有価証券　見積価額の算定方法

　新株予約権については、その目的たる株式がその年の12月31日における金融商品取引所等の公表する最終価格がないものである場合には、同日におけるその目的たる株式の見積価額から1株当たりの権利行使価額を控除した金額に権利行使により取得することができる株式数を乗じて計算した金額。

　(注)　「同日におけるその目的たる株式の見積価額」については、
　　　　(1)・(2)・(3) イの取扱いに準じて計算した金額とすること

ができます。

(1) その年の12月31日における売買実例価額（同日における
売買実例価額がない場合には、同日前の同日に最も近い日
におけるその年中の売買実例価額）のうち、適正と認められ
る売買実例価額。

(2)（1）による価額がない場合には、その年の翌年1月1日
から財産債務調書の提出期限までにその有価証券を譲渡し
た場合における譲渡価額。

(3)（1）及び（2）がない場合には、次の価額。

イ　株式については、当該株式の発行法人のその年の12月
31日又は同日前の同日に最も近い日において終了した事
業年度における決算書等に基づき、その法人の純資産価
額（帳簿価額によって計算した金額）に自己の持株割合
を乗じて計算するなど合理的に算出した価額。

●株主となる権利、株式の割当を受ける権利、株式無償交付期待権、
配当期待権の見積価額の算定方法は、通達あるいは国税庁FAQに
はありません。実務上は評基通190～193に定める方法により評価
した価額を記載するべきと考えられます。

❼　備考

●記載は不要です。

4　Q&A　実務のポイント

Q1　新株予約権は株式に関する権利として記載する必要はないのでしょうか。

A1　新株予約権の財産区分は、「有価証券」に該当することとさ
れているため、「株式に関する権利」としての記載はせず、「有価証券」
として記載します。

通達6の2－2（規則別表第三（六）、（十一）、（十四）、（十五）の財産の
例示）
(1) 次に掲げる財産は、規則別表第三に規定する「（六）有価証券」に該
当する。

第2章　財産債務調書の作成上の留意点——財産編

イ　質権又は譲渡担保の対象となっている有価証券

ロ　規則第12条第2項に規定する「株式に関する権利（株式を無償又
は有利な価額で取得することができる権利その他これに類する権利を
含む。）」のうち新株予約権

（注）　規則第12条第2項括弧書に規定する「株式を無償又は有利な
価額で取得することができる権利」のうちその年の12月31日が
権利行使可能期間内に存しないものについては、財産債務調書へ
の記載を要しないことに留意する。

また、「その他これに類する権利」には、株主となる権利、株
式の割当てを受ける権利、株式無償交付期待権が含まれる。

5　記載例

記載の手順

1st Step　保有する株式に関する権利の状況を確認する。

○　上場企業である株式会社Ｘの公募増資にあたり、割当を受けている
株主となる権利500個

・公募増資の申込は幹事会社である○×証券に行っています。

・Ｘ社株の12月31日前の最終営業日の最終価格　　28,660円

・1株あたりの払込金額（12月31日現在未払込）　26,000円

（28,660円－26,000円）× 500個 ＝ 1,330,000円

⑮ その他の財産 〔2〕株式に関する権利

2nd Step 財産債務調書に記載する。

平成 ②⑦ 年12月31日分　　財産債務調書

財産債務を有する者	住所 又は事業所、事務所、居所など	○○市三葛999				
	氏名	清文　太郎　　　(電話)　　　―　　　―				

財産債務の区分	種類	用途	所在	数量	(上段は有価証券等の取得価額) 財産の価額又は債務の金額	備考
その他の財産	株式に関する権利	一般用	○×証券△□支店		円 1,330,000 円	
			株式に関する権利計		(1,330,000)	

3rd Step 財産債務調書合計表に記載する。

財産の区分		財産の価額又は取得価額	財産の区分		財産の価額又は取得価額
土　　地	①		書画骨とう美術工芸品	⑭	
建　　物	②		貴金属類	⑮	
山　　林	③		動産 (④、⑭、⑮以外)	⑯	
現　　金	④		保険の契約に関する権利	⑰	
預貯金	⑤		株式に関する権利	⑱	1330000
上場株式	⑥		預託金等	⑲	

【田部　純一】

その他の財産
(3)預託金等

> **POINT**
> ○財産債務の区分は「その他の財産」と記載します。
> ○所有する預託金等を漏れなく記載します。
> ○預託金等の種類別、用途別（一般用と事業用の別）に、さらに所在別（預託金等の預入れ先の別）に分けて記載します。

1　対象となるもの

❶　リゾート会員権の取得に際し支払った預託金、委託証拠金（退会時に返還を受けることができるもの）
❷　預託金のある会員制ゴルフ会員権の預託金
❸　先物取引、オプション取引、FX（外国為替証拠金）取引等のデリバティブ取引に係る委託証拠金（現金によるもの）
❹　信用取引に係る委託保証金（現金によるもの）
❺　賃借している不動産の敷金又は保証金等（賃貸期間の経過に応じ又は賃貸期間の終了後に返還される部分の金額）
❻　事業上の保証金（具体例は後掲「4 Q＆A　実務のポイント」Q2参照）

2　準備するもの

❶　リゾート会員権の預託金証書、契約書、約款等
❷　ゴルフ会員権の預託金証書、入会証書、会員証書等
❸　先物取引等の委託証拠金の証拠金預り証
❹　敷金又は保証金等の預り証、契約書等

⑮ その他の財産　⑶預託金等

3 各項目の記載方法とそのポイント

❶　区分

●その他の財産

❷　種類

●「預託金」、「委託証拠金」、「保証金」等の適宜に設けた区分

❸　用途

●不動産所得、事業所得又は山林所得を生ずべき事業・業務の用に供するものは「事業用」と記載します。

●「事業用」の預託金等の具体例として、例えば「従業員の福利厚生や取引先との接待に使用しているゴルフ会員権やリゾート会員権」、「賃借している事務所や店舗の敷金又は保証金」その他事業上の保証金（具体例は後掲「**4** Q＆A　実務のポイント」**Q2** 参照）が該当します。

●「事業用」以外の用に供するものは「一般用」と記載します。

❹　所在

●その預託金等の受入れをした営業所又は事務所その他これらに類するものの所在地及び名称を記載します。

❺　数量

●記載は不要です。

❻　価額

●その年の12月31日に返還を受けることができる預託金等の額を見積価額とします。

◆財産債務調書の提出制度（FAQ）より

> **Q34**　リゾート施設を利用するための会員権を保有しています。会員権を取得する際に、リゾート施設経営会社に預託金を支払っていますが、この預託金も財産債務調書の対象になりますか。
>
> **(答)**　リゾート施設を利用するための会員権の取得に際し支払った預託金又は委託証拠金その他の保証金（以下「預託金等」といいます。）

205

第2章　財産債務調書の作成上の留意点——財産編

で、その年の12月31日において退会することとした場合、直ちに返還を受けることができるものについては財産債務調書に記載すべき財産に該当します。

　また、財産債務調書に記載する財産の価額は、その年の12月31日に返還を受けることができる預託金等の額によることとして差し支えありません。

●ゴルフ会員権については評基通211に定める方法により評価した価額を見積価額とすることも可能です。

◆財産債務調書の提出制度（FAQ）より

　Q22　財産債務調書に記載する財産の価額は、財産評価基本通達で定める方法により評価した価額でもよいのですか。

　(答)　財産評価基本通達では、相続税及び贈与税の課税価格計算の基礎となる各財産の評価方法に共通する原則や各種の財産の評価単位ごとの評価の方法を定めています。

　財産債務調書に記載する財産の価額についても、財産評価基本通達で定める方法により評価した価額として差し支えありません。

◆国税庁ホームページ　タックスアンサーより

　No.4647　ゴルフ会員権の評価

　相続税や贈与税を計算するときのゴルフ会員権（以下「会員権」といいます。）の評価方法は次のとおりです。

　なお、株式の所有を必要とせず、かつ、譲渡できない会員権で、返還を受けることができる預託金等（以下「預託金等」といいます。）がなく、ゴルフ場施設を利用して、単にプレーができるだけのものについては評価しません。

　1　取引相場のある会員権

　課税時期（相続の場合は被相続人の死亡の日、贈与の場合は贈与により財産を取得した日）の取引価格の70％に相当する金額によって評価します。

　この場合において、取引価格に含まれない預託金等があるときは、次に掲げる金額との合計額によって評価します。

（1）課税時期において直ちに返還を受けることができる預託金等

　ゴルフクラブの規約などに基づいて課税時期において返還を受けることができる金額

（2）課税時期から一定の期間を経過した後に返還を受けることができる預託金等

　ゴルフクラブの規約などに基づいて返還を受けることができる金額の課税時期から返還を受けることができる日までの期間（その期間が1年未満であるとき又はその期間に1年未満の端数があるときは、これを1年とします。）に応ずる基準年利率による複利現価の額

2　取引相場のない会員権

（1）株主でなければゴルフクラブの会員 (以下「会員」といいます。) となれない会員権

　財産評価基本通達の定めにより評価した課税時期における株式としての価額に相当する金額によって評価します。

（2）株主であり、かつ、預託金等を預託しなければ会員となれない会員権

　その会員権について、株式と預託金等に区分して、それぞれ次に掲げる金額の合計額によって評価します。

　　イ　株式の価額

　　　2の（1）に掲げた方法を適用して計算した金額

　　ロ　預託金等

　　　1の（1）又は（2）に掲げた方法を適用して計算した金額

（3）預託金等を預託しなければ会員となれない会員権

　1の（1）又は（2）に掲げた方法を適用して計算した金額によって評価します。（評基通4-4、211）

❼　備考

●記載は不要です。

第2章　財産債務調書の作成上の留意点——財産編

4 ┃ Q&A 実務のポイント

Q1 先物取引の委託証拠金として、現金ではなく有価証券を証券会社に預託している場合も、預託金等（委託証拠金）として記載するのでしょうか。

A1 預託した有価証券は財産の区分のうち、「有価証券」に該当することとされているため「預託金等」としての記載はせず、「有価証券」として記載します。

◆財産債務調書の提出制度（FAQ）より

> **Q16** 先物取引を行うに当たり、保有するＡ社の株式（上場株式）を委託証拠金として証券会社に預託しました。この預託した株式について、財産債務調書にはどのように記載すればよいのですか。
>
> **（答）** 先物取引、オプション取引などのデリバティブ取引や、信用取引等を行う際に、委託証拠金その他の保証金として現金又は有価証券を証券会社等に預託することがあります。
> 　この委託証拠金その他の保証金として預託した現金又は有価証券については、次のように取り扱います。
> （1）預託した現金
> 　　財産の区分のうち「その他の財産」に該当し、財産債務調書には、種類別、用途別、所在別の数量及び価額を記載します。
> （2）預託した有価証券（いわゆる代用有価証券）
> 　　財産の区分のうち「有価証券」に該当し、財産債務調書には、種類別、用途別、所在別の数量及び価額[注]並びに取得価額を記載します（通達6の2－2（1）イ）。
>
> 　**（注）** 価額は、委託証拠金その他の保証金として取り扱われた金額（いわゆる代用価格に基づく金額）ではなく、当該有価証券の時価又は見積価額を記載します。
>
> 　したがって、ご質問の委託証拠金として預託した株式については、区分欄には「有価証券」と、種類欄には「上場株式（Ａ社)」と記載します。

その他の財産　⑶預託金等

Q2 事業用の預託金等には、どのようなものがあるでしょうか。

A2 事業用の預託金等の具体例としては次のようなものが考えられます。

〔例〕・運送業者が同業者団体等の燃料の共同購入制度を利用する際に支払う保証金

・フランチャイズ契約の際にフランチャイジーに支払う保証金

・建設業者が建設資材や建設機械を賃借する際に支払う保証金

・不動産業者が競売物件の入札手続の際に支払う保証金

・宅地建物取引業者が供託所へ供託した保証金

5　記載例

記載の手順

1st Step 保有する預託金等の状況を確認する。

①　賃借している店舗の保証金のうち、退去時に返還される金額　600,000円

②　Ｅ観光株式会社経営のゴルフ場、Ｅカントリークラブの会員権取得の際に支払った預託金のうち、退会時に返還される金額　800,000円

③　○×証券△□支店で信用取引口座開設の際に支払った委託保証金　1,000,000円

209

第2章　財産債務調書の作成上の留意点——財産編

2nd Step　財産債務調書に記載する。

平成 ２７ 年12月31日分　　財産債務調書

財産債務を有する者	住　所又は事業所、事務所、居所など	○○市三葛999				
	氏　名	清文　太郎　　　　　　（電話）　　　ー　　　ー				

財産債務の区分	種　類	用途	所　　　在	数　量	(上段は有価証券等の取得価額)財産の価額又は債務の金額	備　考
その他の財産	保証金	事業用	大阪市東成区△△町4-1 ●● 太郎		円600,000 円	
その他の財産	預託金	一般用	奈良県E市△△315-7 E観光株式会社		800,000	
その他の財産	委託保証金	一般用	○×証券△□支店		1,000,000	
			預託金等計		(2,400,000)	

3rd Step　財産債務調書合計表に記載する。

財産の区分		財産の価額又は取得価額	財産の区分		財産の価額又は取得価額
土　地	①		書画骨とう美術工芸品	⑭	
建　物	②		貴金属類	⑮	
山　林	③		動　産(④、⑭、⑮以外)	⑯	
現　金	④		保険の契約に関する権利	⑰	
預貯金	⑤		株式に関する権利	⑱	
上場株式	⑥		預託金等	⑲	2400000

【田部　純一】

その他の財産
(4)組合等に対する出資

POINT
○組合等に対する出資とは、民法に規定する組合(いわゆる任意組合)や投資事業有限責任組合、有限責任事業組合等に対する出資をいいます。
○財産債務の区分は「その他の財産」と記載します。
○所有する組合等に対する出資を漏れなく記載します。
○組合等に対する出資の用途別(一般用と事業用の別)に、さらに所在別(出資に係る組合の別)に分けて記載します。

1 対象となるもの

❶ 民法667条１項に規定する組合契約等に基づく出資
❷ ❶に類する契約に基づく出資として例えば次のようなもの
● 外国におけるパートナーシップ契約に基づく出資
● 投資事業有限責任組合契約に基づく出資
● 有限責任事業組合契約に基づく出資

民法667条(組合契約)
　組合契約は、各当事者が出資をして共同の事業を営むことを約することによって、その効力を生ずる。
２　出資は、労務をその目的とすることができる。

---

2 準備するもの

❶ 直近の組合等の事業に係る計算書
❷ 組合等の出資証券

211

第2章　財産債務調書の作成上の留意点——財産編

3 各項目の記載方法とそのポイント

❶ 区分

●その他の財産

❷ 種類

●組合等に対する出資

❸ 用途

●不動産所得、事業所得又は山林所得を生ずべき事業・業務の用に供するものは「事業用」と記載します。

●「事業用」以外の用に供するものは「一般用」と記載します。

●組合事業から生ずる所得（出資者たる組合員に直接帰属し、構成員課税が行われるもの）が不動産所得、事業所得又は山林所得に該当する場合は「事業用」と記載することとなります。

❹ 所在

●組合契約等に基づいて事業を行う主たる事務所、事業所その他これらに類するものの所在地及び組合の名称を記載します。

●ただし、組合契約等に基づく出資に係る有価証券が金融商品取引業者等の営業所等に開設された口座に係る振替口座簿に記載・記録がされているものである場合又はその口座に保管の委託がされているものである場合は、その口座が開設された金融商品取引業者等の営業所等の所在地及び名称を記載します（国外送金等調書規則12③ただし書）。

❺ 数量

●記載は不要です。

❻ 価額

●組合等が行う事業に係る計算書等の送付等がある場合には、次の算式で計算した金額を見積価額とします。

「その年の12月31日又はその直近に終了した計算期間の計算書等に基づき計算したその組合等の純資産価額（帳簿価額によって計算した金額）

又は利益の額」×「自己の出資割合」

●計算書等の送付等がない場合には、その出資額を見積価額とします。

◆財産債務調書の提出制度（FAQ）より

> **Q32** 不動産投資を目的とした民法上の組合に対して出資しています
> が、財産債務調書には出資額を記載すればよいのですか。
>
> **(答)** 民法に規定する組合契約のように、営利を目的として事業を行
> うことができる組合に対する出資の価額は、その組合の実情に応じて、
> 例えば、次の金額をその財産の価額として差し支えありません。
> (1) その事業体が行う事業に係る計算書等の送付等がある場合
> 　　「その年の12月31日又は同日前の最も近い日において終了した計
> 　算期間の計算書等に基づき計算したその事業体の純資産価額又は利
> 　益の額」×「自己の出資割合」
> (2) その事業体が行う事業に係る計算書等の送付等がない場合
> 　　「出資額」

❼ 備考

●記載は不要です。

4 Q&A 実務のポイント

Q1 民法上の組合契約に類する契約に基づく出資とは、具体的にはどのようなものでしょうか。

A1 　共同事業性及び財産の共同所有性を有する事業体に対する出資として、例えば次のようなものが該当します。

●外国におけるパートナーシップ契約に基づく出資

●投資事業有限責任組合契約に基づく出資

●有限責任事業組合契約に基づく出資

213

第2章　財産債務調書の作成上の留意点──財産編

5 ｜ 記載例

記載の手順

1st Step 保有する組合等に対する出資の状況を確認する。

○ ○△投資事業有限責任組合に対する出資100口

・出資金額：1,000,000円

・直近の計算書に記載の純資産価額：962,387,564円

・直近の計算書に記載の総出資口数：10,000口

・見積価額：962,387,564円×100口／10,000口＝ 9,623,875円

2nd Step 財産債務調書に記載する。

平成 2 7 年12月31日分　　**財産債務調書**

財産債務を 有する者	住　　所 （又は事業所、 事務所、居所など）		○○市三葛999				
	氏　　名		清 文 太 郎 （電話）　　－　　　－				

財産債務 の区分	種　　類	用途	所　　在	数　量	（上段は有価証券等の取得価額） 財産の価額又は債務の金額	備　考
その他の財産	組合等に対する出資	一般用	東京都港区××1-4-12-3301 ○△投資事業有限責任組合		円 9,623,875 円	
			組合等に対する出資計		（9,623,875）	

214

その他の財産 (4)組合等に対する出資

3rd Step 財産債務調書合計表に記載する。

現　　　金	④		そ の 他 の 財 産	保険の契約に関する権利	⑰		
預　貯　金	⑤			株式に関する権利	⑱		
有価証券	上場株式	⑥		預託金等	⑲		
	取得価額	⑦		組合等に対する出資	⑳	9,623,875
	非上場株式	⑦		信託に関する権利	㉑		
	取得価額	⑦		無体財産権	㉒		
	株式以外の有価証券	⑧		その他の財産（上記以外）	㉓		

【田部　純一】

その他の財産
(5) 信託に関する権利

> **POINT**
> ○信託に関する権利とは、「信託の受益権」が該当します。
> ○財産債務の区分は「その他の財産」と記載します。
> ○所有する信託に関する権利を漏れなく記載します。
> ○信託に関する権利の用途別（一般用と事業用の別）に、さらに所在別（信託に係る受託者の別）に分けて記載します。

1　対象となるもの

❶ **信託受益権**

※　信託の利益を受ける権利には、「信託財産の運用等によって生ずる利益を受ける権利」と、「信託終了後において信託財産自体を受ける権利」とがあり、前者を「収益の受益権」、後者を「元本の受益権」といい、両者を含めて「信託受益権」といいます（財産債務調書の提出制度（FAQ）**Q33**（本書322頁参照）より）。

❷ **外国の法令上❶と同様に取り扱われるもの**

2　準備するもの

❶ 信託契約書
❷ 信託財産等に関する報告書

3　各項目の記載方法とそのポイント

❶ **区分**
　●その他の財産

❷ **種類**

● 信託に関する権利

❸ **用途**

● 不動産所得、事業所得又は山林所得を生ずべき事業・業務の用に供するものは「事業用」と記載します。

●「事業用」以外の用に供するものは「一般用」と記載します。

● 受託者による信託財産の管理、運用又は処分を、仮に個人が自ら行っているとした場合にその管理、運用又は処分により生ずる所得が不動産所得、事業所得又は山林所得に該当するものである場合は「事業用」と記載します。

❹ **所在**

● その信託の引受けをした営業所、事務所その他これらに類するものの所在地及び受託者の名称を記載します。

● ただし、信託に関する権利に係る有価証券が金融商品取引業者等の営業所等に開設された口座に係る振替口座簿に記載・記録がされ、又はその口座に保管の委託がされているものである場合は、その口座が開設された金融商品取引業者等の営業所等の所在地及び名称を記載します（国外送金等調書規則12③ただし書）。

❺ **数量**

● 記載は不要です。

❻ **価額**

● 次の区分により、それぞれの価額を見積価額とします。

（イ）　元本と収益の受益者が同一人である場合

　　信託財産の見積価額

（ロ）　元本と収益の受益者が元本及び収益の一部を受ける場合

　（イ）の価額×受益割合

（ハ）　元本の受益者と収益の受益者が異なる場合

　ⓐ　元本を受益する場合

　（イ）の価額　－　ⓑにより算定した価額

第2章　財産債務調書の作成上の留意点——財産編

ⓑ　収益を受益する場合

次のいずれかの価額

・受益者が将来受けると見込まれる利益の額の複利現価の額の
合計額

・その年中に給付を受けた利益の額　×　信託契約残存年数

◆財産債務調書の提出制度（FAQ）Q33より

[参考]「複利現価の額の合計額」とは

「複利現価の額の合計額」とは、信託受益権に基づき将来受ける利益
の額を次の算式によって計算した金額をいいます。

(1)「第1年目の利益の年額」×「1年後の複利現価率」＝A
　　「第2年目の利益の年額」×「2年後の複利現価率」＝B
　　　↓
　　「第n年目の利益の年額」×「n年後の複利現価率」＝N
(2)「A＋B＋…………＋N」＝信託受益権の価額

(注1)　上の算式中の「第1年目」及び「1年後」とは、それぞれ、
その年の12月31日の翌日から1年を経過する日まで及びその
1年を経過した日の翌日をいいます。

(注2)　複利現価率については、その国の国債利回り等を基に計算
した複利現価率によることとして差し支えありません。

---

❼　備考

●記載は不要です。

4 ｜ Q&A　実務のポイント

Q1｜**教育資金贈与信託に孫の教育資金として1,500万円預け
入れていますが、記載が必要でしょうか。**

A1　教育資金贈与信託や結婚・子育て支援信託の受益者は教育、
結婚・子育て資金の贈与を受ける人であるため、贈与者の財産債務調書
に記載は要しません。

贈与を受ける人（このQ&Aでは孫）に、財産債務調書の提出義務が
ある場合には、その贈与を受ける人が記載しなければなりません。

⑮ その他の財産 (5)信託に関する権利

5 記載例

記載の手順

1st Step 保有する信託に関する権利の状況を確認する。

○ ●●信託株式会社に対する土地信託

・調書の記載者が委託者、受益者（収益、元本とも）に該当します。

・信託財産である土地（共有）の見積価額：120,360,590円

・調書の記載者の持分：1/2

・見積価額：120,360,590円×1/2 ＝ 60,180,295円

2nd Step 財産債務調書に記載する。

平成 2 7 年12月31日分　　財産債務調書

<table>
<tr>
<td rowspan="2">財産債務を
有する者</td>
<td colspan="2">住　所
又は事業所、
事務所、居所など</td>
<td colspan="5">○○市三葛999</td>
</tr>
<tr>
<td colspan="2">氏　名</td>
<td colspan="5">清文　太郎
（電話）　　　－　　　－</td>
</tr>
<tr>
<td>財産債務
の区分</td>
<td>種　類</td>
<td>用途</td>
<td>所　在</td>
<td>数量</td>
<td>（上段は有価証券等の取得価額）
財産の価額又は債務の金額</td>
<td>備　考</td>
</tr>
<tr>
<td>その他の財産</td>
<td>信託に関する権利</td>
<td>事業用</td>
<td>大阪市北区○○1-2-5
●●信託株式会社 大阪支店</td>
<td></td>
<td>円
60,180,295円</td>
<td></td>
</tr>
<tr>
<td></td>
<td></td>
<td></td>
<td>信託に関する権利計</td>
<td></td>
<td>（60,180,295）</td>
<td></td>
</tr>
<tr>
<td></td>
<td></td>
<td></td>
<td></td>
<td></td>
<td></td>
<td></td>
</tr>
<tr>
<td></td>
<td></td>
<td></td>
<td></td>
<td></td>
<td></td>
<td></td>
</tr>
<tr>
<td></td>
<td></td>
<td></td>
<td></td>
<td></td>
<td></td>
<td></td>
</tr>
<tr>
<td></td>
<td></td>
<td></td>
<td></td>
<td></td>
<td></td>
<td></td>
</tr>
<tr>
<td></td>
<td></td>
<td></td>
<td></td>
<td></td>
<td></td>
<td></td>
</tr>
</table>

第 2 章 財産債務調書の作成上の留意点──財産編

3rd Step 財産債務調書合計表に記載する。

現　　　金	④			保険の契約に関する権利	⑰		
預　貯　金	⑤		そ	株式に関する権利	⑱		
有価証券	上場株式	⑥		の他	預託金等	⑲		
	取得価額	㋥		の	組合等に対する出資	⑳		
	非上場株式	⑦		財	信託に関する権利	㉑	6 0 1 8 0 2 9 5
	取得価額	㋑		産	無体財産権	㉒		
	株式以外の有価証券	⑧			その他の財産（上記以外）	㉓		

【田部　純一】

220

その他の財産
(6)無体財産権

> **POINT**
> ○財産債務の区分は「その他の財産」と記載します。
> ○所有する無体財産権を漏れなく記載します。
> ○無体財産権の用途別（一般用と事業用の別）に、さらに所在別（登録機関、目的物を発行する営業所等の別）に分けて記載します。

1 対象となるもの

❶ 特許権
❷ 実用新案権
❸ 意匠権
❹ ❶〜❸の実施権で登録されているもの
❺ 商標権
❻ 回路配置利用権
❼ 育成者権
❽ ❺〜❼の利用権で登録されているもの
❾ 著作権、出版権又は著作隣接権でこれらの権利の目的物が発行されているもの

2 準備するもの

上記権利を取得した際の契約書、領収書等

3 各項目の記載方法とそのポイント

❶ 区分
　●その他の財産

221

第2章　財産債務調書の作成上の留意点──財産編

❷　種類

●無体財産権

❸　用途

●不動産所得、事業所得又は山林所得を生ずべき事業・業務の用に供するものは「事業用」と記載します。

●「事業用」以外の用に供するものは「一般用」と記載します。

●その無体財産権から生ずる補償料、印税収入等の所得が事業所得に該当する場合は「事業用」と記載することとなります。

❹　所在

●特許権等（上記❶❶〜❽の無体財産権）については、その登録をした機関の所在地及び名称を記載します。

●著作権等（上記❶❾の無体財産権）については、その目的物を発行する営業所又は事業所の所在地及び名称を記載します。

❺　数量

●記載は不要です。

❻　価額

●特許権等（上記❶❶〜❽の無体財産権）については、次のいずれかの方法で算定した金額を見積価額とすればよいでしょう（評基通140〜147）。

（イ）　その権利に基づき将来受けると見込まれる補償料の額の基準年利率による複利現価の額の合計額

（ロ）　「その年中に受けた補償料の額」×「その権利の存続期間」

◆財産債務調書の提出制度（FAQ）Q35より

> ［参考］「複利現価の額の合計額」とは
> 　「複利現価の額の合計額」とは、特許権等の無体財産権に基づき将来受けると見込まれる補償料の額を次の算式によって計算した金額をいいます。
> （1）「第1年目の補償料の年額」×「1年後の複利現価率」＝A
> 　　　「第2年目の補償料の年額」×「2年後の複利現価率」＝B
> 　　　　↓

その他の財産 (6)無体財産権

「第 n 年目の補償料の年額」×「n 年後の複利現価率」＝N

(2) 「A＋B＋…………＋N」＝将来受けると見込まれる補償料の価額

(注1) 上の算式中の「第1年目」及び「1年後」とは、それぞれ、その年の12月31日の翌日から1年を経過する日まで及びその1年を経過した日の翌日をいいます。

(注2) 複利現価率については、その国の国債利回り等を基に計算した複利現価率によることとして差し支えありません。

●著作権等（上記**1❾**の無体財産権）については、次の算式によって計算した金額を見積価額とすればよいでしょう（評基通148）。

「年平均印税収入の額*1」×0.5×「評価倍率*2」

*1 年平均印税収入の額……その年の前年以前3年間の印税収入の額の年平均額とする。

*2 評価倍率……著作物に関し精通している者の意見等を基として推算したその印税収入期間に応ずる基準年利率による複利年金現価率とする。

❼ 備考

●記載は不要です。

4 | Q&A 実務のポイント

Q1 上記**1**以外の無体財産権（鉱業権及び租鉱権、砕石権、電話加入権、漁業権、営業権）は記載が必要でしょうか。

A1 金額に見積もることができる経済的価値があれば、すべて記載する必要があります。見積価額は、財産評価基本通達に準じればよいと考えられます。

223

第2章 財産債務調書の作成上の留意点——財産編

5 記載例

記載の手順

1st Step 保有する無体財産権の状況を確認する。

○ △△出版株式会社から出版している著書の著作権

・前年以前3年間の印税収入 1,920,000円

・出版社の意見を基に見積もられた印税収入期間は5年間

・平成27年12月の基準年利率（中期）：0.05％

・評価倍率（年0.05％、5年の複利年金現価率）：4.993

・見積価額：1,920,000円÷3×0.5×4.993 ＝ 1,597,760円

2nd Step 財産債務調書に記載する。

平成 ２７ 年１２月３１日分　　財産債務調書

財産債務を有する者	住　所又は事業所、事務所、居所など		○○市三葛999				
	氏　名		清文　太郎 （電話）　－　　－				

財産債務の区分	種　類	用途	所　　　在	数　量	（上段は有価証券等の取得価額）財産の価額又は債務の金額	備　考
その他の財産	無体財産権	一般用	東京都千代田区○○2-6-13△△出版株式会社		円1,597,760円	
			無体財産権計		(1,597,760)	

224

⑮　その他の財産　⑹無体財産権

3rd Step 財産債務調書合計表に記載する。

現　　　金	④		そ	保険の契約に関する権利	⑰		
預　貯　金	⑤		の	株式に関する権利	⑱		
有価証券 上場株式	⑥		他	預　託　金　等	⑲		
取得価額	㋐		の	組合等に対する出資	⑳		
非上場株式	⑦		財	信託に関する権利	㉑		
取得価額	㋑		産	無体財産権	㉒	1 5 9 7 7 6 0	
株式以外の有価証券	⑧			その他の財産（上記以外）	㉓		

【田部　純一】

その他の財産
(7)その他の財産((1)〜(6)以外)

POINT
○いずれの区分にも該当しない財産を記載します。
○財産債務の区分は「その他の財産」と記載します。
○所有するその他の財産を漏れなく記載します。
○その他の財産の用途別(一般用と事業用の別)に、さらに所在別に分けて記載します。

1 対象となるもの

他のいずれの区分にも該当しない財産が対象となります。どのような財産がこれに該当するのか、具体的な例示は通達あるいは国税庁FAQにはありませんが、現時点では次のような財産が該当するものと考えられます。

❶ 手付金や前払金の性格を有するもの
❷ 無尽又は頼母子に関する権利

など

2 準備するもの

上記1の財産の状況が分かる資料

3 各項目の記載方法とそのポイント

❶ 区分
　●その他の財産
❷ 種類
　●「その他の財産」と記載すれば足ると考えられますが、財産の内容

を明確にする名称を適宜記載すればよいと考えられます。

❸ 用途

●不動産所得、事業所得又は山林所得を生ずべき事業の用に供するものは「事業用」と記載します。

●「事業用」以外の用に供するものは「一般用」と記載します。

❹ 所在

●その財産を有する者の住所を記載します。

●住所を有しない場合は、居所を記載します。

❺ 数量

●記載は不要です。

❻ 価額

●見積価額の算定方法について通達では、その財産の取得価額を基にその取得後における価額の変動を合理的な方法によって見積もった価額とされています。

通達6の2−9（見積価額の例示）

　規則第15条第4項が準用する場合における規則第12条第5項に規定する「見積価額」は、同項括弧書に規定する棚卸資産又は減価償却資産に係る見積価額のほか、規則別表第三に掲げる財産の区分に応じ、例えば、次に掲げる方法により算定することができる。

(1)〜(12)　(中略)

(13) 規則別表第三（十五）に掲げる財産（その他の財産）

　イ〜ニ　(中略)

　ホ　イからニまでの財産以外の財産については、その財産の取得価額を基にその取得後における価額の変動を合理的な方法によって見積もって算定した価額。

●上記❶❶については、貸付金、未収入金と同様に、その年の12月31日における手付金、前払金の額を見積価額とすればよいと考えられます。

第2章　財産債務調書の作成上の留意点——財産編

●それ以外の財産については、財産評価基本通達に定める方法により評価した価額を記載すればよいと考えられます。

❼　備考

●記載をしなければならない事項はありませんが、種類欄と同様に財産の内容を明確にする事項があれば、その旨を記載すればよいと考えられます。

4　Q&A　実務のポイント

Q1　財産の価額は、どのように算定すればよいでしょうか。

A1　財産の価額は「時価」又は「見積価額」によることとされ、見積価額とは、「その年の12月31日における財産の現況に応じ、その財産の取得価額や売買実例価額などを基に、合理的な方法により算定した価額」をいうとされています。

　また、「その他の財産」の見積価額の算定方法は、通達において「その財産の取得価額を基にその取得後における価額の変動を合理的な方法によって見積もって算定した価額」とされているのみで、具体的な算定方法の例示はありません。

　したがって、他の区分の財産と類似しているものについては、その類似している財産の見積価額の算定方法を準用し、それ以外のものについては財産評価基本通達に定める方法により評価をすればよいと考えられます。

5　記載例

記載の手順

1st Step　保有するその他の財産の状況を確認する。

○　○×建設株式会社に支払っている店舗改装工事の着手金5,000,000円

⑮ その他の財産 〔7〕その他の財産（(1)～(6)以外）

2nd Step 財産債務調書に記載する。

平成 2 7 年12月31日分　　財産債務調書

財産債務を有する者	住所（又は事業所、事務所、居所など）	○○市三葛999				
	氏名	清文　太郎			（電話）　　　－　　　－	

財産債務の区分	種　　類	用途	所　　　　在	数　量	（上段は有価証券等の取得価額）財産の価額又は債務の金額	備　考
その他の財産	手付金	事業用	○○市三葛●●1-1		円5,000,000	店舗改装費用
			その他の財産計		(5,000,000)	

3rd Step 財産債務調書合計表に記載する。

現　　　金	④			保険の契約に関する権利	⑰		
預　貯　金	⑤		その他の財産	株式に関する権利	⑱		
有価証券	上場株式	⑥		預託金等	⑲		
	取得価額	㋐		組合等に対する出資	⑳		
	非上場株式	⑦		信託に関する権利	㉑		
	取得価額	㋑		無体財産権	㉒		
	株式以外の有価証券	⑧		その他の財産（上記以外）	㉓	5000000	

【田部　純一】

国外財産の価額の合計額等

> **POINT**
> ○国外財産調書の提出が必要な場合であっても、財産債務調書の提出要件を満たす場合は、財産債務調書を提出しなければなりません。
> ○財産債務調書には、国外財産調書に記載した国外財産の価額の合計額及びそのうちの国外転出特例対象財産の価額の合計額を記入する必要があります。
> ○財産の価額以外の記載事項については、記載不要です。
> ○「財産の価額の合計額」欄には、調書に記入したそれぞれの財産の価額の合計額を記入します。

1 国外財産調書と財産債務調書との関係

　国外財産調書の提出が必要な場合においても、所得金額が2,000万円を超え、かつ、その年の12月31日において価額の合計額が3億円以上である財産又は価額の合計額が1億円以上である国外転出特例対象財産を有する場合は、財産債務調書も提出しなければなりません。

◆財産債務調書の提出制度（FAQ）より

> **Q18**　「国外財産調書」には国外財産を記載して提出することとされていますが、「国外財産調書」を提出する場合でも、所得金額が2千万円を超え、かつ、保有する財産の価額の合計額が3億円以上又は国外転出特例対象財産の価額の合計額が1億円以上である場合は、財産債務調書を提出する必要があるのですか。
>
> **（答）**　「国外財産調書」の提出が必要な方であっても、所得金額が2千万円を超え、かつ、その年の12月31日において価額の合計額が3億円以上である財産又は価額の合計額が1億円以上である国外転出特例対象財産を

16　国外財産の価額の合計額等

有する方は、財産債務調書の提出も必要になります（国外送金等調書法6の2①本文）。

　財産債務調書の提出基準の詳細については、Q2をご確認ください。

　この場合、「財産債務調書」には国外財産に係る事項（国外財産の価額を除く。）の記載を要しないこととされていますので（国外送金等調書法6の2②）、「財産債務調書」及び「財産債務調書合計表」には、「国外財産調書に記載した国外財産の価額の合計額」及び「国外財産調書に記載した国外財産のうち国外転出特例対象財産の価額の合計額」を記載してください。（中略）

　なお、国外に存する債務については、「財産債務調書」に記載する必要があります

2　国外財産調書の提出がある場合の財産債務調書の記載事項

　国外財産調書の提出がある場合には、財産債務調書には、国外財産調書に記載した国外財産の価額の合計額及びそのうちの国外転出特例対象財産の価額の合計額を記入する必要があります。

❶　国外財産とは

　国外財産とは、国外にある財産をいうこととされており（国外送金等調書法2十四）、財産が国外にあるかどうかの判定については、基本的には財産の所在の判定について定める相続税法10条の規定によることとされています（国外送金等調書法5②、国外送金等調書令10①）。

　ただし、有価証券等が、金融商品取引業者等の口座に係る振替口座簿に記載・記録がされているものである場合又はその口座に保管の委託がされているものである場合におけるその有価証券等の所在については、相続税法10条1項及び2項等の規定にかかわらず、その口座が開設された金融商品取引業者等の営業所等の所在によることとされています（国外送金等調書法5②、国外送金等調書令10②）。

231

第2章　財産債務調書の作成上の留意点──財産編

◆国外財産調書の提出制度（FAQ）Q7より

　有価証券等に係る所在の判定の取扱いを整理すると次のとおりとなります。

	国内有価証券等	外国有価証券等
国内金融機関の口座で管理	調書の **対象外**	調書の **対象外**
国外金融機関の口座で管理	調書の **対 象**	調書の **対 象**
上 記 以 外	調書の **対象外**	調書の **対 象**

（注1）　「国内有価証券等」とは、本店又は主たる事務所が国内に所在する法人が発行する有価証券をいいます。

（注2）　「外国有価証券等」とは、本店又は主たる事務所が国外に所在する法人が発行する有価証券をいいます。

（注3）　「国内金融機関の口座」とは、国内にある金融商品取引業者等の営業所等に開設した口座をいいます。

（注4）　「国外金融機関の口座」とは、国外にある金融商品取引業者等の営業所等に開設した口座をいいます。

❷　国外転出特例対象財産とは

　国外転出時課税制度（所得税法60の2、60の3）の対象となる次の財産をいいます（国内に所在するか国外に所在するかを問いません。）。

（イ）　有価証券

（ロ）　匿名組合契約の出資の持分

（ハ）　未決済信用取引等に係る権利

（ニ）　未決済デリバティブ取引に係る権利

◆財産債務調書の提出制度（FAQ）Q1より

　国外転出特例対象財産とは、国外転出時課税制度（所得税法60の2、60の3）の対象となる次の財産をいいます（国内に所在するか国外に所在するかを問いません。）（国外送金等調書法6の2①本文、所得税法60の2①～③）。

①　所得税法第2条第1項第17号に規定する有価証券又は所得税第

232

174条第９号に規定する匿名組合契約の出資の持分

② 決済していない金融商品取引法（昭和23年法律第25号）第156条の24第１項に規定する信用取引又は所得税法施行規則第23条の４に規定する発行日取引に係る権利

③ 決済していない金融商品取引法第２条第20項に規定するデリバティブ取引に係る権利

❸ 記載事項

財産債務調書の提出義務を判定するために、財産債務調書には国外財産調書に記載した国外財産の価額の合計額及びそのうちの国外転出特例対象財産の価額の合計額を記入する必要があります。

なお、国外財産調書に記載した国外財産については、財産債務調書にその財産の価額以外の記載事項についての記載を要しないこととされています（国外送金等調書法６の２②）。

したがって、財産債務調書には国外財産調書に記載した国外財産の価額の合計額及び国外転出特例対象財産の価額の合計額のみを記入します。

3 財産の価額の合計額

●財産債務調書に記入した財産の価額の合計額を記入します。

●財産債務調書が複数枚にわたる場合の合計額の計算にあたっては、財産債務調書（次葉）に記入した財産の価額を含めることに注意します。

4 財産債務調書合計表への記載

●国外財産調書の提出がある場合は「国外財産調書の提出有」欄に○を記入します。

●「国外財産調書に記載した国外財産の価額の合計額」を㉔欄に記載します。

●「国外財産調書に記載した国外転出特例対象財産の価額の合計額」を㉖欄に記載します。

●「財産の価額の合計額」を㉕欄に記載します。

233

第2章　財産債務調書の作成上の留意点——財産編

●国外転出特例対象財産の価額の合計額（財産債務調書に記載した国外転出特例対象財産の価額の合計額と「国外財産調書に記載した国外転出特例対象財産の価額の合計額」との合計額）を㉗欄に記載します。

5 記載例

記載の手順

1st Step 財産債務調書に記載する。

国外財産調書に記載した国外財産の価額の合計額 （うち国外転出特例対象財産の価額の合計額（　95,263,296　）円（合計表㉖へ））				合計表㉓へ 171,823,552	
財産の価額の合計額	合計表㉕へ 929,353,298		債務の金額の合計額	合計表㉛へ 165,760,032	
（摘要）					

234

⑯ 国外財産の価額の合計額等

2nd Step 財産債務調書合計表に記載する。

_____ 税務署長
_____ 年 _____ 月 _____ 日　　平成 [2][7] 年12月31日分　**財産債務調書合計表**

住所又は事業所事務所居所など	〒[ ][ ]-[ ][ ][ ] ○○市三葛999	フリガナ	[　　　　　　　　　　　　　　]	
		氏 名	清 文 太 郎	㊞
		性別　職業 男　女	電話番号（自宅・勤務先・携帯）　－　－	
		生年月日	国外財産調書の提出有　○	
		整理番号		

財 産 の 区 分		財産の価額又は取得価額	財 産 の 区 分		財産の価額又は取得価額
土 地	①		書画骨とう美術工芸品	⑭	
建 物	②		貴 金 属 類	⑮	
山 林	③		動 産（④、⑭、⑮以外）	⑯	
現 金	④		保険の契約に関する権利	⑰	
預 貯 金	⑤		株式に関する権利	⑱	
有価証券　上場株式	⑥	34750000	預 託 金 等	⑲	
取得価額	㋐	32100000	組合等に対する出資	⑳	
非上場株式	⑦	385231380	信託に関する権利	㉑	
取得価額	㋑	31000000	無体財産権	㉒	
株式以外の有価証券	⑧	23200000	その他の財産（上記以外）	㉓	
取得価額	㋒	23100000	国外財産調書に記載した国外財産の価額の合計額	㉔	171823552
匿名組合契約の出資の持分	⑨	145000000	財産の価額の合計額	㉕	929353298
取得価額	㋓	105000000	国外財産調書に記載した国外転出特例対象財産の価額の合計額	㉖	95263296
未決済信用取引等に係る権利	⑩	740000	国外転出特例対象財産の価額の合計額⑥+⑦+⑧+⑨+⑩+⑪+⑫	㉗	683524676
取得価額	㋔		債 務 の 区 分		債 務 の 金 額
未決済デリバティブ取引に係る権利	⑪	-660000	借 入 金	㉘	
取得価額	㋕		未 払 金	㉙	
貸 付 金	⑫		その他の債務	㉚	
未 収 入 金	⑬		債務の金額の合計額	㉛	165760032

【田部　純一】

235

第3章

財産債務調書の作成上の留意点
——債務編

第3章 財産債務調書の作成上の留意点——債務編

 借入金

> **POINT**
> ○未払金等の金銭債務とは、その取扱いが異なることに注意してください。
> ○金額の多寡にかかわらず、借入金のすべてをその借入先ごとに個別に記載します。
> ○一般用と事業用の別に記載します。
> ○保証債務については記載は不要です。
> ○その年の12月31日における残高を記載します。
> ○連帯債務については、①負担割合が明らかになっている場合はその負担割合に応じて按分した金額を、②明らかになっていない場合はその全額を、それぞれ記載します。

　借入金が単体で記載を要するとされた趣旨は、相続税を考慮してのことです。実際に相続税の申告にあたっても、借入の相手先が個人である場合も多く、その把握が難しい債務です。したがって、詳細な記載が求められました。さらに、財産債務調書制度の制定趣旨から考えると、仮受金等の名目であっても、その実質が借入金に該当するものは、この項目に区分されることとなります。

1 対象となるもの

借入金

●以下は借入金の例示ですが、借入先が個人であっても記載する必要があります。
　〔例〕事業資金・設備資金借入（借入形態として証書借入・手形借入があります）、商工ローン、当座借越、住宅ローン、自動車ローン、消費者ローン、教育ローン、アパートローン、リバースモーゲージ

※　借入金は、その年の12月31日に確実と認められるものに限られるため（通達6の2-13）、債務が顕在化していない保証債務などは記載は不要です。

2　準備するもの

　残高証明書、借入金返済予定表、金銭消費貸借契約書、当座借越の記載がある通帳など、その年の12月31日における借入金の残高が確認できる証憑類

3　各項目の記載方法とそのポイント

❶　財産債務の区分

●「借入金」と記載します。

❷　種類

●記載は不要です。

❸　用途

●不動産所得、事業所得又は山林所得を生ずべき事業・業務に係る借入金は「事業用」と記載します。

（例）賃貸アパートに係る借入金（アパートローン）、事業設備投資に係る借入金、事業運転資金に係る借入金など

●「事業用」以外に係る借入金は「一般用」と記載します。

●自宅兼店舗に係る借入金など、兼用している場合は「一般用、事業用」と記載します。

❹　所在

●債権者の住所又は本店若しくは主たる事務所の所在を記載します。

●所在は、所在地のほか、氏名又は名称を記載します。

●その年の12月31日における金額が100万円未満の借入金についても、借入先の所在別に区分して記載します。

❺　数量

●記載は不要です。

第3章　財産債務調書の作成上の留意点——債務編

❻　債務の金額

●その年の12月31日における債務の現況に応じ、確実と認められる
範囲の金額を記載します。

※　分割返済をしている借入金については、その年内に繰上返済や、
返済期間等の条件変更が行われている場合があるため、最新の返
済予定表を確認してください。

◆財産債務調書の提出制度（FAQ）より

> **Q40**　債務の「金額」とは、どのような金額をいうのですか。
>
> **（答）**　債務の金額は、その年の12月31日における債務の現況に応じ、
> 確実と認められる範囲の金額をいいます（通達6の2−13）。
> 　例えば、借入金については、その年の12月31日における借入金の
> 元本の額を記載してください。

●借入金について、それが連帯債務である場合には、次の金額を記載
します。

（イ）連帯債務者のうちで負担割合が明らかになっている場合

　……その負担割合に応じて按分した金額

（ロ）連帯債務者のうちで負担割合が明らかになっていない場合

　……連帯債務の全額※

> ※　連帯債務は、同一の債務に係る複数の債務者が、その債
> 務に係る債権者に対して、各々独立して、その債務全額の
> 弁済義務を負います（民法432）。
>
> 　したがって、連帯債務に係る借入金について、当事者間
> で負担割合が明らかにされていない場合には、その年の12
> 月31日における借入金の全額を記載することになると考え
> られます。

民法432条（履行の請求）

　数人が連帯債務を負担するときは、債権者は、その連帯債務者の一人
に対し、又は同時に若しくは順次にすべての連帯債務者に対し、全部又
は一部の履行を請求することができる。

240

❶ 借入金

◆財産債務調書の提出制度（FAQ）より

> **Q41** 金融機関からの借入金について連帯して債務を負っている場合、財産債務調書にはどのように記載すればよいのですか。
>
> **(答)** 債務の金額は、その年の12月31日における債務の現況に応じ、確実と認められる範囲の金額をいいます（通達6の2-13）。
> 　連帯債務の金額については、連帯債務者のうちで負担割合が明らかになっている場合には、その負担割合に応じてあん分した金額を記載してください。
> 　なお、保証債務については、原則として記載する必要はありません。

●借入金と、いわゆるひも付きの財産については、これらの全部又は一部を相殺して記載してはいけません。その年の12月31日における借入金の全額を「借入金」として記載するとともに、これとひも付きの財産についても該当する財産の区分に、同日における「時価」又は「見積価額」を記載することになります。

◆財産債務調書の提出制度（FAQ）より

> **Q38** 財産を金融機関からの借入金で取得している場合、その財産の価額の算定に当たり、借入金元本を差し引いてよいのですか。
>
> **(答)** 財産の価額は、時価又は時価に準ずるものとして「見積価額」によることとされています（国外送金等調書法6の2①本文、国外送金等調書令12の2②、国外送金等調書規則12⑤、15④）。
> 　また、財産の「時価」又は「見積価額」の意義については、次のとおりとされています（通達6の2-8）（**Q13、14**参照）。
> ① 財産の「時価」
> 　その年の12月31日における財産の現況に応じ、不特定多数の当事者間で自由な取引が行われる場合に通常成立すると認められる価額をいいます。
> ② 財産の「見積価額」
> 　その年の12月31日における財産の現況に応じ、その財産の取得価額や売買実例価額などを基に、合理的な方法により算定した価額をいいます。

241

第3章　財産債務調書の作成上の留意点——債務編

　　　したがって、財産を借入金で取得した場合であっても、その財産の「時価」又は「見積価額」の価額の算定に当たり、借入金元本を差し引くことはできません。また、財産を取得するための借入金については、債務としてその年の12月31日における金額を記載することとなります。

●外貨建借入金については、取引金融機関が公表するその年の12月31日における最終の対顧客直物電信売相場（TTS）又はこれに準ずる相場により邦貨に換算した価額を記載します（通達6の2-15）。

※　同日に当該相場がない場合には、同日前の当該相場のうち、同日に最も近い相場により邦貨に換算します（通達6の2-15（1）ただし書）。

◆財産債務調書の提出制度（FAQ）より

> **Q42**　財産債務調書に記載する債務の金額は邦貨（円）によることとされていますが、外貨で表示されている債務の金額はどのような方法で邦貨に換算すればよいのですか。
>
> **（答）**　財産の価額及び債務の金額が外国通貨で表示される場合における当該財産の価額及び債務の金額の本邦通貨への換算は、その年の12月31日における外国為替の売買相場により行うものとされています（国外送金等調書令10⑤、12の2③）。
>
> 　具体的には、債務については、財産債務調書を提出する方の取引金融機関が公表するその年の12月31日における最終の対顧客直物電信売相場（TTS）又はこれに準ずる相場（同日に当該相場がない場合には、同日前の当該相場のうち、同日に最も近い相場）により邦貨に換算し、財産債務調書に記載することとされています（通達6の2-15）。
>
> 　なお、債務が借入金等で、取引金融機関が特定されている場合にも、その借入金等を借入れている金融機関が公表する上記の相場により邦貨に換算します。

242

❶ 借入金

❼ **備考**

● 連帯債務については、その旨を記載し、負担割合が定められている場合は、その割合を合わせて記載すればよいと考えられます。

● 「借入金」について、邦貨によるものと、外貨によるものがある場合には、通貨の別に記載し、外貨によるものは、その旨及び通貨、期末における邦貨換算レート等を記載すればよいと考えられます。

4 Q&A 実務のポイント

Q1 金融機関から、保証債務の履行を求められていますが、12月31日時点ではまだ履行していません。この場合の保証債務は、「借入金」として記載する必要があるのでしょうか。

A1 「借入金」として記載する金額は、その年の12月31日において確実と認められる範囲の金額です（通達6の2－13）。

そのため、債務が顕在化していない保証債務については、記載する必要はありませんが、本件の場合、現に保証債務の履行を求められており、その債務は顕在化したものと考えられます。したがって、借入金として記載が必要と考えられます。なお、この場合には、備考欄に、保証債務の履行である旨を記載することが望ましいでしょう。また、保証債務を履行して発生した求償権について、回収の見込みがある場合には、「その他の財産（上記以外）」の区分に、求償権として記載することが必要となります。

Q2 夫婦の連帯債務で住宅ローンを借りていますが、負担割合についての取決めはしておらず、これまでのところ、住宅の所有者である妻が全額返済しています。この場合に、夫は財産債務調書へ記載する必要があるのでしょうか。

A2 連帯債務者の当事者間の取決めで、負担割合が明らかになっている場合には、その負担割合に応じてあん分した金額を記載することとなります。しかし、本件では負担割合が明らかになっていないことか

243

第3章　財産債務調書の作成上の留意点——債務編

ら、連帯債務に係る借入金の全額を記載することとなります。なお、この場合には、備考欄に、連帯債務である旨の記載をすることが望ましいでしょう（連帯債務については240頁参照）。

Q3 銀行との間で、定期預金を担保とした、いわゆる当座貸越契約を締結しています。これにより、12月31日時点における普通預金残高がマイナスの場合、どのような記載が求められるのでしょうか。

A3 当座預金や総合口座について当座貸越（預金者側では当座借越と称されます。）契約を締結している預金については、契約で締結した限度額までであれば、預金残高を超えて支払い等を行うことができます。これは、預金残高を超えた支払い等の資金を借り入れたことを示します。したがって、財産債務調書においては「借入金」としての記載が必要です。

5 記載例

＜保有する借入金＞

① 　住宅ローン

② 　教育ローン

③ 　自動車ローン

記載の手順

1st Step 借入金を用途ごとに整理する。

①は、清文太郎が夫婦の連帯債務で、A銀行から借りた住宅ローンです。なお、夫婦間において連帯債務に係る負担割合の取決めはなく、その年の12月31日における残高は50,000,000円です。

　⇒「用途」は「一般用」です。

②は、清文太郎が子供の学費として、B銀行から借りた教育ローンで、その年の12月31日における残高は5,000,000円です。

　⇒「用途」は「一般用」です。

244

③は、清文太郎が営む事業用のトラックについて、A銀行から借りた自動車ローンで、その年の12月31日における残高は5,000,000円です。

⇒「用途」は「事業用」です。

2nd Step 各借入金についてグルーピングを行う。

●①及び②は、ともに「一般用」ですが、借入先の金融機関が異なります。

●①及び③は、借入先の金融機関は同じですが、用途が「一般用」と「事業用」で異なります。

⇒すべて別々に記載することになります。

3rd Step 財産債務調書に記載する。

平成 27 年12月31日分　　財産債務調書

財産債務を有する者	住　所 又は事業所、 事務所、居所など	○○市三葛999					
	氏　名	清文　太郎					
				(電話)	―	―	
財産債務 の区分	種　類	用途	所　　在	数量	(上段は右側近寄等の取得価額) 財産の価額又は債務の金額	備　考	
・・・						円	
・・・						円	
・・・							
借入金		一般用	A銀行○○支店 ○○市東高松2丁目1-1		50,000,000	連帯債務	
〃		事業用	〃		5,000,000		
〃		一般用	B銀行○○支店　○○市三葛999		5,000,000		
			借入金計		(60,000,000)		

4th Step 財産債務調書合計表に記載する。

財 産 の 区 分		財産の価額又は取得価額	財 産 の 区 分		財産の価額又は取得価額
土　　　地	①		書画骨とう 美術工芸品	⑭	

		取得価額	債 務 の 区 分		債 務 の 金 額
取得価額	㋔		借　入　金	㉘	60000000
未決済デリバティブ 取引に係る権利	⑪		未　払　金	㉙	
取得価額	㋕		その他の債務	㉚	
貸　付　金	⑫		債務の金額の合計額	㉛	
未 収 入 金	⑬				

【國田　修平】

未払金

POINT

- 記載する金額は、その年の12月31日において、確実と認められるものに限ります。
- 買掛金、支払手形等の未払金と性格を同じくする金銭債権も該当します。
- 事業又は業務用の債務で、その年の12月31日における金額が100万円未満のものは、所在地別に区分せず、件数及び総額を記載すればよいこととなっています。
- 一般用と事業用の別に記載します。

1　対象となるもの

　その年の12月31日において既に支払期日が到来しているもので、同日においてまだ支出していないもの（通達6の2-3（2））

〔例〕・販売用商品の仕入代金で未払いのもの

　　　・支払期日未到来の支払手形（先日付小切手の振出しによる支払いを含みます。）

　　　・カード支払代金、自動車の割賦代金、固定資産税・都市計画税、住民税などで未払いのもの

　　　※　12月31日までに支払期日が到来していない給料、賃金、地代、家賃、水道光熱費、借入金の利息などの未払費用（下記参照）は、その年の12月31日において確定した債務ではないため記載しません。

企業会計原則注5（3）　未払費用
　未払費用は、一定の契約に従い、継続して役務の提供を受ける場合、既に提供された役務の提供に対して未だその対価の支払いが終わらないものをいう。従っ

247

第3章　財産債務調書の作成上の留意点——債務編

て、このような役務に対する対価は、時間の経過に伴い既に当期の費用として発
生しているものであるから、これを当期の損益計算書に計上するとともに貸借対
照表の負債の部に計上しなければならない。また、未払費用は、かかる役務提供
以外の契約等による未払金とは区別しなければならない。

2 準備するもの

　請求書、手形帳、小切手帳、残高確認書、カード利用明細、割賦代金
支払予定表、固定資産税・都市計画税納税通知書（第2章「❶土地」（44
頁）参照）、住民税の課税明細書などで、その年の12月31日における債
務の残高が確認できる証憑類

3 各項目の記載方法とそのポイント

❶ 財産債務の区分

●「未払金」と記載します。

❷ 種類

●「財産債務調書の記載要領」には、下記のとおり、記載を要しない
とされています。

◆財産債務調書の記載要領　3「種類」欄より

※土地、建物、山林、現金、貸付金、未収入金、借入金、未払金については、
本欄の記入は必要ありません。

●しかしながら、財産債務調書の提出制度 FAQ の記載例には、区分
の欄に「未払金」種類の欄に「買掛金」との記載があります。事業
上の債務で、100万円未満のものについては、その件数と総額を記
載することが認められていることなどから考えると、種類の欄は、
「未払金」「買掛金」「支払手形」の別を記載するべきです。

❸ 用途

●不動産所得、事業所得又は山林所得を生ずべき事業・業務に係る未
払金は「事業用」と記載します。

248

〔例〕・事業用トラックの割賦購入代金

　　・販売用商品の仕入代金で未払いのもの

　　・事業用店舗の固定資産税のうち、納付期日が未到来のため未納の
　　　もの

　　　※　「事業用」以外に係る未払金は「一般用」と記載します。

　　　※　割賦購入した自動車を事業用と家事用に兼用しているような
　　　　場合は、その未払金について「一般用、事業用」と記載します。
　　　　なお、この場合には、自動車についても同様に「一般用、事業
　　　　用」と記載します（第2章「⓮その他の動産」（188頁）参照）。

❹　所在

●債権者の住所又は本店若しくは主たる事務所の所在を記載します。

●所在は、所在地のほか、氏名又は名称を記載します。

●不動産所得、事業所得又は山林所得を生ずべき事業又は業務の用に
　供する未払金で、その年の12月31日における金額が100万円未満
　のものについては、所在別に区分せず、その件数及び総額を記載す
　ればよいと考えられます（通達6の2-6）。

◆財産債務調書の提出制度（FAQ）より

　Q11　不動産賃貸業を営んでいます。12月31日現在の未払金や預り
　保証金が多数あります。これらの債務についても所在別に記載する
　必要がありますか。

　（答）　財産債務調書に記載する債務の金額等については、国外送金
　等調書規則別表第三に規定する債務の区分に応じて、同別表の「記
　載事項」に規定する、「種類別」、「用途別」（一般用及び事業用の別）
　及び「所在別」に記載することとされています（国外送金等調書法
　6の2①本文、国外送金等調書令12の2⑥、国外送金等調書規則15
　①）。

　　したがって、財産債務調書の記載にあたり、未払金や預り保証金
　など事業上の債務についてはその所在別（相手方の住所又は本店若
　しくは主たる事務所の所在）にその金額を記載することとなります。

　　しかしながら、「未払金」又は「その他の債務」に区分される債務

のうち、不動産所得、事業所得又は山林所得を生ずべき事業又は業務の用に供する債務であり、かつ、その年の12月31日における金額が100万円未満のものについては、所在別に記載をせず、その件数と総額を記載することとして差し支えありません（通達6の2－6(2)）。

❺ 数量

●記載は不要です。

❻ 債務の金額

●その年の12月31日における債務の現況に応じ、確実と認められる範囲の金額を記載します。

　※　割賦購入した自動車等に係る未払金は、繰上げ返済や条件変更が行われる可能性があるため、最新の支払予定表等で残高を確認してください。

●共有不動産に係る固定資産税・都市計画税の未納額等については、不動産の持分に応じた未納額を記載します（後掲「**4** Q＆A　実務のポイント」**Q2** 参照）。

●未払金と、いわゆるひも付きの財産については、これらの全部又は一部を相殺して記載してはならず、その年の12月31日における未払金の残高の全額を「未払金」として記載し、これとひも付きの財産についても、適宜、該当する財産の区分に、同日における「時価」又は「見積価額」により記載することになります（本章「❶借入金」241頁参照）。

●外貨建未払金については、その外貨建未払金に係るその年の12月31日における残高について、取引金融機関が公表する、その年の12月31日における最終の対顧客直物電信売相場（TTS）又はこれに準ずる相場により邦貨に換算した価額を記載します（通達6の2－15）。

　※　同日に当該相場がない場合には、同日前の当該相場のうち、同日に最も近い相場により邦貨に換算することとなります（通達6

の2-15（1）ただし書。本章「❶借入金」242頁参照）。

❼　備考

●記載をしなければならない事項はありませんが、財産の内容を明確
にする事項があれば、その旨を記載すればよいと考えられます。

〔例〕・邦貨によるものと、外貨によるものがある場合には、通貨の
別に記載し、外貨によるものは、その旨及び通貨、期末にお
ける邦貨換算レートを記載します。

・共有不動産に係る固定資産税・都市計画税の未納額等につい
ては、共有持分及び共有者氏名等を記載します。

4 ┃ Q&A 実務のポイント

Q1　固定資産税・都市計画税のうち、第4期分の納期は翌年
2月末であり、12月31日時点では未納です。これについ
ては未払金として記載しないでよいでしょうか。

A1　固定資産税・都市計画税の賦課期日は、その年の1月1日で
あり（地方法359）、12月31日時点では既に納税義務が成立しています。
したがって、その年の12月31日における未納額は、「未払金」として記
載する必要があります。

Q2　Q1に関連して、12月31日における固定資産税・都市
計画税の未納額のうちには、夫婦共有の不動産に係る
ものがあります。この場合には、どのように記載すれ
ばよいでしょうか。

A2　共有不動産に係る固定資産税・都市計画税の未納額について、
「未払金」として記載する金額は、その未納額に、その者の持分を乗じ
た金額を記載します。この場合には、その者の持分、共有者の氏名等を
「備考」として記載すればよいでしょう。なお、この固定資産税・都市
計画税に係る不動産の記載についても同様です（第2章「❶土地」49
頁参照）。

第3章　財産債務調書の作成上の留意点──債務編

5 | 記載例

＜保有する未払金＞

① 　販売用商品の仕入代金で未払いのもの

② 　自宅の固定資産税・都市計画税の未納額

③ 　公共料金や日用品購入代金等のカード支払分で未引落しのもの

④ 　割賦購入した自動車の未払額

記載の手順

1st Step 　未払金を用途ごとに整理する。

①は、清文太郎が営む小売店で販売する商品に係る仕入代金のうち、
12月31日における未払額は10,000,000円です。
　⇒「用途」は「事業用」です。

②は、清文太郎の自宅に係る固定資産税・都市計画税の第4期分（納期
は翌年2月末）で、未納付額は100,000円です。
　⇒「用途」は「一般用」です。

③は、清文太郎がカード支払決済をした自宅の公共料金、日用品の購入
代金で、その年の12月31日における未引落残高は300,000円です。
　⇒「用途」は「一般用」です。

④は、清文太郎が割賦購入した家事用の自動車で、その年の12月31日
における未払額は3,000,000円です。
　⇒「用途」は「一般用」です。

2nd Step 各借入金についてグルーピングを行う。

①は、「買掛金」として記載します。

②及び③は、その年の12月31日における残高が100万円未満ですが、
用途が「事業用」ではないため、債権者の所在別に記載します。
　⇒すべて別々に記載することになります。

252

❷ 未払金

3rd Step 財産債務調書に記載する。

平成 27 年12月31日分　　財産債務調書

財産債務を有する者	住　所 又は事業所、事務所、居所など	○○市三葛999
	氏　名	清文　太郎

（電話）　　—　　　—

財産債務の区分	種　類	用途	所　在	数量	（上段は有価証券等の取得価額） 財産の価額又は債務の金額	備　考
・・・					円	
					円	
・・・						
未払金	買掛金	事業用	C商事株式会社 ○○市東高松3丁目10-1		10,000,000	
〃	未払金	一般用	東高松市 ○○市東高松1丁目11-1		100,000	
〃	〃	〃	Dクレジット株式会社 ○○市東高松5丁目1-1		300,000	
〃	〃	〃	Eファイナンス株式会社 ○○市東高松5丁目10-1		3,000,000	
			未払金計		(13,400,000)	

4th Step 財産債務調書合計表に記載する。

財産の区分		財産の価額又は取得価額	財産の区分		財産の価額又は取得価額
土　　　地	①		書画骨とう 美術工芸品	⑭	

取得価額	㋐		債務の区分		債務の金額
未決済デリバティブ 取引に係る権利	⑪		借　入　金	㉘	
取得価額	㋑		未　払　金	㉙	1 3 4 0 0 0 0 0
貸　付　金	⑫		その他の債務	㉚	
未　収　入　金	⑬		債務の金額の合計額	㉛	

【國田　修平】

その他の債務

> **POINT**
> ○記載する金額は、その年の12月31日において、確実と認められるものに限ります。
> ○前受金、預り金、保証金、敷金など「借入金」及び「未払金」に該当しない債務を記載します。
> ○事業又は業務用の債務で、その年の12月31日における金額が100万円未満のものは、所在地別に区分せず、件数及び総額を記載します。
> ○一般用と事業用の別に記載します。

1 対象となるもの

　その年の12月31日における債務の現況に応じ、確実と認められる範囲の金額（通達6の2－13）

〔例〕・商品代金の一部として受領した手付金、予約金など（前受金）

　　　・従業員から給与天引きした源泉所得税、住民税、社会保険料等の未納付額（預り金）

　　　・従業員や取引先等から受領した金員等で、後日その者へ返金するものや、別の第三者へ支払うもの（預り金、仮受金）

　　　・賃貸マンションの入居者から受領した保証金・敷金や、得意先から受領した営業保証金等で、将来返金を要するもの（後掲「4 Q&A 実務のポイント」**Q1**参照）

　　　※　預り金、仮受金等の名目であっても、その実質が借入金に該当するものは、「借入金」の区分として記載することとなります（本章「❶借入金」238頁参照）。

その他の債務 ❸

2 準備するもの

　青色決算書、収支内訳書、給与台帳、源泉所得税等の納付書、預り証・領収証等の控え、商品売買契約書、不動産賃貸借契約書、取引保証金提供契約書等で、その年の12月31日における債務の残高が確認できる証憑類

3 各項目の記載方法とそのポイント

❶　**財産債務の区分**

　●「その他の債務」と記載します。

❷　**種類**

　●「前受金」、「預り金」、「保証金」など適宜に分けて記載します。

❸　**用途**

　●不動産所得、事業所得又は山林所得を生ずべき事業・業務に係る前受金、預り金、保証金等は「事業用」と記載します（本項「**1** 対象となるもの」に記載の具体例を参照）。

　●「事業用」以外に係る「その他の債務」は「一般用」と記載します。

❹　**所在**

　●債権者の住所又は本店若しくは主たる事務所の所在を記載します。

　●所在は、所在地のほか、氏名又は名称を記載します。

　●不動産所得、事業所得又は山林所得を生ずべき事業又は業務の用に供する「その他の債務」で、その年の12月31日における金額が100万円未満のものについては、所在別に区分せず、その件数及び総額を記載すればよいでしょう（通達6の2－6。本章「**2** 未払金」249頁参照）。

❺　**数量**

　●記載は不要です。

❻　**債務の金額**

　●その年の12月31日における債務の現況に応じ、確実と認められる

255

第3章　財産債務調書の作成上の留意点──債務編

範囲の金額を記載します。

●賃貸マンションの入居者から受領した保証金や敷金については、その入居者が退去の際、返金を要する金額を記載します。（後掲「**4** Q＆A　実務のポイント」**Q1** 参照）なお、退去に伴う賃貸物件の原状回復費用に充当される金額等も含まれることに留意が必要です。

●外貨建前受金等については、その外貨建前受金等に係るその年の12月31日における残高について、取引金融機関が公表する、その年の12月31日における最終の対顧客直物電信売相場（TTS）又はこれに準ずる相場により邦貨に換算した価額を記載します（通達6の2－15）。

※　同日に当該相場がない場合には、同日前の当該相場のうち、同日に最も近い相場により邦貨に換算します（通達6の2－15（1）ただし書。本章「**❶**借入金」242頁参照）。

❼　備考

●記載をしなければならない事項はありませんが、種類欄と同様に財産の内容を明確にする事項があれば、その旨を記載すればよいと考えられます。

●例えば、邦貨によるものと、外貨によるものがある場合には、通貨の別に記載し、外貨によるものは、その旨及び通貨、期末における邦貨換算レートを記載すればよいと考えられます。

4 ┃ Q&A 実務のポイント

Q1 ┃ 賃貸マンションの入居者から受領している保証金については、どのように記載すればよいでしょうか。

A1　当該保証金については、その入居者の退去の際、返金を要する金額を記載します。したがって、いわゆる敷引（しきびき）のように、その入居者の退去の際、返還を要しない金額がある場合には、その返還を要しない部分に相当する金額については、記載は不要です。なお、保証金として記載する金額には、退去に係る原状回復費用に充当される金

額等も含まれることに留意しましょう。

Q2 従業員から給与天引きしている源泉所得税・住民税などのほか、賃貸マンションの入居者から受領している保証金に関して、従業員や入居者は多数いますが、それぞれ個別に記載が必要でしょうか。

A2 「その他の債務」に区分される債務のうち、事業用の債務については、その年の12月31日における金額が、1件当たり100万円未満のものであれば、所在別（相手先の住所又は本店若しくは主たる事務所の所在）に記載をせず、その件数と総額を記載すればよいと考えられます（通達6の2－6（2））。

Q3 不動産業者が土地の販売に際して、手付金を受領しています。売買契約は12月31日までに締結していますが、引渡しは翌年1月であるため、当該土地は12月31日において棚卸資産として計上しています。どのように記載すればよいでしょうか。

A3 本件手付金は「その他の債務」の区分に「前受金」として記載すればよいでしょう。なお、土地については、「その他の動産」の区分に「棚卸資産」として記載することとなります（第2章「⓮その他の動産」186頁参照）。

5 記載例

＜保有する債務＞

① 翌年1月販売見込みの商品に係る予約金としての受領額
② 従業員給与に係る源泉所得税の預り金
③ 従業員給与に係る住民税の預り金
④ 賃貸マンションの入居者から受領した保証金

第3章　財産債務調書の作成上の留意点——債務編

記載の手順

1st Step　未払金を用途ごとに整理する。

①は、清文太郎が翌年1月販売見込みの商品に係る予約金として、得意
　先2社から受領したもので、12月31日における金額は2,000,000円
　です。
　　⇒「用途」は「事業用」です。

②は、清文太郎が雇用している従業員5人に対する給与に係る源泉所得
　税で、12月31日における金額は500,000円です。
　　⇒「用途」は「事業用」です。

③は、清文太郎が雇用している従業員5人に対する給与に係る住民税で、
　12月31日における金額は300,000円です。
　　⇒「用途」は「事業用」です。

④は、清文太郎が所有する賃貸マンションの入居者60人から預かった
　保証金で、その年の12月31日における金額は3,000,000円です。
　　⇒「用途」は「事業用」です。

2nd Step　各債務についてグルーピングを行う。

①は、「前受金」と記載します。なお、1件あたりの金額が100万円以
　上のため、個別に記載します。

②及び③は、いずれも、その年の12月31日における残高が、従業員1
　人につき100万円未満です。したがって「預り金」として、件数と総
　額を記載すればよいでしょう。

④は、その年の12月31日における残高が、入居者1人につき100万円
　未満です。したがって「保証金」として、件数と総額を記載すればよ
　いでしょう。

3　その他の債務

3rd Step 財産債務調書に記載する。

平成 27 年12月31日分　　財産債務調書

財産債務を有する者	住所又は事業所、事務所、居所など	○○市三葛999
	氏名	清文　太郎
	（電話）	－ －

財産債務の区分	種類	用途	所在	数量	(上段は有価証券等の取得価額)財産の価額又は債務の金額	備考
...					円 円	
その他の債務	前受金	事業用	A商事株式会社 ○○市東高松1丁目2-3		1,000,000	予約金
〃	〃	〃	株式会社B商事 ○○市東高松3丁目2-1		1,000,000	〃
〃	預り金	〃		5人	500,000	源泉所得税
〃	〃	〃		〃	300,000	住民税
〃	保証金	〃		60件	3,000,000	
		その他の債務計			(5,800,000)	

4th Step 財産債務調書合計表に記載する。

財産の区分	財産の価額又は取得価額	財産の区分	財産の価額又は取得価額
土　地 ①		書画骨とう美術工芸品 ⑭	

			債務の区分	債務の金額
取得価額	㋕		借入金 ㉘	
未決済デリバティブ取引に係る権利	⑪		未払金 ㉙	
取得価額	㋚		その他の債務 ㉚	5800000
貸付金	⑫		債務の金額の合計額 ㉛	
未収入金	⑬			

【國田　修平】

第3章　財産債務調書作成上の留意点──債務編

 債務の金額の合計額

> **POINT**
> ○「債務の金額の合計額」として記載した金額は、財産債務調書の提出義務の判定に影響を及ぼしません。
> ○国外財産調書提出の有無にかかわらず、国外に存する債務も記載しなければなりません。
> ○債務の金額以外の事項については記載不要です。
> ○「債務の金額の合計額」欄には、財産債務調書に記載したそれぞれの債務の金額の合計額を記載します。

1　財産債務調書の提出義務の判定との関係

　財産債務調書を提出する義務がある人は、所得税等の確定申告書を提出しなければならない人で、所得金額が2,000万円を超え、かつ、その年の12月31日において価額の合計額が3億円以上である財産又は価額の合計額が1億円以上である国外転出特例対象財産を有する人とされています。つまり、所有する財産の金額の判定は、財産から債務を控除したいわゆる純財産額ではなく、財産の総額で行います（第1章「❷提出義務者及び提出期限等」7頁参照）。

　したがって、「債務の金額の合計額」として記載した金額は、財産債務調書の提出義務の判定には影響を及ぼさない点に注意してください。

2　国外財産調書の提出がある場合の財産債務調書の記載事項

　国外財産調書には、国外に存する債務は記載しないことから、たとえ国外財産調書の提出がある場合においても、財産債務調書には、国外に存する債務を記載する必要があります（第2章「⓰国外財産の価額の合計額等」（230頁）他、FAQ の **Q18**（306頁）参照）。

債務の金額の合計額

3 債務の金額の合計額

- 財産債務調書に記載した債務の金額の合計額を転記します。
- 財産債務調書が複数枚にわたる場合の合計額の計算にあたっては、財産債務調書(次葉)に記載した財産の価額を含めることに注意してください。

4 財産債務調書合計表への記載

- 「債務の金額の合計額」を㉛欄に記載します。

5 記載例

記載の手順

1st Step 財産債務調書に記載する。

国外財産調書に記載した国外財産の価額の合計額 (うち国外転出特例対象財産の価額の合計額( ) 円(合計表㉕へ))	合計表㉛へ
財産の価額の合計額　合計表㉕へ	債務の金額の合計額　合計表㉛へ　70,100,000
(摘要)	

2nd Step 財産債務調書合計表に記載する。

財産の区分	財産の価額又は取得価額	財産の区分	財産の価額又は取得価額
土　　地 ①		書画骨とう 美術工芸品 ⑭	

		債務の区分	債務の金額
取得価額 ㋒		借　入　金 ㉘	55,000,000
未決済デリバティブ 取引に係る権利 ⑪		未　払　金 ㉙	10,100,000
取得価額 ㋕		その他の債務 ㉚	5,000,000
貸　付　金 ⑫		債務の金額の合計額 ㉛	70,100,000
未　収　入　金 ⑬			

【國田　修平】

第4章

設例に基づく
財産債務調書の記載例

第4章　設例に基づく財産債務調書の記載例

■■■■■■■■■■■■■ 設　　例 ■■■■■■■■■■■■■

　会社員である清文太郎は、毎年、確定申告をしており、平成27年において財産債務調書制度における所得額基準と財産額基準を満たすため、財産債務調書の提出義務者に該当することとなりました。

　なお、平成27年12月31日において、清文太郎が所有する財産等は以下のとおりです。

【土地】

①　和歌山市北中島○丁目1●6-1は、賃貸用マンション（②）の駐車場用地で、地積1,371.00㎡、固定資産税評価額74,510,530円です。

②　和歌山市北中島○丁目1●6-2は、賃貸用マンションで、地積495.00㎡、固定資産税評価額25,901,442円です。なお、当該土地は①とひと続きです。

> ①、②はひと続きの土地でどちらも不動産所得を生ずるものであるため、まとめて記載します。

③　和歌山市三葛999は、自宅と貸駐車場であり、地積832.64㎡、固定資産税評価額31,407,294円です。

④　土佐市○○5555-5他6筆は、山林、雑木や松が生育しています。トータルの地積は2.77ha、固定資産税評価額は274,362円です。

　また、財産評価基本通達により評価した立木の評価額は、雑木が19,131円（森林の面積1.43ha）、松が64,302円（森林の面積0.93ha）です。

【建物】

①　和歌山市北中島○丁目1●6-1　A棟及びB棟は、不動産賃貸

264

業の用に供している賃貸用マンションであり、A棟は床面積
326.34㎡、固定資産税評価額3,061,035円、B棟は床面積
399.60㎡、固定資産税評価額3,785,031円です。

② 和歌山市三葛999は自宅で床面積197.72㎡、固定資産税評価
額21,369,254円です。なお、平成26年7月に1,500,000円で外
壁を塗り直しました。また、敷地内には登記されていない倉庫
があり、固定資産税評価明細書によると課税床面積44.00㎡、
固定資産税評価額285,341円となっています。

(資本的支出部分)
1,500,000円 − (1,500,000円×0.9×0.031×2年) = 1,416,300円
　　　　　　　　　└──→ 減価償却費の額
---

③ 神戸市東灘区マンションは、妻の花子と共有しています。な
お、清文太郎の持分は1/2です。また、取得価額は36,000,000
円ですが、土地と建物の金額の区分がされていませんでした。

36,000,000円×1/2（共有持分）＝18,000,000円

【現金】

① 家電小売店（和歌山市東高松1丁目999-1）の12月31日のレ
ジ及び釣銭用の現金残高は132,457円です。

② 賃貸用マンションの管理人室に保管している小払い用の現金
残高は85,339円です。

【預貯金】

① 家電小売店用として開設している○×銀行本店の当座預金で
12月31日の残高は728,332円です。

② 生活費の入出金等に利用している○×銀行紀三井寺支店の普
通預金で12月31日の残高は3,965,209円です。

第4章　設例に基づく財産債務調書の記載例

【有価証券】

（1）上場株式

① 　A社株式は、5,000株を○○証券和歌山支店の一般口座で保有しています。購入価額は6,500,000円、その年の最終価額は6,450,000円です。

② 　B社株式は、2,000株を△△証券和歌山支店の特定口座で保有しています。購入価額は4,400,000円、その年の最終価額は4,500,000円です。

③ 　C社株式は、13,000株をBと同じく△△証券和歌山支店の特定口座で保有しています。購入価額は9,200,000円、その年の最終価額は10,800,000円です。

> ②、③は、同じ証券会社の特定口座において保有しているため、まとめて記載します。

（2）非上場株式

① 　自らが代表取締役であるD社株式を540株（発行済株式数の90％で）保有しています。残りの60株は親族名義となっていますが、清文太郎が実質の所有者です。取得価額は1株50,000円、その年の決算による貸借対照表の純資産合計額は365,231,380円です。

> 親族名義の60株についても、実質的な所有者は清文太郎であるため、財産に含めます。

（3）株式以外の有価証券

① 　国内投資信託（E）は、△△証券和歌山支店の特定口座で保有しています。口数は98万口、購入価額は12,740,000円、その年の最終価額は13,230,000円です。

② 国内投資信託（F）は、△△証券和歌山支店の特定口座で保
有しています。口数は1,793万口、購入価額は10,450,000円、
その年の最終価額は9,970,000円です。

> ①、②は、同じ証券会社の特定口座において保有しているため、ま
> とめて記載します。

（4）匿名組合契約の出資の持分
　① 匿名組合契約（G）は、営業者である株式会社Gの行う事業
に出資するもので、口数は100口、出資額は100,000,000円、
その年の12月31日の価額は140,000,000円です。

（5）未決済信用取引等に係る権利
　① ○○証券和歌山支店において、H商事株式5,000株を信用買い
しています。その年の最終価格による評価益は1,220,000円です。

（6）未決済デリバティブ取引に係る権利
　① ○○証券和歌山支店において、日経225先物取引を行ってい
ます。建玉株数は41枚で、その年の最終価格により決済したも
のとした場合の利益額は820,000円です。

【貸付金】
　① 家電小売業の従業員○○△△に対する12月31日の貸付残高は
1,250,000円です。

【未収入金】
　① 家電小売店の株式会社Iに対する売掛金は3,358,420円です。
　② 家電小売店の株式会社I以外の取引先に対する100万円未満
の売掛金は17件であり、合計金額は計7,235,640円です。

第4章　設例に基づく財産債務調書の記載例

【書画骨とう美術工芸品】

① 趣味で所有している軸装で、12月31日時点の価額は100,000円です。

② 趣味で所有している茶道具で、12月31日時点の価額は50,000円です。

> ②は10万円未満であるため記載は不要です。

【貴金属類】

① 自宅金庫に500ｇの金地金（ゴールドバー）を10本保管しています。なお、12月31日時点の価額は１ｇ当たり5,000円です。

② Ｊ株式会社（大阪市北区○○1-1-1）で行っている純金積立で、12月31日現在の積立重量は10ｇ、価額は50,000円です。

> 貴金属類については、金額に関わらず、すべて記載を要します。

【その他の動産】

① 家電小売店（和歌山市東高松1丁目999-1）の商品で、12月31日の棚卸資産として決算書に計上した金額は10,000,000円、店頭小売価格は15,000,000円です。

② 趣味で所有しているポルシェで、取得価額は10,000,000円です。

③ 趣味で所有しているサファイヤリングで、取得価額は900,000円です。

> ③は取得価額が1点100万円未満の家庭用動産であり、1点10万円未満の「その他の動産」として取り扱えるため、記載は不要です。

【その他の財産】

（1）保険の契約に関する権利

① 小規模企業共済の共済金等試算表に記載されている共済金額は8,653,040円です。

（2）株式に関する権利

① 上場企業である株式会社Kの公募増資にあたり、割当を受けている株主となる権利は500個です。

株式会社K社の公募増資の申込は幹事会社である○○証券に行っています。なお、K社株の12月31日前の最終営業日の最終価格は28,660円、1株当たりの払込金額（12月31日現在未払込）は26,000円です。

> （28,660円－26,000円）×500個＝1,330,000円

（3）預託金等

① 倉庫（和歌山市●●999）を賃借する際、保証金を支払いました。そのうち、退去時に返還される金額は600,000円です。

② 信用取引口座開設の際、委託保証金1,000,000円を○○証券和歌山支店に支払っています。

（4）信託に関する権利

① 清文太郎を委託者及び受益者（収益、元本とも）とする●●信託株式会社に対する土地信託の信託財産である土地（共有）の見積価額は120,360,590円であり、清文太郎の持分は1/2です。

> 120,360,590円×1/2＝60,180,295円

（5）無体財産権

① L出版株式会社から出版している著書の著作権があります。前年以前3年間の印税収入は1,920,000円で、出版社の意見を

第4章　設例に基づく財産債務調書の記載例

基に見積もられた印税収入期間は5年間です。

平成27年12月の基準年利率（中期）：0.05%

評価倍率（年0.05%、5年の複利年金現価率）：4.993

見積価額：1,920,000円÷3×0.5×4.993＝1,597,760円

（6）その他の財産（上記以外）

①　家電小売店の店舗改装工事の着手金として5,000,000円をM建設株式会社に支払っています。

【借入金】

①　○×銀行紀三井寺支店から夫婦の連帯債務で住宅ローンを受けています。なお、夫婦間において連帯債務に係る負担割合の取決めはなく、12月31日における残高は30,000,000円です。

②　清文太郎が営む事業用のトラックについて、○×銀行本店から自動車ローンを受けています。12月31日における残高は5,000,000円です。

【未払金】

①　家電小売店で販売する商品はすべてN社から仕入れています。仕入れ代金のうち、12月31日における未払額は10,000,000円です。

②　和歌山市の固定資産税・都市計画税を分納しています。なお、第4期分（納期は翌年2月末）の納付額は1,422,000円です。

【その他の債務】

①　翌年1月販売見込みの商品に係る予約金を得意先2社から受領しています。12月31日における金額は2,000,000円です。

②　賃貸マンションの入居者30人から保証金を預っています。12

月31日における金額は3,000,000円です。

入居者1人につき100万円未満であるため、件数と総額を記載すれば
よいこととなります。

第4章　設例に基づく財産債務調書の記載例

財産債務調書の記載例

平成 27 年12月31日分　　財産債務調書

財産債務を有する者	住所又は事業所、事務所、居所など	和歌山市三葛999
	氏名	清文　太郎

（電話）　073 － 444 － 5555

財産債務の区分	種類	用途	所在	数量	（上段は有価証券等の取得価額）財産の価額又は債務の金額	備考
土地		事業用	和歌山市北中島○丁目1●6-1、2	2 1,866 ㎡	円 100,411,972 円	
〃		事業用 一般用	和歌山市三葛999	1 832.64 ㎡	31,407,294	
〃		一般用	土佐市○○5555-5 他6筆	7 2.77ha	274,362	
			土地計		(132,093,628)	
建物		事業用	和歌山市北中島○丁目1●6-1 A棟	1 326.34 ㎡	3,061,035	
〃		〃	和歌山市北中島○丁目1●6-1 B棟	1 399.60 ㎡	3,785,031	
〃		一般用	和歌山市三葛999	2 197.72 ㎡	21,654,595	
〃		〃	和歌山市三葛999	1 153.72 ㎡	1,416,300	H26.7 資本的支出
〃		〃	神戸市東灘区住吉宮町●丁目1-1110	1 110.70 ㎡	18,000,000	土地を含む 持分1/2
			建物計		(47,916,961)	
山林		一般用	土佐市○○5555-5 他6筆	7 1.43ha	19,131	雑木
〃		〃	土佐市○○5555-5 他6筆	7 0.93ha	64,302	松
			山林計		(83,433)	
現金		事業用	和歌山市東高松1丁目999-1		132,457	
〃		〃	和歌山市北中島○丁目1●6-1		85,339	
			現金計		(217,796)	
預貯金	当座預金	事業用	和歌山市本町●丁目1-1 ○×銀行本店		728,332	
〃	普通預金	一般用	和歌山市紀三井寺999-9 ○×銀行紀三井寺支店		3,965,209	

国外財産調書に記載した国外財産の価額の合計額
（うち国外転出特例対象財産の価額の合計額（　　　　　　）円（合計表㉟へ））　合計表㊳へ

	合計表㉟へ		合計表㉛へ
財産の価額の合計額	882,205,769	債務の金額の合計額	51,422,000

（摘要）

（　4　）枚のうち1枚目

通信日付印（年月日）	（　・　・　）

財産債務調書の記載例

平成 27 年12月31日分　　財産債務調書（次葉）

財産債務を 有 す る 者	住　　所 又は事業所、 事務所、居所など		和歌山市三葛 999			
	氏　　名		清文　太郎 　　　　（電話）073 － 444 － 5555			

財産債務 の区分	種　　類	用途	所　　　　　在	数　量	（上段は有価証券等の取得価額） 財産の価額又は債務の金額	備　考
			預貯金計		円 （4,693,541 円）	
有価証券	上場株式（A株式）	一般用	和歌山市●番丁1 ○○証券和歌山支店	5,000 株	6,500,000 6,450,000	
〃	上場株式	〃	和歌山市美園町 3-3-3 △△証券和歌山支店	15,000 枚	13,600,000 15,300,000	特定口座
			有価証券（上場株式）計		（20,100,000） （21,750,000）	
有価証券	非上場株式（D株式）	一般用	和歌山市○○999-999 株式会社　D	540 株	27,000,000 328,708,242	
〃	〃	〃	和歌山市○○999-999 株式会社　D	60 株	3,000,000 36,523,138	名義株
			有価証券（非上場株式）計		（30,000,000） （365,231,380）	
〃	国内投資信託	〃	和歌山市美園町 3-3-3 △△証券和歌山支店	1,891 万口	23,190,000 23,200,000	特定口座
			有価証券（株式以外）計		（23,190,000） （23,200,000）	
匿名組合出資	匿名組合契約（G）	一般用	東京都港区○○1-1-1 株式会社G	100 口	100,000,000 140,000,000	
			匿名組合契約の出資の持分計		（100,000,000） （140,000,000）	
未決済信用 取引に係る権利	上場株式（H商事）	一般用	和歌山市●番丁1 ○○証券和歌山支店	5,000 株	1,220,000	
			未決済信用取引に係る権利計		（1,220,000）	
未決済デリバティブ 取引に係る権利	日経 225 先物	一般用	和歌山市●番丁1 ○○証券和歌山支店	41 枚	820,000	
			未決済デリバティブ取引に係る権利計		（820,000）	
貸付金		事業用	和歌山市●●2-5-302 ○○　△△		1,250,000	
			貸付金計		（1,250,000）	
未収入金	売掛金	事業用	和歌山市××町 3-5-2 株式会社　I		3,358,420	
〃	〃	〃	その他　17 件		7,235,640	
			未収入金計		（10,594,060）	
書画骨とう 美術工芸品		一般用	和歌山市三葛 999		100,000	
（摘要）						

（　4　）枚のうち（　2　）枚目

273

第4章　設例に基づく財産債務調書の記載例

平成 27 年12月31日分　　財産債務調書（次葉）

財産債務を有する者	住所 又は事業所、事務所、居所など	和歌山市三葛 999					
	氏　名	清文　太郎			（電話）073 － 444 － 5555		

財産債務の区分	種　類	用途	所　　在	数量	（上段は有価証券等の取得価額）財産の価額又は債務の金額	備　考
			書画骨とう美術工芸品計		円 （100,000）円	
貴金属類	金	一般用	和歌山市三葛 999	5 kg	25,000,000	
〃	〃	〃	大阪市北区○○1-1-1 J 株式会社	10g	50,000	
			貴金属類計		（25,050,000）	
その他の動産	棚卸資産	事業用	和歌山市東高松 1 丁目 999-1	50 個	10,000,000	
〃	家庭用動産	一般用	和歌山市三葛 999	1 台	10,000,000	
			その他の動産計		（20,000,000）	
その他の財産	保険の契約に関する権利	一般用	中小機構		8,653,040	
			保険の契約に関する権利計		（8,653,040）	
その他の財産	株式に関する権利（K 社）	〃	和歌山市●番丁 1 ○○証券和歌山支店	500 個	1,330,000	
			株式に関する権利計		（1,330,000）	
その他の財産	保証金	事業用	和歌山市和佐● △△　一郎		600,000	
〃	委託保証金	一般用	和歌山市●番丁 1 ○○証券和歌山支店		1,000,000	
			預託金等計		（1,600,000）	
その他の財産	組合等に対する出資	一般用	東京都港区××1-4-12-3301 ○△投資事業有限責任組合		9,623,875	
			組合等に対する出資計		（9,623,875）	
その他の財産	信託に関する権利	一般用	和歌山市○番丁 1 ●●信託株式会社和歌山支店		60,180,295	
			信託に関する権利計		（60,180,295）	
その他の財産	無体財産権	一般用	東京都千代田区○○2-6-13 L出版株式会社		1,597,760	
			無体財産権計		（1,597,760）	
その他の財産	手付金	事業用	和歌山市東高松 1 丁目 999-1		5,000,000	店舗改装費用
（摘要）						

（　4　）枚のうち（　3　）枚目

財産債務調書の記載例

平成 27 年12月31日分　　財産債務調書（次葉）

財産債務を有する者	住　所 (又は事業所、事務所、居所など)	和歌山市三葛999				
	氏　名	清文　太郎			（電話）073 － 444 － 5555	

財産債務の区分	種　類	用途	所　　在	数量	(上段は有価証券等の取得価額) 財産の価額又は債務の金額	備　考
			その他の財産計		円 (5,000,000円)	
借入金		一般用	和歌山市紀三井寺999-9 ○×銀行紀三井寺支店		30,000,000	連帯債務
〃		事業用	和歌山市本町●丁目1-1 ○×銀行本店		5,000,000	
			借入金計		(35,000,000)	
未払金	買掛金	事業用	和歌山市雑賀崎999-9 N株式会社		10,000,000	
〃	未払金	事業用	和歌山市番丁23 和歌山市役所		1,422,000	固定資産税
			未払金計		(11,422,000)	
その他の債務	前受金	事業用	和歌山市湊555 ○商事株式会社		1,000,000	予約金
〃	〃	〃	海南市黒江999 株式会社P商事		1,000,000	〃
〃	未払金	〃		30 件	3,000,000	保証金
			その他の債務計		(5,000,000)	
(摘要)						

（　4　）枚のうち（　4　）枚目

財産債務調書合計表の記載例

和歌山 税務署長
_____年_____月_____日　平成 27 年12月31日分　**財産債務調書合計表**

〒640-0000
住所又は事業所事務所居所など：和歌山市三葛999

フリガナ　セイブン　タロウ
氏名　清文　太郎　㊞

性別　男・女　　職業　会社役員
生年月日　3　33 11 22
電話番号（自宅・勤務先・携帯）073-444-5555
国外財産調書の提出　有
整理番号　1 1 1 1 1 1 1

財産の区分		財産の価額又は取得価額	財産の区分	財産の価額又は取得価額
土　地	①	132093628	書画骨とう美術工芸品 ⑭	100000
建　物	②	47916961	貴金属類 ⑮	25050000
山　林	③	83433	動産（④⑭⑮以外） ⑯	20000000
現　金	④	217796	保険の契約に関する権利 ⑰	8653040
預貯金	⑤	4693541	株式に関する権利 ⑱	1330000
有価証券　上場株式	⑥	217750000	預託金等 ⑲	1600000
取得価額	㋐	201000000	組合等に対する出資 ⑳	9623875
非上場株式	⑦	365231380	信託に関する権利 ㉑	60180295
取得価額	㋑	30000000	無体財産権 ㉒	1597760
株式以外の有価証券	⑧	23200000	その他の財産（上記以外） ㉓	5000000
取得価額	㋒	23190000	国外財産調書に記載した国外財産の価額の合計額 ㉔	
匿名組合契約の出資の持分	⑨	140000000	財産の価額の合計額 ㉕	882205769
取得価額	㋓	100000000	国外財産調書に記載した国外転出特例対象財産の価額の合計額 ㉖	
未決済信用取引等に係る権利	⑩	1220000	国外転出特例対象財産の価額の合計額 ㉗	882205769
取得価額	㋔		債務の区分	債務の金額
未決済デリバティブ取引に係る権利	⑪	820000	借入金 ㉘	35000000
取得価額	㋕		未払金 ㉙	11422000
貸付金	⑫	1250000	その他の債務 ㉚	5000000
未収入金	⑬	10594060	債務の金額の合計額 ㉛	51422000

備考

税理士署名押印　㊞
電話番号　　　　－　　　　－

整理欄	通信日付印	確認印	異動 年 月 日
枚　数		区　分	

【額田　朋子】

＜参考資料＞

財産債務調書の提出制度（FAQ）_{（平成27年6月　国税庁）}

用語の意義

このFAQにおいて使用している省略用語の意義は、次のとおりです。

国外送金等調書法	内国税の適正な課税の確保を図るための国外送金等に係る調書の提出等に関する法律（平成9年法律第110号）をいいます。
国外送金等調書令	内国税の適正な課税の確保を図るための国外送金等に係る調書の提出等に関する法律施行令（平成9年政令第363号）をいいます。
国外送金等調書規則	内国税の適正な課税の確保を図るための国外送金等に係る調書の提出等に関する法律施行規則（平成9年大蔵省令第96号）をいいます。
通達	平成25年3月29日付課総8－1ほか3課共同「内国税の適正な課税の確保を図るための国外送金等に係る調書の提出等に関する法律（国外財産調書及び財産債務調書関係）の取扱いについて」（法令解釈通達）をいいます。
所基通	昭和45年7月1日付直審（所）30「所得税基本通達」をいいます。
評基通	昭和39年4月25日付直資56ほか1課共同「財産評価基本通達」をいいます。

目　　次

I　通則

【制度の概要等】

Q1　財産債務調書の提出制度の概要について教えてください。 ……… 283

Q2　財産債務調書を提出しなければならない場合について、具体的に教えてください。 ……………………………………………………… 286

Q3　12月31日において保有する財産の価額の合計額が3億円以上であるかどうか又は国外転出特例対象財産の価額の合計額が1億円以上であるかどうかを判定するに当たって、含み損があるデリバティブ取引に係る権利の価額も含める必要がありますか。 ………… 288

参考資料

Ⅱ　財産債務調書の記載事項等
【基本的な考え方】
Q4　財産債務調書には、氏名及び住所（又は居所等）及び個人番号[注]
のほか、財産の種類、数量、価額、所在並びに債務の金額等を記
載することとされていますが、記載事項を具体的に教えてくだ
さい。 …………………………………………………………………… 288

Q5　財産債務調書に記載する財産の種類、数量、価額、所在並びに債
務の金額等は、その財産債務の用途別（一般用及び事業用の別）
に記載することとされています。保有する財産債務の用途が「一
般用」であるのか、「事業用」であるのかについては、どのように
判定すればよいのですか。 …………………………………………294

Q6　財産債務の用途が「一般用」及び「事業用」の兼用である場合、
財産債務調書にはどのように記載すればよいのですか。 …………294

Q7　避暑用のリゾートマンション（土地付建物）を保有しています。
売買契約書を確認しても「土地」と「建物」の価額に区分するこ
とができません。このような財産の場合、財産債務調書にはどの
ように記載すればよいのですか。 ………………………………… 295

Q8　証券会社に特定口座を開設しています。この口座内で保有する上
場株式等については、財産債務調書にどのように記載すればよい
のですか。 ………………………………………………………… 296

Q9　証券会社に非課税口座を開設しています。この口座内で保有する
上場株式等については、財産債務調書にどのように記載すればよ
いのですか。 ……………………………………………………… 296

【事業用の財産の価額及び債務の金額の記載】
Q10　個人で事業を営んでいます。12月31日現在の事業上の売掛金が
多数あります。この売掛金についても所在別に記載する必要があ
りますか。 ………………………………………………………… 297

Q11　不動産賃貸業を営んでいます。12月31日現在の未払金や預り保
証金が多数あります。これらの債務についても所在別に記載する
必要がありますか。 ……………………………………………… 298

【財産の所在の記載事項】
Q12　財産債務調書に記載する「財産」の所在は、どのように判定する
のですか。 ………………………………………………………… 298

Q13　財産の所在について、基本的には相続税法第10条第1項及び第2

278

財産債務調書の提出制度（FAQ）

項の規定により判定するとのことですが、相続税法以外の規定により所在を判定する財産もあるのですか。 ……………………………… 302

Q14　社債、株式等の有価証券等の所在は、具体的にどのように記載するのですか。 ……………………………………………………… 303

【土地の記載事項】

Q15　借地権を保有していますが、財産債務調書にはこの借地権をどのように記載すればよいのですか。 ……………………………… 304

【委託証拠金の記載事項】

Q16　先物取引を行うに当たり、保有するＡ社の株式（上場株式）を委託証拠金として証券会社に預託しました。この預託した株式について、財産債務調書にはどのように記載すればよいのですか。
……………………………………………………………………… 304

【債務に係る所在】

Q17　「債務」に係る所在については、財産債務調書にどのように記載するのですか。 ……………………………………………………… 305

【国外財産調書との関係】

Q18　「国外財産調書」には国外財産を記載して提出することとされていますが、「国外財産調書」を提出する場合でも、所得金額が２千万円を超え、かつ、保有する財産の価額の合計額が３億円以上又は国外転出特例対象財産の価額の合計額が１億円以上である場合は、財産債務調書を提出する必要があるのですか。 …………… 306

Ⅲ　財産の価額等

【基本的な考え方】

Q19　財産債務調書に記載する財産の価額は、その年の12月31日における時価によらなければならないのですか。 ……………………… 309

Q20　財産の「時価」とは、どのような価額をいうのですか。 ………… 309

Q21　財産の「見積価額」とは、どのような価額をいうのですか。 …… 310

Q22　財産債務調書に記載する財産の価額は、財産評価基本通達で定める方法により評価した価額でもよいのですか。 ……………………… 310

【財産の見積価額】

Q23　財産の「見積価額」の合理的な算定方法について、財産の種類ごとに具体的に教えてください。 …………………………………… 310

279

参考資料

【有価証券の価額等】

Q24 金融商品取引所等に上場等していない法人の株式を保有しています。その法人の決算期は毎年12月末ですが、各期の決算が確定する時期が翌年の3月末です。この場合、この株式の見積価額をどのように算定すればよいのですか。 ……………………… 316

Q25 ストックオプションに関する権利を保有していますが、その価額はどのように算定すればよいのですか。 ………………………… 316

Q26 財産債務調書には、有価証券等の取得価額を記載する必要があるとのことですが、どのように取得価額を算定すればよいのですか。 ……………………………………………………………………………… 317

【匿名組合契約の出資の持分の価額】

Q27 匿名組合に出資をしています。その匿名組合の計算期間は毎年12月末日に終了しますが、計算書は翌年の3月末に送付されています。この場合、その出資の持分の見積価額をどのように算定すればよいのですか。 ……………………………………………… 318

【家庭用動産の価額】

Q28 自宅に多数の家庭用動産を保有しています。この家庭用動産について、財産債務調書にはどのように記載すればよいのですか。 ……………………………………………………………………………… 319

Q29 自宅に多数の指輪やネックレスなどを所有しています（事業用ではありません。）。この場合、財産債務調書にはどのように記載すればよいのですか。 ………………………………………………… 320

【保険に関する権利の価額】

Q30 生命保険に加入していますが、この生命保険の価額はどのように算定すればよいのですか。
なお、加入している生命保険契約は満期返戻金のあるものです。 ……………………………………………………………………… 321

【定期金に関する権利の価額】

Q31 生命保険契約に基づく定期金（年金）を受け取っていますが、その価額はどのように算定すればよいのですか。 …………………… 321

【民法に規定する組合契約等その他これらに類する契約に基づく出資の価額】

Q32 不動産投資を目的とした民法上の組合に対して出資していますが、財産債務調書には出資額を記載すればよいのですか。 …………… 322

280

財産債務調書の提出制度（FAQ）

【信託に関する権利の価額】

Q33　保有している国債を金融機関に信託して運用しています。このような財産の価額は、どのような方法で算定すればよいのですか。
.... 322

【預託金等の価額】

Q34　リゾート施設を利用するための会員権を保有しています。会員権を取得する際に、リゾート施設経営会社に預託金を支払っていますが、この預託金も財産債務調書の対象になりますか。 324

【無体財産権の価額】

Q35　特許権（無体財産権）を保有していますが、その価額はどのような方法で算定すればよいのですか。 324

【共有財産の価額】

Q36　外国に別荘を保有していますが、その別荘は配偶者との共有財産として取得しており、持分が明らかではありません。このような財産の価額はどのような方法で算定すればよいのですか。 325

【相続により取得した財産の価額】

Q37　財産の相続があった場合における財産債務調書の提出義務について、教えてください。 326

【借入金で取得した財産の価額】

Q38　財産を金融機関からの借入金で取得している場合、その財産の価額の算定に当たり、借入金元本を差し引いてよいのですか。 326

【外貨で表示されている財産の邦貨換算の方法】

Q39　財産債務調書に記載する財産の価額は邦貨（円）によることとされていますが、外貨で表示されている財産の価額はどのような方法で邦貨に換算すればよいのですか。 327

Ⅳ　債務の金額

【基本的な考え方】

Q40　債務の「金額」とは、どのような金額をいうのですか。 328

【連帯債務等の金額】

Q41　金融機関からの借入金について連帯して債務を負っている場合、財産債務調書にはどのように記載すればよいのですか。 328

【外貨で表示されている債務の邦貨換算の方法】

Q42　財産債務調書に記載する債務の金額は邦貨（円）によることとさ

281

参考資料

れていますが、外貨で表示されている債務の金額はどのような方法で邦貨に換算すればよいのですか。 ……………………………… 329

V 過少申告加算税等の特例
【特例の概要】
Q43 財産債務調書を提出等している場合の、過少申告加算税等の特例措置について教えてください。 ………………………………… 329
【加重措置の適用要件】
Q44 所得税等の申告漏れが生じた場合の過少申告加算税等の加重措置の適用要件について教えてください。 ……………………… 331
【加重措置における「財産債務に関する所得税等の申告漏れ」とは】
Q45 過少申告加算税等の加重措置における、「財産債務に関する所得税等の申告漏れ」とは、具体的にどのようなことをいうのですか。
…………………………………………………………………………… 332
【年の中途で財産債務を有しなくなった場合】
Q46 平成28年中に国内で保有していたＢ社株式の全てを譲渡し、これに伴い生じた所得の申告漏れがあった場合、過少申告加算税の加重措置の適用を判断すべき財産債務調書は、どの年分の財産債務調書になりますか。 ……………………………………………… 333
【提出期限後に提出された財産債務調書の取扱い】
Q47 提出期限内に財産債務調書を提出することができなかった場合、過少申告加算税等に係る軽減措置の適用を受けることはできないのですか。 …………………………………………………………… 335

VI その他
【提出した財産債務調書に誤りがあった場合】
Q48 提出した財産債務調書の記載内容に誤りのあった場合の訂正方法について教えてください。 ………………………………………… 335

財産債務調書の提出制度（FAQ）

Ⅰ　通則

【制度の概要等】

> **Q1**　財産債務調書の提出制度の概要について教えてください。

(答)

○　財産債務調書制度は、所得税及び復興特別所得税の確定申告書を提出しなければならない方が、その年の総所得金額及び山林所得金額の合計額が２千万円を超え、かつ、その年の12月31日において価額の合計額が３億円以上の財産又は価額の合計額が１億円以上である国外転出特例対象財産を有する場合に、財産の種類、数量、価額並びに債務の金額などを記載した「財産債務調書」を、翌年の３月15日までに所得税の納税地の所轄税務署長に提出していただく制度です（国外送金等調書法６の２①本文）。

　　財産債務調書を提出しなければならない方の詳細については**Q2**を、財産債務調書の記載事項については**Q4～Q18**をご参照ください。

参考資料

［参考］「財産債務調書」

財産債務の区分	種類	用途	所　在	数量	(上段は有価証券等の取得価額) 財産の価額又は債務の金額	備考
					円 円	

平成 ☐ 年12月31日分　財産債務調書

整理番号 ☐☐☐☐☐☐☐

財産債務を有する者

住　所
(又は事業所、事務所、居所など)

氏　名

(電話)　　—　　—

国外財産調書に記載した国外財産の価額の合計額
(うち国外転出特例対象財産の価額の合計額 (　　　　　　　) 円)

財産の価額の合計額		債務の金額の合計額	

(摘要)

(　　　) 枚のうち1枚目　　通信日付印 (年月日) (　・　・　)

○　また、財産債務調書の提出に当たっては、財産債務調書に記載した財産の価額及び債務の金額をその種類ごとに合計した金額を記載した、「財産債務調書合計表」を添付する必要があります（国外送金等調書規則別表第四備考４）。

284

財産債務調書の提出制度（FAQ）

[参考]「財産債務調書合計表」

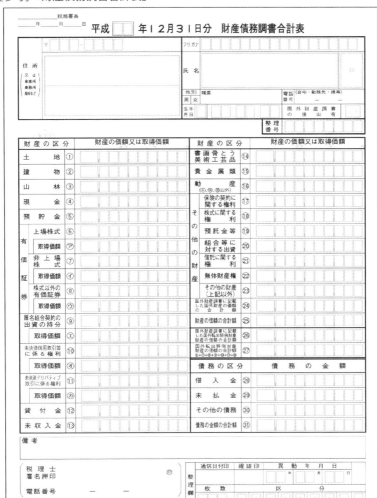

○ 「財産債務調書」及び「財産債務調書合計表」は、税務署の窓口で入手することができます。また、国税庁ホームページ（www.nta.go.jp）の≪申請・届出様式（法定調書関係）≫にも掲載しています。
　「財産債務調書合計表」は、カラープリンタで出力した場合、そのまま提出用として使用できます。

参考資料

> **Q2** 財産債務調書を提出しなければならない場合について、具体的に教えてください。

(答)

○ 所得税及び復興特別所得税の確定申告書を提出する必要がある方で、次の(1)及び(2)のいずれにも該当する場合には、財産債務調書を提出しなければなりません（国外送金等調書法６の２①本文）

(1) その年の総所得金額及び山林所得金額の合計額^(注1)が２千万円を超えること

(2) その年の12月31日においてその価額の合計額が３億円以上の財産^(注2)又はその価額の合計額が１億円以上である国外転出特例対象財産^(注3)を有すること

（注1） 申告分離課税の所得がある場合には、それらの特別控除後の所得金額の合計額を加算した金額です（国外送金等調書令12の２⑤）。

ただし、次の繰越控除を受けている場合は、その適用後の金額をいいます。

・純損失や雑損失の繰越控除

・居住用財産の買換え等の場合の譲渡損失の繰越控除

・特定居住用財産の譲渡損失の繰越控除

・上場株式等に係る譲渡損失の繰越控除

・特定中小会社が発行した株式に係る譲渡損失の繰越控除

・先物取引の差金等決済に係る損失の繰越控除

（注2） 国内に所在する財産のほか、国外に所在する財産を含みます。

（注3） 国外転出特例対象財産とは、国外転出時課税制度（所得税法60の２、60の３）の対象となる次の財産をいいます（国内に所在するか国外に所在するかを問いません。）（国外送金等調書法６の２①本文、所得税法60の２①～③）。

286

① 所得税法第2条第1項第17号に規定する有価証券又は所得税法第174条第9号に規定する匿名組合契約の出資の持分

② 決済していない金融商品取引法（昭和23年法律第25号）第156条の24第1項に規定する信用取引又は所得税法施行規則第23条の4に規定する発行日取引に係る権利

③ 決済していない金融商品取引法第2条第20項に規定するデリバティブ取引に係る権利

［参考］所得税の確定申告をする必要がある方の例

○その年分の所得金額の合計額が所得控除の合計額を超える場合で、その超える額に対する税額が、配当控除額と年末調整の住宅借入金等特別控除額の合計額を超える方は、原則として確定申告をしなければなりません。

　ただし、給与の収入金額が2,000万円以下で、かつ、1か所から給与等の支払を受けており、その給与の全部について源泉徴収される方で給与所得及び退職所得以外の所得金額が20万円以下である方等、一定の場合には確定申告をしなくてもよいことになっています。

○このほか、所得税の申告義務の有無に関しては、国税庁ホームページ（www.nta.go.jp）の≪パンフレット・手引き「確定申告に関する手引き等」≫をご覧ください。

○　なお、財産債務調書の提出期限までの間（その年の翌年の3月15日までの間）に、財産債務調書を提出しないで死亡したときは、財産債務調書の提出を要しないこととされています（国外送金等調書法6の2①ただし書）。

　また、年の中途で死亡した場合には、その死亡した年分の所得税及び復興特別所得税の確定申告書を提出する必要がある場合であっても、その死亡した年の12月31日分の財産債務調書を提出する必要はありません。

参考資料

> **Q3** 12月31日において保有する財産の価額の合計額が3億円以上であるかどうか又は国外転出特例対象財産の価額の合計額が1億円以上であるかどうかを判定するに当たって、含み損があるデリバティブ取引に係る権利の価額も含める必要がありますか。

(答)

○ その年の12月31日において保有する財産の価額の合計額が3億円以上であるかどうかを判定するに当たっては、含み損のあるデリバティブ取引や信用取引等に係る権利の価額を含めて判定します。

○ なお、その年の12月31日において決済していない信用取引等又はデリバティブ取引に係る権利の価額については、見積価額として、その年の12月31日において決済したとみなして算出した利益の額又は損失の額とすることができます（**Q21**をご確認ください。）。

　この場合、含み損のある信用取引等又はデリバティブ取引に係る権利について、その価額（見積価額）が負（マイナス）となる場合には、財産の価額の合計額を算定する際に、他の財産の価額と通算して計算します。

○ これは、その年の12月31日において保有する国外転出特例対象財産の価額の合計額が1億円以上であるかどうかを判定するに当たっても同様です。

Ⅱ　財産債務調書の記載事項等

【基本的な考え方】

> **Q4** 財産債務調書には、氏名、住所（又は居所等）及び個人番号 [注] のほか、財産の種類、数量、価額、所在並びに債務の金額等を記載することとされていますが、記載事項を具体的に教えてください。

(答)

○ 財産債務調書には、財産の種類、数量、価額及び所在並びに債務の金額その他必要な事項を記載することとされています。

　具体的には、国外送金等調書規則別表第三上欄に規定する財産債務

財産債務調書の提出制度（FAQ）

の区分に応じて、「種類別」、「用途別」（一般用及び事業用の別）及び「所在別」に、その財産の「数量」及び「価額」又はその債務の「金額」を記入します（国外送金等調書法６の２①本文、国外送金等調書令12の２⑥、国外送金等調書規則15①）。

なお、「事業用」とは、この財産債務調書を提出する方の不動産所得、事業所得又は山林所得を生ずべき事業又は業務の用に供することをいい、「一般用」とは、当該事業又は業務以外の用に供することをいいます。

また、財産債務の区分のうち、「（六）有価証券」、「（七）匿名組合契約の出資の持分」、「（八）未決済信用取引等に係る権利」及び「（九）未決済デリバティブ取引に係る権利」に区分される財産については、「取得価額」の記入も必要です（取得価額の例については、**Q26**をご参照ください。）。

(注) 個人番号の記載は、平成29年１月１日以後に提出すべき財産債務調書から必要とされていますので、平成27年12月31日における財産債務について平成28年３月15日までに提出すべき財産債務調書には個人番号を記載する必要はありません（所得税法等の一部を改正する法律（平成27年法律第９号）附則101④）

［参考］財産債務の区分及び記載事項（国外送金等調書規則別表第三）

財産債務の区分	記 載 事 項
（一）土地	用途別及び所在別の地所数、面積及び価額
（二）建物	用途別及び所在別の戸数、床面積及び価額
（三）山林	用途別及び所在別の面積及び価額
（四）現金	用途別及び所在別の価額
（五）預貯金	種類別（当座預金、普通預金、定期預金等の別）、用途別及び所在別の価額
（六）有価証券	種類別（株式、公社債、投資信託、特定受益証券発行信託、貸付信託等の別及び銘柄の別）、用途別及び所在別の数量及び価額並びに取得価額

289

参考資料

（七）匿名組合契約の出資の持分	種類別（匿名組合の別）、用途別及び所在別の数量及び価額並びに取得価額
（八）未決済信用取引等に係る権利	種類別（信用取引及び発行日取引の別並びに銘柄の別）、用途別及び所在別の数量及び価額並びに取得価額
（九）未決済デリバティブ取引に係る権利	種類別（先物取引、オプション取引、スワップ取引等の別及び銘柄の別）、用途別及び所在別の数量及び価額並びに取得価額
（十）貸付金	用途別及び所在別の価額
（十一）未収入金（受取手形を含む。）	用途別及び所在別の価額
（十二）書画骨とう及び美術工芸品	種類別（書画、骨とう及び美術工芸品の別）、用途別及び所在別の数量及び価額（１点10万円未満のものを除く。）
（十三）貴金属類	種類別（金、白金、ダイヤモンド等の別）、用途別及び所在別の数量及び価額
（十四）（四）、（十二）及び（十三）に掲げる財産以外の動産	種類別（（四）、（十二）及び（十三）に掲げる財産以外の動産について、適宜に設けた区分）、用途別及び所在別の数量及び価額（１個又は１組の価額が10万円未満のものを除く。）
（十五）その他の財産	種類別（（一）から（十四）までに掲げる財産以外の財産について、預託金、保険の契約に関する権利等の適宜に設けた区分）、用途別及び所在別の数量及び価額
（十六）借入金	用途別及び所在別の金額
（十七）未払金（支払手形を含む。）	用途別及び所在別の金額
（十八）その他の債務	種類別（前受金、預り金など適宜に設けた区分）、用途別及び所在別の数量及び金額

○ また、国外送金等調書規則別表第三上欄に規定する財産債務の区分のうち、次に掲げる財産債務の区分に該当する財産債務の「所在」の記載に当たっては、「その他必要な事項」として、所在地のほか、債務者等の氏名又は名称を記載してください（国外送金等調書法６の２①本文、通達６の２−４、６の２−６、６の２−７）。

[参考] 財産債務の所在（氏名又は名称）の記載要領

財産債務の区分	氏名又は名称
（五）預貯金	預貯金を預入れている金融機関の名称（支店名を含む。）
（六）有価証券	有価証券取引に係る金融機関の名称（支店名を含む。）
（七）匿名組合契約の出資の持分	営業者等の氏名または名称
（八）未決済信用取引等に係る権利	信用取引等に係る金融機関の名称（支店名を含む。）
（九）未決済デリバティブ取引に係る権利	デリバティブ取引に係る金融機関の名称（支店名を含む。）
（十）貸付金	貸付金に係る債務者の氏名又は名称
（十一）未収入金（受取手形を含む。）	未収入金に係る債務者の氏名又は名称
（十五）その他の財産	預託金等の預入れ先の氏名又は名称
（十六）借入金	借入金に係る債権者の氏名又は名称
（十七）未払金（支払手形を含む。）	未払金に係る債権者の氏名又は名称
（十八）その他の債務	預り金等の預り先の氏名又は名称

○　財産の所在の判定についての詳細は、**Q12**をご確認ください。

○　財産債務調書の記載例については、国税庁ホームページ（www.nta.go.jp）の《申請・届出様式（法定調書関係）》に掲載していますのでご覧ください。

参考資料

「財産債務調書」の記載例

| 整理番号 | 0XXXXXXX |

平成××年12月31日分 財産債務調書

財産債務を有する者	住　所〔又は事業所、事務所、居所など〕				
	氏　名			（電話）　　　－　　　－	

	財産債務の区分	種　類	用途	所　　在	数量	〔上段は有価証券等の取得価額〕財産の価額又は債務の金額	備考
1	土地		事業用	東京都千代田区○○1－1－1	1 250㎡	250,000,000	
2	建物		事業用	東京都港区○○3－3－3	1 500㎡	110,000,000	
	建物		一般用	東京都品川区○○5－5－5－2501	1 95㎡	89,000,000	土地を含む
				建物計		199,000,000	
3	預貯金	普通預金	事業用一般用	○○銀行△△支店		38,961,915	
4	有価証券	上場株式（B社）	一般用	△△証券△△支店	5,000株	6,500,000 6,450,000	
5	匿名組合出資		一般用	東京都港区○○1－1－1 株式会社B	100口	100,000,000 140,000,000	
6	未決済デリバティブに係る権利	先物取引（○○）	一般用	××証券××支店	100口	30,000,000 29,000,000	
7	貸付金		事業用	東京都目黒区○○2－1－1 ○○　△△		3,000,000	
	未収入金	売掛金	事業用	東京都豊島区○○2－1－1 株式会社C		1,500,000	
	未収入金	売掛金	事業用	その他10件		2,300,000	
				未収入金計		3,800,000	
8	貴金属類	ダイヤモンド	一般用	○○市○○町1－1－3	3個	6,000,000	
9	その他の財産	家庭用動産	一般用	○○市○○町1－1－3	20個	3,000,000	
10	その他の財産	委託証拠金	一般用	××証券××支店		10,000,000	
11	借入金		事業用	○○銀行△△支店		20,000,000	
	未払金	買掛金	事業用	東京都港区○○7－8－9 株式会社D		1,500,000	
12	その他債務	保証金	事業用	東京都台東区○○2－3－4 株式会社E		2,000,000	

国外財産調書に記載した国外財産の価額の合計額（うち国外転出特例対象財産の価額の合計額（34,000,000）円）			80,000,000
13　財産の価額の合計額	769,211,915	債務の金額の合計額	23,500,000

（摘要）

（1）枚のうち（1）枚目

財産債務調書の提出制度（FAQ）

【各財産及び債務共通】

1 それぞれの財産債務を「事業用」と「一般用」に区分し、更に、所在の別に区分します。
2 所在については、それぞれの財産債務の所在地を記入してください。
　※ 各財産債務において記載例が示されている場合には、各財産債務の書き方に従って記入してください。
3 財産の価額については、その年の12月31日における財産の時価又は時価に準ずる価額として「見積価額」を記入してください。
4 一の財産及び債務の区分について複数の財産及び債務を記入する場合には、財産及び債務の区分ごとに価額（小計）を記入してください。
5 事業用の財産債務で「未収入金」「その他の財産」「未払金」「その他の債務」に区分される債権又は債務について、その価額又は金額が100万円未満のものについては、所在別に区分することなく、その件数及び総額を記入して差し支えありません。
6 国外財産調書を提出する場合には、国外財産調書に記載した国外財産の価額の合計額及び国外転出特例対象財産の価額の合計額を財産債務調書にも記入してください。

① 土地

○ 「数量」欄の上段に地所数を、下段に面積を記入してください。

② 建物

1 「数量」欄の上段に戸数を、下段に床面積を記入してください。
2 2以上の財産区分からなる財産を一括して記入する場合には「備考」欄に一括して記入する財産の区分等を記入してください。

③ 預貯金

1 左記「各財産及び債務共通」の1に加え、預貯金の種類（当座預金、普通預金、定期預金等）の別に区分します。
2 「種類」欄に預貯金の種類を記入してください。
3 「所在」欄は預貯金を預入れている金融機関の所在地、名称及び支店名を記入してください。

④ 有価証券

1 上記「各財産及び債務共通」の1に加え、有価証券の種類（株式、公社債、投資信託、特定受益証券発行信託、貸付信託等）及び銘柄の別に区分します。
2 「種類」欄に有価証券の種類及び銘柄を記入してください。
　なお、株式については、「上場株式」と「非上場株式」に区分して記入してください。
3 「所在」欄は有価証券の保管等を委託している場合には、金融商品取引業者等の所在地、名称及び支店名を記入してください。
4 「価額」欄の上段には取得価額を記載してください。

⑤ 匿名組合契約の出資の持分

1 左記「各財産及び債務共通」の1に加え、匿名組合の別に区分します。
2 「所在」欄は金融商品取引業者等に取引を委託している場合には、その名称及び支店名を記載してください。
3 「価額」欄の上段には取得価額を記入してください。

⑥ 未決済信用取引等に係る権利及び未決済デリバティブ取引に係る権利

1 左記「各財産及び債務共通」の1に加え、未決済

信用取引に係る権利及び未決済デリバティブ取引に係る権利の種類及び銘柄の別に区分します。
2 「種類」欄に未決済信用取引に係る権利及び未決済デリバティブ取引に係る権利の種類及び銘柄を記入してください。
3 「所在」欄は金融商品取引業者等に取引を委託している場合には、その名称及び支店名を記載してください。
4 「価額」欄の上段には取得価額を記入してください。

⑦ 貸付金及び未収入金

○ 「所在」欄は債務者の氏名又は名称及び住所を記入してください。

⑧ 貴金属類

1 左記「各財産及び債務共通」の1に加え、貴金属の種類（金、白金、ダイヤモンド等）の別に区分します。
2 「種類」欄に貴金属類の種類を記入してください。
3 「数量」欄に点数又は重量を記入してください。

⑨ その他の動産

○ 上記「貴金属類」に準じて記入してください。
　※ その他の動産とは、家庭用動産（家具、什器備品や自動車などの動産（現金、書画骨とう、美術工芸品、貴金属類を除きます。））、棚卸資産、減価償却資産をいいます。
　※ 貴金属類のうち、いわゆる装身具として用いられるものは、家庭用動産として取り扱って差し支えありません。

⑩ その他の財産

○ 上記「貴金属類」に準じて記入してください。
　※ その他の財産とは、上記のどの種類にも当てはまらない財産、例えば、保険契約に関する権利、民法に規定する組合契約等その他これらに類する契約に基づく出資、信託受益権などをいいます。

⑪ 借入金及び未払金

○ 「所在」欄は債権者の氏名又は名称及び住所を記入してください。

⑫ その他の債務

○ 下記「書画骨とう」に準じて記入してください。
　※ その他の債務とは、「借入金」「未払金」に当てはまらない債務、例えば、前受金、預り金、保証金、敷金などをいいます。

⑬ 「財産の価額の合計額」「債務の金額の合計額」欄

○ 2枚以上の調書を作成、提出する場合でも、「合計額」は1枚目の調書に記入してください。

書画骨とう及び美術工芸品

1 左記「各財産及び債務共通」の1に加え、書画骨とうの種類（書画、骨とう、美術工芸品）の別に区分します。
2 「種類」欄に書画骨とうの種類を記入してください。
3 「数量」欄に点数を記入してください。

　※ 価額等の記入に当たっては、裏面を参照してください。

参考資料

> **Q5** 財産債務調書に記載する財産の種類、数量、価額、所在並びに債務
> の金額等は、その財産債務の用途別（一般用及び事業用の別）に記載
> することとされています。
> 　保有する財産債務の用途が「一般用」であるのか、「事業用」であ
> るのかについては、どのように判定すればよいのですか。

（答）

○　財産債務調書に記載すべき財産債務の用途が「一般用」であるのか、
「事業用」であるのかについては、次のとおり判定します。

○　事業用の財産債務とは、その財産債務を、財産債務調書を提出する
方の不動産所得、事業所得又は山林所得を生ずべき事業又は業務の用
に供している財産債務をいいます。

　また、一般用の財産債務とは、当該事業又は業務の用に供する以外
の財産債務をいいます（国外送金等調書規則別表第三備考一）。

> **Q6** 財産債務の用途が「一般用」及び「事業用」の兼用である場合、財
> 産債務調書にはどのように記載すればよいのですか。

（答）

○　財産債務調書に記載する財産の種類、数量、価額及び所在並びに債
務の金額等については、国外送金等調書規則別表第三に規定する財産
債務の区分に応じて、同別表の「記載事項」に規定する、「種類別」、
「用途別」（一般用及び事業用の別）及び「所在別」に記載することと
されています（国外送金等調書法6の2①本文、国外送金等調書令
12の2⑥、国外送金等調書規則15①）。

○　なお、財産債務調書に記載すべき財産債務の用途が、「一般用」及
び「事業用」の兼用である場合には、財産債務調書を提出する方の事
務負担を軽減する観点から、一般用部分と事業用部分とを区分するこ
となく、財産債務調書に記載することができます（通達6の2－4、
6の2－6）。

○　したがって、財産債務調書の記載に当たり、「用途」欄には「一般用、

294

財産債務調書の提出制度（FAQ）

事業用」と記載し、「価額」欄は、用途別に区分することなく算定した財産の価額又は債務の金額を記載して差し支えありません。

> **Q7** 避暑用のリゾートマンション（土地付建物）を保有しています。売買契約書を確認しても「土地」と「建物」の価額に区分することができません。このような財産の場合、財産債務調書にはどのように記載すればよいのですか。

（答）

○　財産債務調書に記載する財産の種類、数量、価額及び所在並びに債務の金額等については、国外送金等調書規則別表第三に規定する財産の区分に応じて、同別表の「記載事項」に規定する「種類別」、「用途別」（一般用及び事業用の別）及び「所在別」に記載することとされています（国外送金等調書法6の2①本文、国外送金等調書令12の2⑥、国外送金等調書規則15①）。

○　なお、財産債務調書に記載すべき財産が同別表に規定する2以上の財産の区分からなる財産で、それぞれの財産の区分に分けて財産の価額を算定することが困難な場合には、財産債務調書を提出される方の事務負担を軽減する観点から、これらの財産は一体のものとしてその財産の価額を算定し、いずれかの財産の区分にまとめて記載することができます（通達6の2-4）。

○　お尋ねのリゾートマンション（土地付建物）については、財産債務調書の各欄に次のとおり記載してください。

[参考] 2以上の財産からなる財産債務に係る財産債務調書（各欄）の記載要領

各　　欄	記　載　要　領
財産債務の区分	「建物」
用　　途	「一般用」
所　　在	リゾートマンションが所在する「住所」
数　　量	上段に「戸数」、下段に「床面積」
価　　額	建物及び土地の合計額
備　　考	価額には「土地を含む」旨

参考資料

> **Q8** 証券会社に特定口座を開設しています。この口座内で保有する上場株式等については、財産債務調書にどのように記載すればよいのですか。

（答）

○　財産債務調書に記載する財産の種類、数量、価額及び所在等については、国外送金等調書規則別表第三に規定する財産の区分に応じて、同別表の「記載事項」に規定する、「種類別」、「用途別」（一般用及び事業用の別）及び「所在別」に記載することとされています（国外送金等調書法6の2①本文、国外送金等調書令12の2⑥、国外送金等調書規則15①）。

　　また、有価証券に区分される財産については、「種類別」は「株式、公社債、投資信託、特定受益証券発行信託、貸付信託等の別及び銘柄の別」とすることとされています（国外送金等調書規則別表第三）。

○　しかしながら、特定口座内に保有する上場株式等については、「種類別」のうち「銘柄の別」の記載をせず、所在別、株式、公社債、投資信託等の別に一括して価額及び取得価額を記載して差し支えありません（通達6の2－4(4)）。

○　なお、特定口座内で上場株式等の信用取引又は発行日取引を行っている場合で、その年の12月31日において決済していないものについては、財産債務の区分のうち「未決済信用取引等に係る権利」に区分される財産に該当しますが、当該口座内の当該信用取引等に係る権利についても、「種類別」のうち「銘柄の別」の記載をせず、所在別、株式、公社債、投資信託等の別に一括して価額及び取得価額を記載して差し支えありません。

> **Q9** 証券会社に非課税口座を開設しています。この口座内で保有する上場株式等については、財産債務調書にどのように記載すればよいのですか。

（答）

○　非課税口座内に保有する上場株式等については、「種類別」のうち「銘柄の別」に記載せず、所在別、株式、公社債、投資信託等の別に一括して価額及び取得価額を記載して差し支えありません（通達6の2－4(4)）。

【事業用の財産の価額及び債務の金額の記載】

> **Q10**　個人で事業を営んでいます。12月31日現在の事業上の売掛金が多数あります。この売掛金についても所在別に記載する必要がありますか。

（答）

○　財産債務調書に記載する財産の種類、数量、価額及び所在等については、国外送金等調書規則別表第三に規定する財産の区分に応じて、同別表の「記載事項」に規定する、「種類別」、「用途別」（一般用及び事業用の別）及び「所在別」に記載することとされています（国外送金等調書法6の2①本文、国外送金等調書令12の2⑥、国外送金等調書規則15①）。

○　したがって、財産債務調書の記載にあたり、売掛金など事業上の債権についてはその所在別（相手方の住所又は本店若しくは主たる事務所の所在）にその価額を記載することとなります。

○　しかしながら、財産債務調書を提出する方の事務負担を軽減する観点から、「未収入金」又は「その他の財産」に区分される財産のうち、不動産所得、事業所得又は山林所得を生ずべき事業又は業務の用に供する債権であり、かつ、その年の12月31日における価額が100万円未満のものについては、所在別に記載をせず、その件数と総額を記載することとして差し支えありません（通達6の2－4(5)）。

参考資料

> **Q11** 不動産賃貸業を営んでいます。12月31日現在の未払金や預り保証金が多数あります。これらの債務についても所在別に記載する必要がありますか。

（答）

○　財産債務調書に記載する債務の金額等については、国外送金等調書規則別表第三に規定する債務の区分に応じて、同別表の「記載事項」に規定する、「種類別」、「用途別」（一般用及び事業用の別）及び「所在別」に記載することとされています（国外送金等調書法６の２①本文、国外送金等調書令12の２⑥、国外送金等調書規則15①）。

○　したがって、財産債務調書の記載にあたり、未払金や預り保証金など事業上の債務についてはその所在別（相手方の住所又は本店若しくは主たる事務所の所在）にその金額を記載することとなります。

○　しかしながら、「未払金」又は「その他の債務」に区分される債務のうち、不動産所得、事業所得又は山林所得を生ずべき事業又は業務の用に供する債務であり、かつ、その年の12月31日における金額が100万円未満のものについては、所在別に記載をせず、その件数と総額を記載することとして差し支えありません（通達６の２－６(2)）。

【財産の所在の記載事項】

> **Q12** 財産債務調書に記載する「財産」の所在は、どのように判定するのですか。

（答）

○　財産債務調書に記載する財産の所在については、基本的には財産の所在の判定について定める相続税法第10条の規定によることとされ、同条第１項及び第２項に掲げる財産については、これらの規定の定めるところによることとされています（国外送金等調書法６の２③、国外送金等調書令10、12の２①）。

○　なお、有価証券等^{（注1）}が、金融商品取引業者等の営業所等に開設

財産債務調書の提出制度（FAQ）

された口座に係る振替口座簿^(注2)に記載等がされているものである
場合等におけるその有価証券等の所在については、相続税法第10条
第1項及び第2項等の規定にかかわらず、その口座が開設された金融
商品取引業者等の営業所等の所在によることとされています（国外送
金等調書令10②、12の2①、国外送金等調書規則12③ただし書・④、
15③、通達6の2－5）。

（注1） 「有価証券等」とは具体的には次のものをいいます。

① 貸付金債権（相続税法第10条第1項第7号に掲げる財産）
に係る有価証券

② 社債若しくは株式、法人に対する出資又は外国預託証券（相
続税法第10条第1項第8号に掲げる財産）

③ 集団投資信託又は法人課税信託に関する権利（相続税法第
10条第1項第9号に掲げる財産）に係る有価証券

④ 国債又は地方債（相続税法第10条第2項に規定する財産）

⑤ 外国等の発行する公債（相続税法第10条第2項に規定す
る財産）

⑥ 抵当証券又はオプションを表示する証券若しくは証書（国
外送金等調書規則第12条第3項第2号に規定する財産）

⑦ 組合契約等に基づく出資（国外送金等調書規則第12条第
3項第3号に規定する財産）に係る有価証券

⑧ 信託に関する権利（国外送金等調書規則第12条第3項第
4号に規定する財産）に係る有価証券

（注2） 「金融商品取引業者等の営業所等に開設された口座に係る振
替口座簿」とは、社債、株式等の振替に関する法律（平成13
年法律第75号）に規定する振替口座簿をいい、外国における
これに類するものを含みます。

○ その年の12月31日において保有する各財産の所在の具体的な記載
については、その財産の現況により、次表により記載します。

299

参考資料

財産の所在の記載一覧表

	財産及び債務の種類	所在の記載	
1	動産若しくは不動産又は不動産の上に存する権利	その動産又は不動産の所在	
2	1のうち、船舶又は航空機	船籍又は航空機の登録をした機関の所在 (注1)	
3	鉱業権若しくは租鉱権又は採石権	鉱区又は採石場の所在	
4	漁業権又は入漁権	漁場に最も近い沿岸の属する市町村又はこれに相当する行政区画	
5	金融機関に対する預金、貯金、積金又は寄託金 (注2)	その預金等の受入れをした営業所又は事業所の所在	
6	保険金(保険の契約に関する権利を含みます。)(注3)	その保険の契約に係る保険会社等の本店等又は主たる事務所の所在	
7	退職手当金、功労金その他これらに準ずる給与(一定の年金又は一時金に関する権利を含みます。)(注4)	その給与を支払った者の住所又は本店若しくは主たる事務所の所在	
8	貸付金債権	その債務者の住所又は本店若しくは主たる事務所の所在 (注5)	口座が開設された金融商品取引業者等の営業所等の所在 (注8)
9	社債若しくは株式(株式に関する権利(株式を無償又は有利な価額で取得することができる権利その他これに類する権利を含みます。)が含まれます。)、法人に対する出資又は外国預託証券 (注6、7)	その社債若しくは株式の発行法人、その出資のされている法人又は外国預託証券に係る株式の発行法人の本店又は主たる事務所の所在	
10	集団投資信託又は法人課税信託に関する権利	これらの信託の引受けをした営業所、事務所その他これらに準ずるものの所在	
11	特許権、実用新案権、意匠権若しくはこれらの実施権で登録されているもの、商標権又は回路配置利用権、育成者権若しくはこれらの利用権で登録されているもの	その登録をした機関の所在	

300

財産債務調書の提出制度（FAQ）

12	著作権、出版権又は著作隣接権でこれらの権利の目的物が発行されているもの	これを発行する営業所又は事業所の所在	
13	1から12までの財産を除くほか、営業所又は事業所を有する者の営業上又は事業上の権利	営業所又は事業所の所在	
14	国債又は地方債	この法律の施行地（国内）	口座が開設された金融商品取引業者等の営業所等の所在^{（注8）}
15	外国又は外国の地方公共団体その他これに準ずるものの発行する公債	その外国	
16	預託金又は委託証拠金その他の保証金（5に該当する財産を除きます。）	左記の預託金等の受入れをした営業所又は事務所その他これらに類するものの所在	
17	抵当証券又はオプションを表示する証券若しくは証書	左記の有価証券の発行者の本店又は主たる事務所の所在	
18	組合契約等に基づく出資	左記の組合契約等に基づいて事業を行う主たる事務所、事業所その他これらに類するものの所在	口座が開設された金融商品取引業者等の営業所等の所在^{（注8）}
19	信託に関する権利	その信託の引受けをした営業所、事務所その他これらに類するものの所在	
20	未決済信用取引等又は未決済デリバティブ取引に係る権利	これらの取引に係る契約の相手方である金融商品取引業者等の営業所、事業所その他これらに類するものの所在	
21	1から20までに掲げる財産以外の財産	その財産を有する者の住所（住所を有しない場合は居所）	

（注1） 船籍のない船舶については、相続税法基本通達10－1に基づき、動産としてその所在を判定します。

（注2） 「金融機関に対する預金、貯金、積金又は寄託金」とは、相続税法施行令第1条の13に規定するものをいいます。

（注3） 「保険の契約に関する権利」の所在については、国外送金等調書規則第12条第2項の規定の適用があります。

（注4） 「一定の年金又は一時金に関する権利」とは、相続税法施行令第1条の3に定める年金又は一時金に関する権利（これらに類するものを含みます。）をい

参考資料

います。

(注5) 債務者が2以上ある場合には、主たる債務者とし、主たる債務者がないときは、相続税法施行令第1条の14により判定した一の債務者となります。

(注6) 「外国預託証券」とは、相続税法施行令第1条の15《有価証券》に規定する外国預託証券をいいます。

(注7) 「株式に関する権利（株式を無償又は有利な価額で取得することができる権利その他これに類する権利を含みます。）」の所在については、国外送金等調書規則第12条第2項の規定の適用があります。

(注8) 左記の財産に係る有価証券が、金融商品取引業者等の営業所等に開設された口座に係る振替口座簿に記載等がされているものである場合の取扱いです。

Q13 財産の所在について、基本的には相続税法第10条第1項及び第2項の規定により判定するとのことですが、相続税法以外の規定により所在を判定する財産もあるのですか。

(答)

○　相続税法に規定する社債、株式等の有価証券等のうち一定のものについては、相続税法第10条第1項及び第2項の規定にかかわらず、国外送金等調書令第12条の2第1項が準用する同第10条第2項の規定により所在を記載します（詳細は**Q14**を参照）。

○　また、相続税法第10条第1項及び第2項に規定する財産以外の財産で、次に掲げる財産については、国外送金等調書規則第12条第3項の規定により、それぞれ次によりその所在を記載します（国外送金等調書令12の2⑥、国外送金等調書規則12③、15②）。

(1)　預託金又は委託証拠金その他の保証金

　　預託金又は委託証拠金その他の保証金の受入れをした営業所又は事務所その他これらに類するものの所在（国外送金等調書規則12③一）。

(2)　抵当証券又はオプションを表示する証券若しくは証書等

　　これらの有価証券の発行者の本店又は主たる事務所の所在（国外送金等調書規則12③二）。

302

財産債務調書の提出制度（FAQ）

(3)　組合契約等に基づく出資

　　これらの契約に基づいて事業を行う主たる事務所、事業所その他これらに類するものの所在（国外送金等調書規則12③三）。

(4)　信託に関する権利（集団投資信託又は法人課税信託に関する権利及び上記(1)から(3)までの財産に該当するものを除きます。）

　　その信託の引受けをした営業所、事務所その他これらに類するものの所在（国外送金等調書規則12③四）。

(5)　未決済信用取引等又は未決済デリバティブ取引に係る権利

　　これらの取引に係る契約の相手方である金融商品取引業者等の営業所、事業所その他これらに類するものの所在（国外送金等調書規則12③五）。

(6)　上記以外の財産

　　その財産を有する方の住所（住所を有しない方にあっては、居所）の所在（国外送金等調書規則12③六）。

○　なお、上記(2)から(4)の財産に係る有価証券のうち一定のものについては、国外送金等調書規則第12条第3項ただし書の規定により所在を記載します（詳細は**Q12**を参照）。

Q14　社債、株式等の有価証券等の所在は、具体的にどのように記載するのですか。

（答）

○　財産の所在の記載については、基本的には財産の所在について定める相続税法第10条第1項及び第2項の規定によることとされ、これらの項に規定する財産については、これらの項の定めるところによることとされています（国外送金等調書法6の2①本文、国外送金等調書令10①、12の2①）。

○　ただし、社債、株式等の有価証券等（以下「有価証券等」といいます。）が金融商品取引業者等の営業所等に開設された口座に係る振替

303

参考資料

口座簿に記載等がされているものである場合におけるその有価証券等の所在については、その口座が開設された金融商品取引業者等の営業所等の所在により記載することとされています（国外送金等調書令10②、12の２①、国外送金等調書規則12③ただし書、通達６の２－５）。

【土地の記載事項】

> **Q15** 借地権を保有していますが、財産債務調書にはこの借地権をどのように記載すればよいのですか。

（答）

○　財産債務調書に記載する財産の種類、数量、価額及び所在等については、国外送金等調書規則別表第三に規定する財産の区分に応じて、同別表の「記載事項」に規定する「種類別」、「用途別」（一般用及び事業用の別）及び「所在別」に記載することとされています（国外送金等調書法６の２①本文、国外送金等調書令12の２⑥、国外送金等調書規則15①）。

○　お尋ねの借地権については、「財産債務の区分」のうち「土地」に該当するものとして記載してください。

【委託証拠金の記載事項】

> **Q16** 先物取引を行うに当たり、保有するＡ社の株式（上場株式）を委託証拠金として証券会社に預託しました。この預託した株式について、財産債務調書にはどのように記載すればよいのですか。

（答）

○　先物取引、オプション取引などのデリバティブ取引や、信用取引等を行う際に、委託証拠金その他の保証金として現金又は有価証券を証券会社等に預託することがあります。

○　この委託証拠金その他の保証金として預託した現金又は有価証券については、次のように取り扱います。

304

(1)　預託した現金

　　　財産の区分のうち「その他の財産」に該当し、財産債務調書には、種類別、用途別、所在別の数量及び価額を記載します。

　(2)　預託した有価証券（いわゆる代用有価証券）

　　　財産の区分のうち「有価証券」に該当し、財産債務調書には、種類別、用途別、所在別の数量及び価額 ^(注) 並びに取得価額を記載します（通達6の2－2(1)イ）。

　　(注)　価額は、委託証拠金その他の保証金として取り扱われた金額（いわゆる代用価格に基づく金額）ではなく、当該有価証券の時価又は見積価額を記載します。

○　したがって、ご質問の委託証拠金として預託した株式については、区分欄には「有価証券」と、種類欄には「上場株式（Ａ社）」と記載します。

【債務に係る所在】

> **Q17**　「債務」に係る所在については、財産債務調書にどのように記載するのですか。

(答)

○　債務に係る所在については、次のとおり記載することとされています（通達6の2－7）。

　(1)　その債務の相手方の住所又は本店若しくは主たる事務所の所在を記載します。

　(2)　所在は、所在地のほか、氏名又は名称を記載します。

参考資料

【国外財産調書との関係】

> **Q18** 「国外財産調書」には国外財産を記載して提出することとされていますが、「国外財産調書」を提出する場合でも、所得金額が2千万円を超え、かつ、保有する財産の価額の合計額が3億円以上又は国外転出特例対象財産の価額の合計額が1億円以上である場合は、財産債務調書を提出する必要があるのですか。

(答)

○ 「国外財産調書」の提出が必要な方であっても、所得金額が2千万円を超え、かつ、その年の12月31日において価額の合計額が3億円以上である財産又は価額の合計額が1億円以上である国外転出特例対象財産を有する方は、財産債務調書の提出も必要になります（国外送金等調書法6の2①本文）。

　財産債務調書の提出基準の詳細については、**Q2**をご確認ください。

○ この場合、「財産債務調書」には国外財産に係る事項（国外財産の価額を除く。）の記載を要しないこととされていますので（国外送金等調書法6の2②）、「財産債務調書」及び「財産債務調書合計表」には、「国外財産調書に記載した国外財産の価額の合計額」及び「国外財産調書に記載した国外財産のうち国外転出特例対象財産の価額の合計額」を記載してください（307頁［参考］「財産債務調書」に係る国外財産の記載例及び308頁［参考］「財産債務調書合計表」に係る国外財産の記載例を参照ください。）。

　なお、国外に存する債務については、「財産債務調書」に記載する必要があります。

財産債務調書の提出制度（FAQ）

[参考]「財産債務調書」に係る国外財産の記載例（「国外財産調書」を提出する場合）

平成××年12月31日分 財産債務調書

| 財産債務を
有 す る 者 | 住　　　所
[又は事業所、
事務所、居所など] | | | | |
| | 氏　　　名 | | （電話）　　　－　　　－ | | |

財産債務 の 区 分	種　　類	用途	所　　　　　在	数量	（上段は有価証券等の取得価額） 財産の価額又は債務の金額	備考
土地		事業用	東京都千代田区○○１－１－１	1 250㎡	250,000,000	
建物		事業用	東京都港区○○３－３－３	1 500㎡	110,000,000	
建物		一般用	東京都品川区○○５－５－５－２５０１	1 95㎡	89,000,000	土地を 含む
			建物計		(199,000,000)	
預貯金	普通預金	事業用 一般用	○○銀行△△支店		38,961,915	
有価証券	上場株式（B 社）	一般用	△△証券△△支店	5,000 株	6,500,000 6,450,000	
匿名組合契約 の出資		一般用	東京都港区○○１－１－１ 株式会社 B	100 口	100,000,000 140,000,000	
未決済デリバティ ブ取引に係る権利	先物取引（○○）	一般用	××証券××支店	100 口	30,000,000 29,000,000	
貸付金		事業用	東京都目黒区○○２－１－１ ○○ △△		3,000,000	
未収入金	売掛金	事業用	東京都豊島区○○２－１－１ 株式会社 C		1,500,000	
未収入金	売掛金	事業用	その他10件		2,300,000	
			未収入金計		(3,800,000)	
貴金属類	ダイヤモンド	一般用	○○市○○町１－１－３	3個	6,000,000	
その他の動産	家庭用動産	一般用	○○市○○町１－１－３	20個	3,000,000	
その他の財産	委託証拠金	一般用	××証券××支店		10,000,000	
借入金		事業用	○○銀行△△支店		20,000,000	
未払金	買掛金	事業用	東京都港区○○７－８－９ 株式会社 D		1,500,000	
その他債務	保証金	事業用	東京都台東区○○２－３－４ 株式会社 E		2,000,000	
国外財産調書に記載した国外財産の価額の合計額 （うち国外転出特例対象財産の価額の合計額（34,000,000）円）					89,000,000	
財産の価額の合計額	778,211,915		債務の金額の合計額		23,500,000	
（摘要）						

（1）枚のうち（1）枚目

「国外財産調書に記載した国外財産の価額の合計額」及び「国外転出特例対象財産の価額の合計額」を記載する。

307

参考資料

[参考]「財産債務調書合計表」に係る国外財産の記載例（「国外財産調書」を
　　　　提出する場合）

平成 XX 年12月31日分　財産債務調書合計表

〒100-0013

フリガナ　コクゼイ　タロウ
氏名　国税　太郎

住所又は事業所事務所居所など
東京都千代田区霞が関3-1-1

性別　男女　職業　会社役員
電話番号（自宅・勤務先・携帯）　03 -XXXX- XXXX

生年月日　3 35 12 10
国外財産調書の提出有　○

整理番号

財産の区分		財産の価額又は取得価額	財産の区分		財産の価額又は取得価額
土　　地	①	250000000	書画骨とう美術工芸品	⑭	
建　　物	②	199000000	貴金属類	⑮	6000000
山　　林	③		動産（⑭,⑮,⑯以外）	⑯	3000000
現　　金	④		保険の契約に関する権利	⑰	
預貯金	⑤	38961915	そ　の　他　の　財　産 株式に関する権利	⑱	
有価証券 上場株式	⑥	6450000	預託金等	⑲	10000000
取得価額	⑦	6500000	組合等に対する出資	⑳	
非上場株式	⑦		信託に関する権利	㉑	
取得価額	④		無体財産権	㉒	
株式以外の有価証券	⑧		その他の財産（上記以外）	㉓	
取得価額	⑦		国外財産調書に記載した国外財産の価額の合計額	㉔	89000000
匿名組合契約の出資の持分	⑨	140000000	財産の価額の合計額	㉕	778211915
取得価額	⑫	100000000	国外財産調書に記載した国外転出特例対象財産の価額の合計額	㉖	34000000
未決済信用取引等に係る権利	⑩		国外転出特例対象財産の価額の合計額⑥+⑫+⑬+⑭+⑯+㉖	㉗	40450000
取得価額	④		債務の区分		債務の金額
未決済デリバティブ取引に係る権利	⑪	29000000	借入金	㉘	20000000
取得価額	⑫	30000000	未払金	㉙	1500000
貸付金	⑫	3000000	その他の債務	㉚	2000000
未収入金	⑬	3800000	債務の金額の合計額	㉛	23500000

備考

国外財産調書の提出をする場合には、「国外財産調書に記載した国外財産の価額の合計額」及び「国外転出特例対象財産の価額の合計額」を記載する。

電話番号　　　－　　　－

	枚　数		区　　　　分							
理欄	枚		A	B	C	D	E	F	G	H	I

308

財産債務調書の提出制度（FAQ）

Ⅲ　財産の価額等

【基本的な考え方】

> **Q19**　財産債務調書に記載する財産の価額は、その年の12月31日におけ
> る時価によらなければならないのですか。

（答）

○　財産債務調書に記載する財産の価額は、その年の12月31日におけ
る「時価」又は時価に準ずるものとして「見積価額」によることとさ
れています（国外送金等調書法６の２③、国外送金等調書令12の２②、
国外送金等調書規則12⑤、15④）。

○　これは、財産の価額について、その年の12月31日における「時価」
の算定が困難な場合等も考えられることから、財産債務調書を提出さ
れる方の事務負担等を軽減する観点から時価に準ずるものとして「見
積価額」によることを認めることとしているものです。

○　したがって、財産債務調書に記載する財産の価額は、その財産の「時
価」ではなく「見積価額」を算定し記載しても差し支えありません。

○　なお、「時価」についてはQ20を、「見積価額」についてはQ21を
それぞれご確認ください。

> **Q20**　財産の「時価」とは、どのような価額をいうのですか。

（答）

○　財産の「時価」とは、その年の12月31日における財産の現況に応じ、
不特定多数の当事者間で自由な取引が行われる場合に通常成立すると
認められる価額をいいます（通達６の２－８前段）。

　　その価額は、財産の種類に応じて、動産及び不動産等については専
門家による鑑定評価額、上場株式等については、金融商品取引所等^(注)
の公表する同日の最終価格等となります。

(注)　「金融商品取引所等」とは、金融商品取引所のほか、店頭登録
等の公表相場があるものを指します。

309

参考資料

> **Q21** 財産の「見積価額」とは、どのような価額をいうのですか。

(答)

○ 財産の「見積価額」とは、その財産の種類等に応じて、次の方法で算定した価額をいいます（国外送金等調書規則12⑤、15④、通達6の2−8後段、6の2−9、6の2−10）。

① 事業所得の基因となる棚卸資産

その年の12月31日における「棚卸資産の評価額」

② 不動産所得、事業所得、山林所得又は雑所得に係る減価償却資産

その年の12月31日における「減価償却資産の償却後の価額」

③ 上記①及び②以外の財産

その年の12月31日における「財産の現況に応じ、その財産の取得価額や売買実例価額などを基に、合理的な方法により算定した価額」

なお、「見積価額」の具体的な算定方法については、**Q23**以降をご確認ください。

> **Q22** 財産債務調書に記載する財産の価額は、財産評価基本通達で定める方法により評価した価額でもよいのですか。

(答)

○ 財産評価基本通達では、相続税及び贈与税の課税価格計算の基礎となる各財産の評価方法に共通する原則や各種の財産の評価単位ごとの評価の方法を定めています。

財産債務調書に記載する財産の価額についても、財産評価基本通達で定める方法により評価した価額として差し支えありません。

【財産の見積価額】

> **Q23** 財産の「見積価額」の合理的な算定方法について、財産の種類ごとに具体的に教えてください。

310

財産債務調書の提出制度（FAQ）

(答)

○　財産債務調書に記載すべき財産（事業所得の基因となる棚卸資産及び不動産所得、事業所得、雑所得又山林所得に係る減価償却資産を除きます。）の「見積価額」については、その年の12月31日における財産の現況に応じ、その財産の取得価額や売買実例価額などを基に、合理的な方法により算定する必要があります。

○　合理的な方法により算定された財産の「見積価額」とは、例えば、次のような方法により算定された価額をいいます（通達６の２－９）。

財産の種類	見積価額の算定方法
土地	○　次のいずれかの方法により算定した価額。 (1)　その年の12月31日が属する年中に課された固定資産税の計算の基となる固定資産税評価額（地方税法第381条（固定資産課税台帳の登録事項）の規定により登録された基準年度の価格又は比準価格をいいます。なお、その財産に対して、外国又は外国の地方公共団体の定める法令により固定資産税に相当する租税が課される場合には、その年の12月31日が属する年中に課された当該租税の計算の基となる課税標準額とします。）。 (2)　取得価額を基にその取得後における価額の変動を合理的な方法によって見積もって算出した価額。 (3)　その年の翌年１月１日から財産債務調書の提出期限までにその財産を譲渡した場合における譲渡価額。
建物	○　次のいずれかの方法により算定した価額。 (1)　その年の12月31日が属する年中に課された固定資産税の計算の基となる固定資産税評価額（地方税法第381条（固定資産課税台帳の登録事項）の規定により登録された基準年度の価格又は比準価格をいいま財産の種類見積価額の算定方法す。なお、その財産に対して、外国又は外国の地方公共団体の定める法令により固定資産税に相当する租税が課される場合には、その年の12月31日が属する年中に課された当該租税の計算の基となる課税標準額とします。）。

311

参考資料

財産の種類	見積価額の算定方法
	(2) 取得価額を基にその取得後における価額の変動を合理的な方法によって見積もって算出した価額。 (3) その年の翌年1月1日から財産債務調書の提出期限までにその財産を譲渡した場合における譲渡価額。 (4) 業務の用に供する財産以外のものである場合には、その財産の取得価額から、その年の12月31日における経過年数に応ずる償却費の額を控除した金額。 　**(注)** 「経過年数に応ずる償却費の額」は、その財産の取得又は建築の時からその年の12月31日までの期間（その期間に1年未満の端数があるときは、その端数は1年として計算します。）の償却費の額の合計額。また、償却方法は、定額法によるものとし、その耐用年数は、減価償却資産の耐用年数等に関する省令に規定する耐用年数によります。
山林	○ 次のいずれかの方法により算定した価額。 (1) その年の12月31日が属する年中に課された固定資産税の計算の基となる固定資産税評価額（地方税法第381条（固定資産課税台帳の登録事項）の規定により登録された基準年度の価格又は比準価格をいいます。なお、その財産に対して、外国又は外国の地方公共団体の定める法令により固定資産税に相当する租税が課される場合には、その年の12月31日が属する年中に課された当該租税の計算の基となる課税標準額とします。）。 (2) 取得価額を基にその取得後における価額の変動を合理的な方法によって見積もって算出した価額。 (3) その年の翌年1月1日から財産債務調書の提出期限までにその財産を譲渡した場合における譲渡価額。
預貯金	○ その年の12月31日における預入高。 **(注)** 定期預金（定期貯金を含む。以下「定期預金等」といいます。）で、その年の12月31日において当該定期預金等に係る契約において定める預入期間が満了していないものについては、当該契約の時に預け入れした元本の金額を見積価額として差し支えありません。

財産債務調書の提出制度（FAQ）

財産の種類	見積価額の算定方法
有価証券 （金融商品取引所等に上場等されている有価証券以外の有価証券）	○　次の(1)、(2)又は(3)の方法により算定した価額。 (1)　その年の12月31日における売買実例価額（同日における売買実例価額がない場合には、同日前の同日に最も近い日におけるその年中の売買実例価額）のうち、適正と認められる売買実例価額。 (2)　(1)による価額がない場合には、その年の翌年1月1日から財産債務調書の提出期限までにその有価証券を譲渡した場合における譲渡価額。 (3)　(1)及び(2)がない場合には、次の価額。 　イ　株式については、当該株式の発行法人のその年の12月31日又は同日前の同日に最も近い日において終了した事業年度における決算書等に基づき、その法人の純資産価額（帳簿価額によって計算した金額）に自己の持株割合を乗じて計算するなど合理的に算出した価額。 　ロ　新株予約権については、その目的たる株式がその年の12月31日における金融商品取引所等の公表する最終価格がないものである場合には、同日におけるその目的たる株式の見積価額から1株当たりの権利行使価額を控除した金額に権利行使により取得することができる株式数を乗じて計算した金額。 　（注）　「同日におけるその目的たる株式の見積価額」については、(1)・(2)・(3)イの取扱いに準じて計算した金額とすることができます。 (4)　(1)、(2)及び(3)がない場合には、取得価額。
匿名組合契約の出資の持分	匿名組合事業に係るその年の12月31日又は同日前の同日に最も近い日において終了した計算期間の計算書等に基づき、その組合の純資産価額（帳簿価額によって計算した金額）又は利益の額に自己の出資割合を乗じて計算するなど合理的に算出した価額。 　ただし、営業者等から計算書等の送付等がない場合には、出資額によることとして差し支えありません。

参考資料

財産の種類	見積価額の算定方法
未決済信用取引等に係る権利	金融商品取引所等において公表された当該信用取引等に係る有価証券のその年の12月31日の最終の売買の価格（公表された同日における当該価格がない場合には、公表された同日における最終の気配相場の価格とし、公表された同日における当該価格及び当該気配相場の価格のいずれもない場合には、最終の売買の価格又は最終の気配相場の価格が公表された日でその年の12月31日前の同日に最も近い日におけるその最終の売買の価格又は最終の気配相場の価格とします。）に基づき、同日において当該信用取引等を決済したものとみなして算出した利益の額又は損失の額に相当する金額。
未決済デリバティブ取引に係る権利	○　次の(1)又は(2)の方法により算定した価額。 (1)　金融商品取引所等に上場等されているデリバティブ取引 　　取引所において公表されたその年の12月31日の最終の売買の価格（公表された同日における当該価格がない場合には、公表された同日における最終の気配相場の価格とし、公表された同日における当該価格及び当該気配相場の価格のいずれもない場合には、最終の売買の価格又は最終の気配相場の価格が公表された日でその年の12月31日前の同日に最も近い日におけるその最終の売買の価格又は最終の気配相場の価格とします。）に基づき、同日において当該デリバティブ取引を決済したものとみなして算出した利益の額又は損失の額に相当する金額（以下(2)において、「みなし決済損益額」といいます。）。 (2)　上記(1)以外のデリバティブ取引 　　イ　銀行、証券会社等から入手した価額（当該デリバティブ取引の見積将来キャッシュ・フローを現在価値に割り引く方法、オプション価格モデルを用いて算定する方法その他合理的な方法に基づいて算定されたこれらの者の提示価額に限ります（以下イにおいて同じ。）。）に基づき算出したみなし決済損益額（その年の12月31日における価額がこれらの者から入手できない場合には、これらの者から入手したその年の12月31日

財産債務調書の提出制度（FAQ）

財産の種類	見積価額の算定方法
	前の同日に最も近い日における価額に基づき算出したみなし決済損益額。）。 □ 上記イにより計算ができない場合には、備忘価額として１円。
貸付金	○ その年の12月31日における貸付金の元本の額。
未収入金 （受取手形を含む。）	○ その年の12月31日における未収入金の元本の額。
書画骨とう及び美術工芸品	○ 次の(1)、(2)又は(3)の方法により算定した価額。 (1) その年の12月31日における売買実例価額（同日における売買実例価額がない場合には、同日前の同日に最も近い日におけるその年中の売買実例価額）のうち、適正と認められる売買実例価額。 (2) (1)による価額がない場合には、その年の翌年１月１日から財産債務調書の提出期限までにその財産を譲渡した場合における譲渡価額。 (3) (1)及び(2)による価額がない場合には、取得価額。
貴金属類	○ 次の(1)、(2)又は(3)の方法により算定した価額。 (1) その年の12月31日における売買実例価額（同日における売買実例価額がない場合には、同日前の同日に最も近い日におけるその年中の売買実例価額）のうち、適正と認められる売買実例価額。 (2) (1)による価額がない場合には、その年の翌年１月１日から財産債務調書の提出期限までにその財産を譲渡した場合における譲渡価額。 (3) (1)及び(2)による価額がない場合には、取得価額。
上記以外の動産 （現金、書画骨とう、美術工芸品、貴金属類を除く。）	○ 家具、什器備品、自動車、船舶や航空機などの動産で、業務の用に供する財産以外の動産である場合は、取得価額から、その年の12月31日における経過年数に応ずる償却費の額を控除した金額。 (注) 1 「経過年数に応ずる償却費の額」は、その財産の取得又は建築の時からその年の12月31日までの期間（その期間に１年未満の端数があるときは、その

315

財産の種類	見積価額の算定方法
	端数は1年として計算します。）の償却費の額の合計額。 　また、償却方法は、定額法によるものとし、耐用年数は、減価償却資産の耐用年数等に関する省令に規定する耐用年数によります。 2　家庭用動産で、かつ、その取得価額が100万円未満のものである場合には、その年の12月31日における当該財産の見積価額については、10万円未満のものであると取り扱って差し支えありません。

【有価証券の価額等】

> **Q24**　金融商品取引所等に上場等していない法人の株式を保有しています。その法人の決算期は毎年12月末ですが、各期の決算が確定する時期が翌年の3月末です。この場合、この株式の見積価額をどのように算定すればよいのですか。

（答）

○　金融商品取引所等に上場等されていない株式については、その年の12月31日又は同日前の同日に最も近い日において終了する事業年度における決算書等に基づき、その法人の純資産価額（帳簿価額によって計算した価額）に自己の持株割合を乗じて計算するなど合理的に算出した金額を見積価額とすることができます（法令解釈通達6の2－9(5)）。

○　しかしながら、その決算の確定が財産債務調書の提出期限である翌年3月15日を超える場合もあることから、その場合には、当該事業年度の一つ前の事業年度の決算書等に基づいて見積価額を算定しても差し支えありません。

> **Q25**　ストックオプションに関する権利を保有していますが、その価額はどのように算定すればよいのですか。

財産債務調書の提出制度（FAQ）

（答）

○　ストックオプションに関する権利の価額については、その目的となっている株式の種類に応じて、例えば、次の算式で計算した金額をその財産の価額として差し支えありません（通達6の2－9(5)）。

【計算式】

(「その年の12月31日におけるストックオプションの対象となる株式の価額」
－「1株当たりの権利行使価額」)×「権利行使により取得することができる株式数」

○　また、上記算式の「その年の12月31日におけるストックオプションの対象となる株式の価額」については、例えば、金融商品取引所等に上場等されている株式の場合には、金融商品取引所等が公表するその年の12月31日の最終価格により、また、金融商品取引所等に上場等されていない株式の場合には、純資産価額に自己の持分割合を乗じるなどによって価額を算定します。

○　なお、その年の12月31日が権利行使可能期間内に存しないストックオプションに関する権利については、財産債務調書への記載を要しません（通達6の2－2(1)ロ注書）。

Q26　財産債務調書には、有価証券等の取得価額を記載する必要があるとのことですが、どのように取得価額を算定すればよいのですか。

（答）

○　財産債務の区分のうち、「(六) 有価証券」、「(七) 匿名組合契約の出資の持分」、「(八) 未決済信用取引等に係る権利」及び「(九) 未決済デリバティブ取引に係る権利」に区分される財産については、その年の12月31日における価額のほか、取得価額の記載が必要です（国外送金等調書規則別表第三）。

○　これらの財産に係る取得価額については、次のように算定することができます（通達6の2－11）

317

参考資料

財産の種類	取得価額の算定方法
有価証券・匿名組合契約の出資の持分	○　次の(1)、(2)又は(3)の方法により算定した価額。 (1)　金銭の払込み又は購入により取得した場合には、当該財産を取得したときに支払った金銭の額又は購入の対価のほか、購入手数料など当該財産を取得するために要した費用を含めた価額。 (2)　相続（限定承認を除く。）、遺贈（包括遺贈のうち限定承認を除く。）又は贈与により取得した場合には、被相続人、遺贈者又は贈与者の取得価額を引き継いだ価額。 (3)　(1)、(2)その他合理的な方法により算出することが困難である場合には、次の価額。 　　イ　当該財産に額面金額がある場合には、その額面金額。 　　ロ　その年の12月31日における当該財産の価額の100分の5に相当する価額。
未決済信用取引等に係る権利・未決済デリバティブ取引に係る権利	当該財産のその年の12月31日における価額を、同日においてそれらの取引を決済したものとみなして算出した利益の額又は損失の額に相当する金額により記載する場合には（**Q23**参照）、当該財産の取得価額はゼロとします。

【匿名組合契約の出資の持分の価額】

> **Q27**　匿名組合に出資をしています。その匿名組合の計算期間は毎年12月末日に終了しますが、計算書は翌年の3月末に送付されています。この場合、その出資の持分の見積価額をどのように算定すればよいのですか。

（答）

○　匿名組合契約の出資の持分の価額については、組合事業に係るその年の12月31日又は同日前の同日に最も近い日において終了した計算期間の計算書等に基づき、その組合の純資産価額（帳簿価額によって計算した金額）又は利益の額に自己の出資割合を乗じて計算するなど合理的に算出した価額によることができます（通達6の2－9(6)）。

○　しかしながら、当該計算期間に係る計算書等の送付が、財産債務調

318

書の提出期限であるその年の翌年3月15日までに行われない場合には、当該計算期間の一つ前の計算期間の計算書等に基づいて見積価額を算出しても差し支えありません。

【家庭用動産の価額】

> **Q28** 自宅に多数の家庭用動産を保有しています。この家庭用動産について、財産債務調書にはどのように記載すればよいのですか。

（答）

○　財産債務調書に記載する財産の種類、数量、価額及び所在等については、国外送金等調書規則別表第三に規定する財産の区分に応じて、同別表の「記載事項」に規定する、「種類別」、「用途別」（一般用及び事業用の別）及び「所在別」に記載することとされています（国外送金等調書法6の2①本文、国外送金等調書令12の2⑥、国外送金等調書規則15①）。

○　家庭用動産については、財産の区分のうち、「現金」、「書画骨とう及び美術工芸品」又は「貴金属類」に区分されるものを除き、「その他の動産」に区分されます（国外送金等調書規則別表第三）。

　「その他の動産」に区分される財産については、提出義務者の事務負担を軽減する観点から、一個又は一組の価額が10万円未満のものについては、財産債務調書への記載を要しないこととされています。

○　したがって、家庭用動産を財産債務調書に記載するに当たっては、一個又は一組の価額が10万円以上の家庭用動産について、種類別、所在別にその数量と価額を記載することとなります。

○　ただし、家庭用動産のうち、一個又は一組の取得価額が100万円未満のものについては、その動産の12月31日における見積価額が10万円未満のものと取り扱って差し支えないこととされていますので（通達6の2－9⑿（注））、その動産については、財産債務調書への記載を要しないこととなります。

参考資料

> **Q29** 自宅に多数の指輪やネックレスなどを所有しています（事業用で
> はありません。）。この場合、財産債務調書にはどのように記載すれ
> ばよいのですか。

(答)

○ 財産債務調書に記載する財産の種類、数量、価額及び所在等につい
ては、国外送金等調書規則別表第三に規定する財産の区分に応じて、
同別表の「記載事項」に規定する、「種類別」、「用途別」（一般用及び
事業用の別）及び「所在別」に記載することとされています（国外送
金等調書法６の２①本文、国外送金等調書令12の２⑥、国外送金等
調書規則15①）。

○ 家庭用動産については、財産の区分のうち、「現金」、「書画骨とう」、
「美術工芸品」又は「貴金属類」に区分されるものを除き、「その他の
動産」に区分されますが（国外送金等調書規則別表第三、通達６の２
－２(3)）、貴金属類のうち装身具として用いられるものについては、
その用途が事業用のものを除き、「その他の動産」に該当するものと
取り扱って差し支えありません（通達６の２－２(3)注書）。

　また、「その他の動産」に区分される財産については、一個又は一
組の価額が10万円未満のものについては、財産債務調書への記載を
要しないこととされています（国外送金等調書規則別表第三）。

○ したがって、お尋ねの指輪やネックレスなどの装身具については、
一個又は一組の価額が10万円以上のものについて、財産債務調書に
おいては、「その他の動産」に区分される財産として記載することと
なります。

○ なお、家庭用動産のうち、一個又は一組の取得価額が100万円未満
のものについては、その動産の12月31日における見積価額が10万円
未満のものと取り扱って差し支えないこととされていますので（通達
６の２－９⑫（注））、お尋ねの装身具についても同様に取り扱うこと
ができます。

320

【保険に関する権利の価額】

> **Q30** 生命保険に加入していますが、この生命保険の価額はどのように算定すればよいのですか。
> なお、加入している生命保険契約は満期返戻金のあるものです。

(答)

○ 保険（共済を含む。）に関する権利の価額は、その年の12月31日にその生命保険契約を解約することとした場合に支払われることとなる解約返戻金の額をその財産の価額として差し支えありません（通達6の2－9⒀イ）。

　なお、加入している生命保険契約が、満期返戻金を定期金（年金形式）で受け取ることができる内容のものであっても同様の方法により価額を算定します。

(注) 損害保険契約に関する権利の価額についても同様の方法で算定します。

○ ただし、保険会社等から、その年中の12月31日前の日においてその生命保険契約を解約することとした場合に支払われることとなる解約返戻金の額を入手している場合には、その額をその財産の価額として差し支えありません（通達6の2－9⒀イただし書）。

【定期金に関する権利の価額】

> **Q31** 生命保険契約に基づく定期金（年金）を受け取っていますが、その価額はどのように算定すればよいのですか。

(答)

○ 給付事由が発生している生命保険契約に基づく定期金についても、保険（共済を含む。）に関する権利の価額は、その年の12月31日にその生命保険契約を解約することとした場合に支払われることとなる解約返戻金の額をその財産の価額として差し支えありません（通達6の2－9⒀イ）。

(注) 損害保険契約に関する権利の価額についても同様の方法で算定

参考資料

します。

○　ただし、保険会社等から、その年中の12月31日前の日においてその生命保険契約を解約することとした場合に支払われることとなる解約返戻金の額を入手している場合には、その額をその財産の価額として差し支えありません（通達6の2－9⒀イただし書）。

【民法に規定する組合契約等その他これらに類する契約に基づく出資の価額】

> **Q32**　不動産投資を目的とした民法上の組合に対して出資していますが、財産債務調書には出資額を記載すればよいのですか。

（答）

○　民法に規定する組合契約のように、営利を目的として事業を行うことができる組合に対する出資の価額は、その組合の実情に応じて、例えば、次の金額をその財産の価額として差し支えありません。

⑴　その事業体が行う事業に係る計算書等の送付等がある場合

　　「その年の12月31日又は同日前の最も近い日において終了した計算期間の計算書等に基づき計算したその事業体の純資産価額又は利益の額」×「自己の出資割合」

⑵　その事業体が行う事業に係る計算書等の送付等がない場合

　　「出資額」

【信託に関する権利の価額】

> **Q33**　保有している国債を金融機関に信託して運用しています。
> 　このような財産の価額は、どのような方法で算定すればよいのですか。

（答）

○　信託の利益を受ける権利には、信託財産の運用等によって生ずる利益を受ける権利と、信託終了後において信託財産自体を受ける権利とがあり、前者を収益の受益権、後者を元本の受益権といい、両者を含めて信託受益権といいます。

財産債務調書の提出制度（FAQ）

○　信託受益権の価額は、次に掲げる区分に従い、それぞれ次に掲げる方法により価額を算定することとして差し支えありません（通達6の2－9⒀ニ）。

(1)　元本と収益との受益者が同一人である場合

「信託財産の見積価額」

(注)　信託財産の見積価額は、信託財産の種類に応じて、前記**Q23**の方法で算定して差し支えありません。

(2)　元本と収益との受益者が元本及び収益の一部を受ける場合

「(1)の価額」×「受益割合」

(3)　元本の受益者と収益の受益者とが異なる場合

イ　元本を受益する場合

「(1)の価額」－「ロにより算定した価額」

ロ　収益を受益する場合

次のいずれかの方法により算定した価額。

①　受益者が将来受けると見込まれる利益の額の複利現価の額の合計額

②　「その年中に給付を受けた利益の額」×「信託契約の残存年数」

［参考］「複利現価の額の合計額」とは

○「複利現価の額の合計額」とは、信託受益権に基づき将来受ける利益の額を次の算式によって計算した金額をいいます。

(1)　「第1年目の利益の年額」×「1年後の複利現価率」＝A

「第2年目の利益の年額」×「2年後の複利現価率」＝B

↓

「第n年目の利益の年額」×「n年後の複利現価率」＝N

(2)　「A＋B＋…………＋N」＝信託受益権の価額

(注1)　上の算式中の「第1年目」及び「1年後」とは、それぞれ、その年の12月31日の翌日から1年を経過する日まで及びその1年を経過した日の翌日をいいます。

323

参考資料

> **(注2)** 複利現価率については、その国の国債利回り等を基に計算した複利現価率によることとして差し支えありません。

【預託金等の価額】

> **Q34** リゾート施設を利用するための会員権を保有しています。会員権を取得する際に、リゾート施設経営会社に預託金を支払っていますが、この預託金も財産債務調書の対象になりますか。

(答)

○　リゾート施設を利用するための会員権の取得に際し支払った預託金又は委託証拠金その他の保証金（以下「預託金等」といいます。）で、その年の12月31日において退会することとした場合、直ちに返還を受けることができるものについては財産債務調書に記載すべき財産に該当します。

○　また、財産債務調書に記載する財産の価額は、その年の12月31日に返還を受けることができる預託金等の額によることとして差し支えありません。

【無体財産権の価額】

> **Q35** 特許権（無体財産権）を保有していますが、その価額はどのような方法で算定すればよいのですか。

(答)

○　特許権等の無体財産権の価額は、次のいずれかの方法で算定することとして差し支えありません。

①　その権利に基づき将来受けると見込まれる補償料の額の複利現価の額の合計額

②　「その年中に受けた補償料の額」×「その権利の存続期間」

324

財産債務調書の提出制度（FAQ）

［参考］「複利現価の額の合計額」とは

○ 「複利現価の額の合計額」とは、特許権等の無体財産権に基づき将来受けると
見込まれる補償料の額を次の算式によって計算した金額をいいます。

(1) 「第１年目の補償料の年額」×「１年後の複利現価率」＝Ａ

「第２年目の補償料の年額」×「２年後の複利現価率」＝Ｂ

↓

「第ｎ年目の補償料の年額」×「ｎ年後の複利現価率」＝Ｎ

(2) 「Ａ＋Ｂ＋ ‥‥‥‥‥‥＋Ｎ」＝将来受けると見込まれる補償料の価額

(注１) 上の算式中の「第１年目」及び「１年後」とは、それぞれ、その年
の12月31日の翌日から１年を経過する日まで及びその１年を経過した
日の翌日をいいます。

(注２) 複利現価率については、その国の国債利回り等を基に計算した複利
現価率によることとして差し支えありません。

【共有財産の価額】

Q36 外国に別荘を保有していますが、その別荘は配偶者との共有財産
として取得しており、持分が明らかではありません。このような財
産の価額はどのような方法で算定すればよいのですか。

(答)

○ 財産債務調書に記載する財産が共有財産である場合は、その財産の
価額は次により算定します（通達６の２－12）。

① 持分が定まっている場合

その財産の価額をその共有者の持分に応じてあん分した価額

② 持分が定まっていない場合（持分が明らかでない場合を含む。）

その財産の価額を各共有者の持分は相等しいものと推定し、その
推定した持分に応じてあん分した価額

○ したがって、持分が明らかでない共有財産である別荘の価額につい
ては、各共有者の持分は相等しいものと推定し、その時価又は見積価
額の２分の１の価額を財産債務調書に記載します。

(注) 国外財産調書を提出しなければならない方は、国外財産調書に
記載する国外財産については、財産債務調書に記載する必要はあ

325

参考資料

りません（詳細は、**Q18**をご確認ください。）。

【相続により取得した財産の価額】

> **Q37**　財産の相続があった場合における財産債務調書の提出義務について、教えてください。

(答)

○　財産債務調書の提出義務については、その年の12月31日において判断することから、相続人の財産債務調書の提出義務については、

①　その年の12月31日において遺産分割が行われていない場合は、法定相続分であん分した価額により判断し、

②　遺産分割により相続人それぞれの持分が定まっている場合は、それぞれの持分に応じた価額により判断します（国外送金等調書法6の2①本文、国外送金等調書令10⑥、12の2④、通達6の2－12）。

　なお、遺産分割には遡及効があることから（民法909）、遺産分割が行われた場合、相続人は、相続開始時に遡って、被相続人の財産を取得することとなりますが、当該遡及効は、遺産分割までの共有状態まで否定するものではありません。

　そのため、提出後に遺産分割が行われた場合に、遺産分割による持分で再計算した財産債務調書を再提出（法定相続分であん分した価額により提出義務がないと判断していた場合は、新たに提出）する必要はありませんが、遺産分割の結果を踏まえ、訂正した財産債務調書を再提出（又は提出）いただいても差し支えありません。

【借入金で取得した財産の価額】

> **Q38**　財産を金融機関からの借入金で取得している場合、その財産の価額の算定に当たり、借入金元本を差し引いてよいのですか。

(答)

○　財産の価額は、時価又は時価に準ずるものとして「見積価額」によ

326

財産債務調書の提出制度（FAQ）

ることとされています（国外送金等調書法６の２①本文、国外送金等
調書令12の２②、国外送金等調書規則12⑤、15④）。

○　また、財産の「時価」又は「見積価額」の意義については、次のと
おりとされています（通達６の２−８）（**Q13**、**14**参照）。

①　財産の「時価」

その年の12月31日における財産の現況に応じ、不特定多数の当
事者間で自由な取引が行われる場合に通常成立すると認められる価
額をいいます。

②　財産の「見積価額」

その年の12月31日における財産の現況に応じ、その財産の取得
価額や売買実例価額などを基に、合理的な方法により算定した価額
をいいます。

○　したがって、財産を借入金で取得した場合であっても、その財産の
「時価」又は「見積価額」の価額の算定に当たり、借入金元本を差し
引くことはできません。

また、財産を取得するための借入金については、債務としてその年
の12月31日における金額を記載することとなります。

【外貨で表示されている財産の邦貨換算の方法】

> **Q39**　財産債務調書に記載する財産の価額は邦貨（円）によることとさ
> れていますが、外貨で表示されている財産の価額はどのような方法
> で邦貨に換算すればよいのですか。

（答）

○　財産の価額及び債務の金額が外国通貨で表示される場合における当
該財産の価額及び債務の金額の本邦通貨への換算は、その年の12月
31日における外国為替の売買相場により行うものとされています（国
外送金等調書令10⑤、12の２③）。

○　具体的には、財産については、財産債務調書を提出する方の取引金
融機関が公表するその年の12月31日における最終の対顧客直物電信

327

買相場（TTB）又はこれに準ずる相場（同日に当該相場がない場合には、同日前の当該相場のうち、同日に最も近い日の当該相場）により邦貨に換算し、財産債務調書に記載することとされています（通達6の2－15）。

○　なお、財産が預貯金等で、取引金融機関が特定されている場合には、その預貯金等を預入れている金融機関が公表する上記の相場により邦貨に換算します。

Ⅳ　債務の金額

【基本的な考え方】

> **Q40**　債務の「金額」とは、どのような金額をいうのですか。

（答）

○　債務の金額は、その年の12月31日における債務の現況に応じ、確実と認められる範囲の金額をいいます（通達6の2－13）。

○　例えば、借入金については、その年の12月31日における借入金の元本の額を記載してください。

【連帯債務等の金額】

> **Q41**　金融機関からの借入金について連帯して債務を負っている場合、財産債務調書にはどのように記載すればよいのですか。

（答）

○　債務の金額は、その年の12月31日における債務の現況に応じ、確実と認められる範囲の金額をいいます（通達6の2－13）。

○　連帯債務の金額については、連帯債務者のうちで負担割合が明らかになっている場合には、その負担割合に応じてあん分した金額を記載してください。

○　なお、保証債務については、原則として記載する必要はありません。

財産債務調書の提出制度（FAQ）

【外貨で表示されている債務の邦貨換算の方法】

> **Q42** 財産債務調書に記載する債務の金額は邦貨（円）によることとされていますが、外貨で表示されている債務の金額はどのような方法で邦貨に換算すればよいのですか。

（答）

○　財産の価額及び債務の金額が外国通貨で表示される場合における当該財産の価額及び債務の金額の本邦通貨への換算は、その年の12月31日における外国為替の売買相場により行うものとされています（国外送金等調書令10⑤、12の2③）。

○　具体的には、債務については、財産債務調書を提出する方の取引金融機関が公表するその年の12月31日における最終の対顧客直物電信売相場（TTS）又はこれに準ずる相場（同日に当該相場がない場合には、同日前の当該相場のうち、同日に最も近い相場）により邦貨に換算し、財産債務調書に記載することとされています（通達6の2－15）。

○　なお、債務が借入金等で、取引金融機関が特定されている場合にも、その借入金等を借入れている金融機関が公表する上記の相場により邦貨に換算します。

V　過少申告加算税等の特例

【特例の概要】

> **Q43** 財産債務調書を提出等している場合の、過少申告加算税等の特例措置について教えてください。

（答）

○　財産債務調書の提出制度は、保有する財産債務の種類、数量及び価額並びに債務の金額等の情報の提出をその財産債務を保有する方ご本人から求めるものです。

　　本制度においては、財産債務調書の適正な提出に向けたインセンティブとして、過少申告加算税及び無申告加算税（以下「過少申告加算税等」といいます。）の特例措置が設けられています（国外送金等

329

参考資料

調書法6の3）。

○　具体的には、次のような措置が講じられています。

①　過少申告加算税等の軽減措置（国外送金等調書法6①、6の3①）
　　財産債務調書を提出期限内に提出した場合には、財産債務調書に記載がある財産債務^(注)に関する所得税及び復興特別所得税（以下「所得税等」といいます。）又は相続税の申告漏れが生じたときであっても、その財産債務に関する申告漏れに係る部分の過少申告加算税等について、5％軽減されます。

　(注)　財産債務調書への記載を要しないこととされる国外財産調書に記載される国外財産を除きます（以下、②においても同様です。）。

　　　なお、財産債務調書への記載を要しないこととされる国外財産調書に記載される国外財産については、国外財産調書制度における過少申告加算税等の特例措置が適用されますのでご留意ください（以下、②においても同様です。）。

②　過少申告加算税等の加重措置（国外送金等調書法6②、6の3②）
　　財産債務調書の提出が提出期限内にない場合又は提出期限内に提出された財産債務調書に記載すべき財産債務の記載がない場合（重要な事項の記載が不十分と認められる場合を含みます。）に、その財産債務に関する所得税等の申告漏れ（死亡した方に係るものを除きます。）が生じたときは、その財産債務に関する申告漏れに係る部分の過少申告加算税等について、5％加重されます。

　(注)　「過少申告加算税等の加重措置」は、相続税及び亡くなられた方の所得税等についての適用はありません。

○　なお、修正申告等の内容に、「財産債務に係る事実」のほか、所得控除の過大適用等の「国外財産及び財産債務に係るもの以外の事実」又は重加算税の対象となる「仮装隠蔽の事実」がある場合には、これらを除いた部分の本税額が、①の軽減措置又は②の加重措置の対象となります（国外送金等調書令12の3①、国外送金等調書規則16）。

330

財産債務調書の提出制度（FAQ）

【加重措置の適用要件】

> **Q44** 所得税等の申告漏れが生じた場合の過少申告加算税等の加重措置の適用要件について教えてください。

（答）

○　過少申告加算税等の加重措置とは、財産債務調書の提出がない場合又は提出期限内に提出された財産債務調書に記載すべき財産債務^(注)の記載がない場合（重要な事項の記載が不十分と認められる場合を含みます。）に、その財産債務に関する所得税等の申告漏れ（死亡した方に係るものを除きます。）が生じたときは、その財産債務に関する申告漏れに係る部分の過少申告加算税等について、5％加重される措置をいいます（**Q43**参照）。

  (注)　財産債務調書への記載を要しないこととされる国外財産調書に記載される国外財産を除きます。

    なお、財産債務調書への記載を要しないこととされる国外財産調書に記載される国外財産については、国外財産調書制度における過少申告加算税等の特例措置が適用されますのでご留意ください。

○　この過少申告加算税等の加重措置は、具体的には以下の要件のいずれも満たす場合に適用されます（国外送金等調書法6②、6の3②）。

①　財産債務に係る所得税等に関して修正申告書若しくは期限後申告書の提出又は更正若しくは決定（以下「修正申告等」といいます。）があること

②　①の修正申告等について過少申告加算税（国税通則法65）又は無申告加算税（国税通則法66）の規定が適用されること

③　提出すべき財産債務調書について提出期限内に提出がないとき、又は提出期限内に提出された財産債務調書に記載すべき①の修正申告等の基因となる財産債務についての記載がないこと（財産債務調書に記載すべき事項のうち重要なものの記載が不十分であると認め

参考資料

られる場合を含みます。）

○　なお、上記③の要件にある財産債務調書は、原則としてその修正申告等に係る年分の財産債務調書（提出時期でみた場合には、「その年の翌年」に提出すべき財産債務調書）となります。

　　ただし、年の中途においてその修正申告等の基因となる財産債務を譲渡等により有しないこととなった場合は、これらの財産債務は、その年分の財産債務調書（その年の12月31日において所有する財産につき、その年の翌年に提出すべき財産債務調書）に記載されないことから、その年分の前年分の財産債務調書（その年の前年の12月31日において所有する財産につき、その年に提出すべき財産債務調書）により、過少申告加算税等の加重措置の適用について判断することとなります（国外送金等調書法6③、6の3③）。

【加重措置における「財産債務に関する所得税等の申告漏れ」とは】

Q45　過少申告加算税等の加重措置における、「財産債務に関する所得税等の申告漏れ」とは、具体的にどのようなことをいうのですか。

(答)

○　過少申告加算税等の加重措置は、財産債務に関する所得税等の申告漏れを対象とするものですが、「財産債務に関する所得税等」とは、財産債務 (注) に関して生ずる次の所得に対する所得税等とされています（国送金等調書令12の3①、国外送金等調書規則16）。

　(注)　財産債務調書への記載を要しないこととされる国外財産調書に記載される国外財産を除きます。

　　　なお、財産債務調書への記載を要しないこととされる国外財産調書に記載される国外財産については、国外財産調書制度における過少申告加算税等の特例措置が適用されますのでご留意ください。

　①　財産から生じる利子所得又は配当所得

　②　財産の貸付け又は譲渡による所得

財産債務調書の提出制度（FAQ）

③ 財産が株式を無償又は有利な価額で取得することができる権利等
（いわゆるストックオプション等）である場合におけるその権利の
行使による株式の取得に係る所得

④ 財産が生命保険契約等に関する権利である場合におけるその生命
保険契約等に基づき支払を受ける一時金又は年金に係る所得

⑤ 財産が特許権、実用新案権、意匠権、商標権、著作権その他これ
らに類するもの（以下「特許権等」といいます。）である場合にお
けるその特許権等の使用料に係る所得

⑥ 債務の免除による所得

⑦ 上記①から⑥までの所得のほか、財産債務に基因して生ずるこれ
らに類する所得

○ したがって、「財産債務に関する所得税等の申告漏れ」とは、財産
債務に直接基因して生ずる上記の所得に対する所得税等の申告がな
かったことをいいます。

(注) 過少申告加算税等の加重措置の詳細については、**Q43**をご参
照ください。

【年の中途で財産債務を有しなくなった場合】

> **Q46** 平成28年中に国内で保有していたＢ社株式の全てを譲渡し、これ
> に伴い生じた所得の申告漏れがあった場合、過少申告加算税の加重
> 措置の適用を判断すべき財産債務調書は、どの年分の財産債務調書
> になりますか。

(答)

○ 過少申告加算税等の加重措置の適用を判断すべき財産債務調書は、
原則としてその修正申告等に係る年分の財産債務調書（提出時期でみ
た場合には、「その年の翌年」に提出すべき財産債務調書）となります。

ただし、「年の中途においてその修正申告等の基因となる財産債務
を譲渡等により有しないこととなった場合」には、これらの財産債務
は、その年分の財産債務調書（その年の12月31日において所有する

333

参考資料

財産につき、その年の翌年に提出すべき財産債務調書）に記載されないことから、その年分の前年分の財産債務調書（その年の前年の12月31日において所有する財産につき、その年に提出すべき財産債務調書）により、過少申告加算税等の加重措置の適用について判断することとなります（国外送金等調書法6③、6の3③）。

○　したがって、お尋ねの場合、平成28年中に保有するＢ社株式の全てを譲渡していること及び当該譲渡に伴い生じた所得について申告漏れがあったことから、上記の「年の中途においてその修正申告等の基因となる財産債務を譲渡等により有しないこととなった場合」に当たると考えられますので、過少申告加算税の加重措置の適用については、その年分の前年分、つまり平成27年12月31日において所有する財産につき、平成28年に提出すべき財産債務調書により判断することとなります。

○　なお、銘柄、用途及び所在が同一であることから、同一の区分として記載されることとなる株式^(注1)について、その一部を譲渡した場合においても、これらの譲渡した株式については、その年分の前年分、つまり平成27年12月31日において所有する財産につき、平成28年に提出すべき財産債務調書により判断することとなります。

（注1）　同一の銘柄の株式であっても、預入先の証券会社の営業所等が異なる場合や用途が異なる場合には、その異なるごとに「個々の財産」として記載する必要がありますので、上記の取扱いに当たっては、ご注意ください。

（注2）　過少申告加算税等の加重措置の概要及び要件の詳細については、**Q43**及び**Q44**をご参照ください。

財産債務調書の提出制度（FAQ）

【提出期限後に提出された財産債務調書の取扱い】

> **Q47** 提出期限内に財産債務調書を提出することができなかった場合、過少申告加算税等に係る軽減措置の適用を受けることはできないのですか。

（答）

○　提出期限後に財産債務調書を提出した場合であっても、その財産債務に関する所得税等又は相続税について、調査があったことにより更正又は決定があるべきことを予知してされたものでないときは、その財産債務調書は提出期限内に提出されたものとみなして、過少申告加算税等の特例を適用することとされています（国外送金等調書法6④、6の3③）。

○　したがって、提出期限後に財産債務調書を提出した場合であっても、財産債務等に関する所得税等又は相続税について申告漏れが生じた場合における過少申告加算税等の軽減措置の適用を受けることができる場合があります。

Ⅵ　その他

【提出した財産債務調書に誤りがあった場合】

> **Q48** 提出した財産債務調書の記載内容に誤りのあった場合の訂正方法について教えてください。

（答）

○　財産債務調書はその年の翌年の3月15日までに提出していただく必要がありますが、提出した財産債務調書の記載内容に誤りや記載漏れがあった場合には、提出期限内だけでなく、期限後であっても、再度提出していただくことで、訂正が可能です。

○　この際には、当初提出した財産債務調書及び財産債務調書合計表に記載済みの財産債務を含め、全ての財産債務を記載していただく必要があります。

　（注）　誤りや記載漏れのあった財産債務のみを記載して財産債務調書

等を再提出するのではありませんのでご注意ください。

○　なお、財産債務調書の記載事項については、**Ⅱ　財産債務調書の記載事項等**の、**Q4**から**Q18**をご参照ください。

○　これらは、後に、財産債務に関して所得税や相続税の申告漏れ等が生じた場合、過少申告加算税等の特例の適否の判断等を円滑に行うために記載を求めるものですので、財産債務調書の記載に当たっては、正確な記載をお願いします。

(注)　期限後の提出であっても、それが所得税等の更正等を予知してされたものでないときは、期限内に提出されたものとされます（国外送金等調書法6④、6の3③）。

【著者略歴】

近藤　雅人（こんどう　まさと）

税理士（大阪市中央区／近畿税理士会東支部）

　昭和37年生まれ。昭和60年 立命館大学産業社会学部卒業。平成11年 税理士登録・開業。平成15年7月～平成19年6月 近畿税理士会調査研究部員。平成19年7月～平成23年6月 同副部長。平成23年7月～平成25年6月 同会研修部副部長を経て、日本税理士会連合会理事、調査研究部副部長、税制審議会専門副委員長、近畿税理士会常務理事、調査研究部長、同税務審理員、同志社大学法学研究科講師。

額田　朋子（ぬかた　ともこ）

税理士（和歌山県和歌山市／近畿税理士会和歌山支部）

　昭和50年生まれ。平成10年 神戸大学経済学部卒業。平成23年 税理士登録。平成24年 開業。平成25年6月～近畿税理士会和歌山支部業務対策委員会幹事。平成25年7月～近畿税理士会調査研究部員。和歌山大学経済学部非常勤講師。

田部　純一（たべ　じゅんいち）

税理士（大阪市天王寺区／近畿税理士会天王寺支部）

　昭和47年生まれ。平成6年 京都産業大学経営学部卒業。平成18年 税理士登録。平成19年 開業。平成27年6月～近畿税理士会天王寺支部研修委員長。平成25年7月～平成27年6月 近畿税理士会調査研究部員。平成27年7月～同副部長。

前川　武政（まえかわ　たけまさ）

税理士（大阪市北区／近畿税理士会大淀支部）

　昭和45年生まれ。平成8年 関西学院大学大学院商学研究科前期課程修了。平成10年 税理士登録・開業。平成25年 経営革新等支援機関認定。平成26年 税理士法人 Comsia 設立・代表社員就任。平成27年7月～近畿税理士会調査研究部員。

國田　修平（くにた　しゅうへい）

税理士（大阪市北区／近畿税理士会北支部）

　昭和49年生まれ。平成9年 富山大学経済学部卒業。平成18年 税理士登録。平成20年 開業。平成23年7月～平成25年6月 近畿税理士会北支部研修委員を経て、同支部研修委員長、近畿税理士会調査研究部員。

財産債務調書 作成ガイドブック 制度の仕組みと記載のポイント

2016年 2月 5日　初 版 発 行
2016年 5月20日　第 3 刷発行

著　者　　近藤　雅人／額田　朋子／田部　純一／　　　　Ⓒ
　　　　　前川　武政／國田　修平

発行者　　小泉　定裕

発行所　　株式会社 清文社

東京都千代田区内神田1－6－6（MIF ビル）
〒101-0047　電話03（6273）7946　FAX03（3518）0299
大阪市北区天神橋2丁目北2－6（大和南森町ビル）
〒530-0041　電話06（6135）4050　FAX06（6135）4059
URL http://www.skattsei.co.jp/

印刷：奥村印刷㈱

■著作権法により無断複写複製は禁止されています。落丁本・乱丁本はお取り替えします。
■本書の内容に関するお問い合わせは編集部までFAX（03-3518-8864）でお願いします。

ISBN978-4-433-56555-8